北京市社会科学理论著作出版基金资助
首都经济贸易大学出版基金资助

促进新能源产业发展的财税政策研究

CUJIN XINNENGYUAN CHANYE FAZHAN DE CAISHUI ZHENGCE YANJIU

丁 芸◎著

首都经济贸易大学出版社
Capital University of Economics and Business Press
·北 京·

图书在版编目（CIP）数据

促进新能源产业发展的财税政策研究/丁芸著．-- 北京：首都经济贸易大学出版社，2017.12

ISBN 978-7-5638-2706-0

Ⅰ.①促… Ⅱ.①丁… Ⅲ.①新能源—能源政策—财政政策—研究—中国 Ⅳ.①F426.2

中国版本图书馆 CIP 数据核字（2017）第 213204 号

促进新能源产业发展的财税政策研究

丁　芸　著

责任编辑 陈雪莲　赵　侠

封面设计  砚祥志远·激光照排 TEL：010-65976003

出版发行 首都经济贸易大学出版社

地　　址 北京市朝阳区红庙（邮编 100026）

电　　话 （010）65976483　65065761　65071505（传真）

网　　址 http：//www.sjmcb.com

E-mail publish@cueb.edu.cn

经　　销 全国新华书店

照　　排 北京砚祥志远激光照排技术有限公司

印　　刷 北京京华虎彩印刷有限公司

开　　本 710 毫米×1000 毫米　1/16

字　　数 260 千字

印　　张 14.75

版　　次 2017 年 12 月第 1 版　2017 年 12 月第 1 次印刷

书　　号 ISBN 978-7-5638-2706-0/F·1509

定　　价 46.00 元

序

在构建绿色发展的大背景下，中国共产党第十九次全国代表大会后首次中央经济工作会议把“污染防治”作为今后3年的三大攻坚战任务之一，同时把淘汰落后产能、调整能源结构等作为减少污染排放，提升生态环境质量的基本方法。另一方面，能源转型是全世界能源发展的大趋势。世界各国都在积极探索未来能源转型发展路线，并将发展新能源作为推动未来能源转型的重点。我国经过近40年的改革开放和经济高速发展，以化石能源为主的能源生产和消费规模不断增加，国内资源环境约束凸显，迫切需要大力发展新能源，加快推进能源转型。在这样的关口，以新能源为支点的我国能源转型体系正加速变革，大力发展新能源已上升到国家战略高度，成为顺应我国能源生产和消费革命的发展方向。也正因为如此，我国新能源产业的发展政策也备受期待。支持光伏、风电等新能源发展，实施能源清洁化战略是政府部门今年的工作重点之一，那么首先要做的就是加强新能源政策的总体设计。丁芸教授所著的《促进新能源产业发展的财税政策研究》就是实现新能源发展线索与财税政策跨界完美结合的上乘之作。

该书综合运用规范研究和实证分析的方法，从新能源及新能源产业的特点出发，在借鉴国内外有关新能源政策研究成果的基础上，以促进我国新能源产业持续、健康、快速发展为目标，结合财政学、产业经济学、制度经济学和资源经济学等多学科的综合理论及方法，对支持我国新能源产业发展的财税政策进行全面梳理和系统研究。从新能源和新能源产业概念的界定、发展的回顾、存在的问题以及建议对策诸多方面全方位地解读和剖析了我国未来新能源发展趋势和财税政策的辅助作用。无论是理论剖析的系统性和科学性，还是对策措施的针对性、现实性，都将此类课题的研究向前推进了一大步。

该书对于新能源产业和财税政策的解构亮点很多，不一而足。首先，作者在发展新能源产业中提出要理顺市场与政府的关系。新能源产业的发展是市场经济的必然要求，这一过程自然也离不开政府发挥其应有的职能。政府职能的运用有两方面重点：一是在宏观层面发挥战略部署和协调职能；二是在微观层面发挥引导和监督职能。新能源产业代表着科技进步的发展方向，有着广阔的市场前景和产业带动力，也蕴含着经济效益的巨大潜力，当然也不可避免地存在着一定的风险，政府有必要，也有义务去扶持，使之尽快步入规范的发展轨道。尤其是在我国现阶段，市场经济环境还不健全，政府通过有倾向性的财税政策，克服市场竞争中的不足，引导各种社会资本在产业中聚集，并形成更为优化的产业发展结构和更为健康的经济增长方式。财税政策对新能源产业的介入主要是通过纠正产业发展外部性、提供产业发展动力、规避产业发展风险和突破产业发展瓶颈等方面发挥作用。

其次，作者在研究中认为目前相关配套政策不能完全跟进是当前我国新能源产业体系发展不健全的主要原因。那么作为对新能源产业发展效果最直接和最明显的财税政策来说，需要对当前政策效应做出客观的评价，不仅要考虑其经济效应，还要对政策带来的社会效应、政治效应做出综合的考虑。从成本效益角度分析当前的新能源产业财政政策，可以看到虽然政府付出了财政支出及其他耗费增加、税收减少的代价，但是能够收获相关产业产量增加、企业利润增加、社会福利水平提高以及可观的环境效益。同样，税收优惠政策的实施也催生了企业超额利润的扩大，在投资和产业规模扩大的相互作用中，整个行业逐渐达到长期平衡。

当然，作者在研究中也认识到新能源产业发展是一个庞大的系统工程，单纯的财税政策也许难堪大任。因此，书中提到还要在产业发展中结合其他配套措施，包括不断增强新能源产业的立法保障、建立新能源产业发展的公共服务平台、打造新能源产业所需的金融市场和资本市场环境、发挥价格对新能源产业的引导作用，特别要在统筹产业、区域、国际合作中谋得新能源产业的长远发展。

该书的研究旨在把产业发展与政策选择进行高度结合，既包括对理论的

创新，又包括对现实的指导。从产业发展和财税政策的相关理论出发，对我国现行新能源产业财税政策体系进行全面梳理，并对未来财税政策的设计和实施提出更具有前瞻性、创新性和实用性的政策建议，充分体现了该书更高的研究价值。

愿该书提出的开创性的观点和所做的研究分析能给业界带来更多的启发，也希望以财税政策为支点，新能源产业在我国能够得以深度发展。

全国人大财政经济委员会副主任委员
中国注册税务师协会副会长
首都经贸大学教授、博士生导师
郝如玉
2017. 11. 28

自　序

能源是人类社会存在和繁荣的物质基础之一。纵观人类社会发展的历史，人类文明的每一次重大进步都伴随着能源的发展和更替。工业革命以来，发达国家在工业化进程中消耗了大量的能源资源，而且随着发展中国家步入工业化阶段，能源消耗已经成为经济社会发展的必然支撑。进入21世纪后，能源引发的危机却不期而至：气候与环境问题日益恶化，传统能源的供求矛盾继续加剧，能源安全所导致的国际问题又频频发生。与能源紧密联系的可持续发展和循环经济问题摆在了世界各国面前，不少国家都开始纷纷调整本国的能源政策，将发展的希望转移到新能源战略中。在可以预见的未来，新能源将成为人类生产和生活中最主要的能源利用种类。本书从政策工具的选择层面，探寻财政政策与新能源产业发展的完美结合。在研究过程中，从新能源及新能源产业的概念和特点出发，在借鉴国内外有关新能源政策研究成果的基础上，以促进我国新能源产业持续、健康、快速发展为目标，结合财政学、产业经济学、制度经济学和资源经济学等多科学的综合理论及方法，对支持我国新能源产业发展的财税政策进行全面梳理和系统研究。首先，根据新能源产业的战略地位、政府机制作用和财税政策的必要性，阐述财税政策支持新能源产业发展的起源和动因；其次，分析我国新能源产业发展的现状、前景、机遇和挑战，剖析当前新能源产业发展所面临的瓶颈、障碍，并在这样的背景下找出财税政策支撑体系的落脚点和指向；再次，总结当今国际社会，特别是发达国家对新能源产业政策的经验和教训，为我国新能源产业政策提供必要的启示；最后，立足于现实国情，在借鉴历史经验和国际先进经验的基础上，构建完整的促进我国新能源产业发展的财税政策体系。

本书形成的重要观点或对策建议如下。

1. 市场经济条件下，市场并不是万能的，需要政府作为一只“看得见的手”对市场职能进行纠正和干预，从而实现社会福利最大化。产业发展是市场经济的必然要求，这一过程自然也离不开政府发挥其应有的职能。政府职

能的运用有两方面重点：一是在宏观层面发挥战略部署和协调职能；二是在微观层面发挥引导和监督职能。新能源产业代表着科技进步的发展方向，有着广阔的市场前景和产业带动力，也蕴含着经济效益的巨大潜力，当然也不可避免地存在着一定的风险，政府有必要扶持使之尽快步入规范的发展轨道。

2. 财税政策是政府实施宏观调控的重要工具，也是调整产业结构和促进产业发展的重要手段。在我国现阶段，市场经济环境还不健全，政府通过有倾向性的财税政策，克服市场竞争中的不足，引导各种社会资本在产业中聚集，并形成更为优化的产业发展结构和更为健康的经济增长方式。选择出合适的财税政策，来源于对财税政策效应的准确评价。事实证明，财税政策在促进新能源产业发展方面有着最直接、最明显的效果。财税政策对新能源产业的介入主要是通过纠正产业发展外部性、提供产业发展动力、规避产业发展风险和突破产业发展瓶颈等方面发挥作用。

3. 面对新能源代替传统能源的时代趋势，我国政府对新能源产业表现出了前所未有的高度重视，并准备好迎接这最具战略性的挑战。开发和利用新能源已成为我国未来发展的必然选择，要在“十三五”期间实现能源结构的加快转型，并寻找到撬动未来经济的新增长点，新能源的发展对我国来说更显迫切和重要。新能源的开发和应用是一项长期和艰巨的任务，面对目前各种类新能源产业发展不均衡的现状，首先要扫清新能源产业在发展中的一系列障碍，包括产业整体水平低、资源技术条件落后、资金投入匮乏、专业人才不足等。

4. 相关配套政策不能完全跟进是当前我国新能源产业体系发展不健全的主要原因。作为对新能源产业发展效果最直接和最明显的财税政策来说，需要对当前政策效应做出客观的评价，不仅要考虑其经济效应，还要对政策带来的社会效应、政治效应做出综合的考虑。从成本效益角度分析当前的新能源产业财政政策，可以看到虽然政府付出了财政支出及其他耗费增加、税收减少的代价，但是能够收获相关产业产量增加、企业利润增加、社会福利水平提高以及环境效益可观的结果。同样，税收优惠政策的实施也催生了企业超额利润的扩大，在投资和产业规模扩大的相互作用中，整个行业逐渐走向长期平衡。同样，税收优惠政策的影响还会延伸到消费环节，通过改变新能源与传统能源产品的价格对比，发挥税收政策在新能源产业发展中的替代效应。

5. 全面、深入的研究发达国家在支持新能源产业发展中的政策手段，并提炼出对推动我国新能源产业发展有借鉴价值的实践经验，是政策介入新能源产业发展的必由之路。在借鉴中，不拘泥于财税政策，而是广泛搜集发达国家在处理“能源—环境—发展”等一系列关系中的新手段、新方式，以期获得更广阔的视野，搭建更加完整的政策框架。

6. 在能源发展的新时代，促进我国新能源产业发展应坚持科学有序、中国特色、厉行节约、生态优先和科技创新等原则，还要重点处理好资源—资本—技术的协调、速度—质量—效益的协调以及产业长远发展和新旧能源结构的协调等。有鉴于此，更加贴合新能源产业发展要求的财税政策应与新能源产业发展的现实需要接轨、在新能源产业发展中积极发挥杠杆性、遵循新能源产业发展规律并朝着产业的未来发展目标迈进。

7. 积极构建有利于新能源产业发展的财政体制机制，是政府财政的重要职能。第一，要继续扩大中央财政可再生能源发展基金的规模，一方面对可再生能源发展专项基金实现扩容，探索资金来源渠道的拓展以及尝试逐渐降低自有配套资金比例，增强基金的财务杠杆性；另一方面对可再生能源电价附加采取逐年缓增的趋势推进。第二，在中央财政加强可再生能源发展基金投入的同时，要积极鼓励地方财政加入新能源产业的发展大局中来。地方政府结合本地能源禀赋和发展预期，开展新能源的发展规划、重大技术研发和新能源资源评估等，并根据这些结果安排一定金额或比例的财政资金用于新能源产业。第三，根据新能源产业发展目标，进一步明确财政补贴的支持范围，也就是再一次突出补贴的重点，包括加强对新能源资源勘查、评价和规划的投入、加强对新能源技术研发和设备制造的投入、实现从补企业到补消费的转变。第四，要控制好新能源财政补贴的总量和方式，把握好财政补贴的度，才能更好地遵循产业发展趋势。第五，推进政府采购新能源产品，这比在消费环节的补贴更加直接和有效，为新能源产品走向市场铺平了道路。第六，不断完善财政资金在新能源领域的绩效评价机制，使新能源产业发展与提高财政支出效率同步推进。第七，积极运用贷款贴息政策，充分发挥财政资金在新能源产业发展中“四两拨千斤”的引导作用。

8. 税收政策之于新能源产业的作用在于激励和引导。实现正面激励要结合我国税制改革方向和税种特征，主要在流转税、所得税方面出台一系列更加优惠的税收政策，力求改善新能源产业资本投入大、研发费用高、产品成

本高等问题，并切实鼓励新能源产业的自主创新和引导市场消费；实施负面约束就要对高耗能、高污染、资源利用率低的行业和产业实行适当的惩罚性税收措施，对传统能源产生反向的限制作用，为新能源产业发展创造有利条件。

9. 新能源产业发展是一个庞大的系统工程，单纯的财税政策也许难堪大任。因此，还要在产业发展中结合其他配套措施，包括不断增强新能源产业的立法保障、建立新能源产业发展的公共服务平台、打造新能源产业所需的金融市场和资本市场环境、发挥价格对新能源产业的引导作用，特别还要在统筹产业、区域、国际合作中谋得新能源产业的长远发展。

通过以上问题的探讨，在研究价值上体现在以下方面。

把产业发展与政策选择进行高度结合，既包括对理论的创新，又包括对现实的指导。作为一个新兴产业，新能源产业的发展路径和选择模式与相关传统产业不尽相同，各国政府部门也都无一例外地选择采用财税政策来支持和促进新能源产业的规范化发展。本书在收集和论证国内外大量文献资料的基础上，从产业发展和财税政策的相关理论出发，结合新能源产业在我国的发展现状和特点，对我国现行新能源产业财税政策体系进行全面梳理，并对未来财税政策的设计和实施提出更具有前瞻性、创新性和实用性的政策建议，可以为有关部门制定政策提供依据。

第一，理论创新是研究深入的基础，也是研究价值的重要体现。本书以财税政策为视角，对新能源产业发展的轨迹进行系统研究，通过引用制度经济学、产业经济学、财政学和经济学等的相关理论，对新能源产业的发展模式和发展道路进行分析，初步梳理了新能源产业发展的理论基础。

第二，重要的财税政策在设计中都要既立足国情又充分借鉴国际经验。本书在研究中以能源为核心，兼顾环境与发展两大主题，多渠道搜集大量国外一手资料，尽可能完整和具体地反映出当前阶段其他国家在推动新能源产业发展中的最新做法。因此，本书在追踪国外新能源产业政策中体现了很强的实效性，这也提升了本书的参考价值。

第三，我国在促进新能源产业发展中已经实施了一系列财政政策，并收到了较好的政策效果。因此，本书在财政政策设计中，充分考虑到未来政策与现行政策的衔接和延伸。包括增加中央财政可再生能源发展基金的规模、进一步明确财政补贴的支持范围和控制好新能源财政补贴的总量和方式等，

都体现了保持政策稳定性、足够性、层次性的思路。使现有政策更加完善和更具有可操作性，是财政政策最终能够落实的要件。

第四，在税收政策选择中，本书从分析各种税收优惠方式的特点入手，提出要根据新能源产业发展的需要选择出最适合的税收优惠方式，这一判断是税收政策能够达到预期目标的基础。在接下来的具体政策设计中，针对每一税种，都详细地提出了与新能源产业的结合点，保证最合适的税种和优惠政策在最合适的行业和环节中落地。

本书在撰写过程中参阅和借鉴了国内外专家和学者的专著和文献资料，得到郝如玉教授、刘桓教授、张学诞教授、张斌教授、岳树民教授、吴少平教授等多位专家的指导和帮助，在此向各位专家学者表示衷心的感谢，本书在研究探讨的过程中还有许多问题研究不够深入，有些资料搜集有待完善，恳请读者提出宝贵意见。

丁芸

目　录

1　导　论 …… 1

1.1　选题背景 …… 3

1.2　研究意义 …… 13

1.3　相关概念及界定 …… 18

1.4　国内外研究成果 …… 23

1.5　研究思路、研究方法及技术路线 …… 30

2　财税政策促进新能源产业发展的一般理论分析 …… 33

2.1　新能源产业发展的相关理论基础 …… 35

2.2　新能源产业的特殊性 …… 56

2.3　影响新能源产业发展的因素分析 …… 58

2.4　财税政策支持新能源产业发展的作用机制 …… 64

3　我国新能源产业发展战略研究 …… 67

3.1　我国主要常规能源概况 …… 69

3.2　我国新能源产业发展战略的背景分析 …… 72

3.3　我国新能源产业的发展现状 …… 96

3.4　我国新能源产业发展的前景展望 …… 119

3.5　我国新能源产业发展的主要障碍 …… 122

4　我国新能源产业财税政策及效应分析 …… 127

4.1　我国现行新能源产业财税政策梳理 …… 129

4.2 我国新能源财税政策的效应分析 …… 142
4.3 我国新能源财税政策存在的主要问题 …… 155

5 促进我国新能源产业发展的财税政策建议 …… 161
5.1 未来我国新能源产业发展的原则和关键问题 …… 163
5.2 我国制定新能源产业财税政策的总体思路 …… 169
5.3 制定新能源产业财税政策中不能忽视的问题 …… 173
5.4 促进我国新能源产业发展的财政政策建议 …… 177
5.5 促进我国新能源产业发展的税收政策建议 …… 188

6 促进我国新能源产业发展的其他配套措施 …… 195
6.1 不断增强新能源产业的立法保障 …… 197
6.2 促进新能源产业发展的公共服务平台 …… 198
6.3 打造新能源产业所需的金融市场和资本市场环境 …… 201
6.4 发挥价格对新能源产业的引导作用 …… 205
6.5 统筹产业、区域、国际合作：翻开新能源产业发展的新篇章 …… 207

参考文献 …… 210

导　论

1.1 选题背景

1.1.1 人类利用能源的历史进程

人类社会发展的历史，是人类认识和征服自然的历史，也伴随着人类利用不同能源更替的历史进程。能源的利用在人类发展史中主要经历了三次大规模的根本性转换：第一次是煤炭成为主要能源，取代了长期使用的薪柴等天然能源；第二次是石油占据能源主导地位，煤炭地位居其次；第三次是20世纪后半叶多元能源蓬勃发展引发能源结构的过渡转换。根据这三次具有里程碑意义的能源转换，可以将人类利用能源的历史进程划分为四个主要阶段。

1.1.1.1 薪柴时代

18世纪前，人类利用能源的种类和方法十分有限，多数限于对天然能源不予加工的直接利用，如风力、水力、畜力、木材等。这些能源中，对木材的利用最为普遍，其也成为当时世界一次能源消费结构中占据首位的能源。在那个刀耕火种的年代，自然界的植物不仅被广泛应用于取暖、照明和做饭等生活活动，也被广泛应用于金属冶炼、陶器烧制等生产活动。薪柴作为能源的应用是人类改变生活方式的导火线，由此人类农牧业生产方式发生变革，同时由游牧生活走向定居生活，为开拓人类物质文化生活新篇章创造了条件。在薪柴时代，人类还逐渐认识到自然界中风力和水力作为能源的价值，开始利用风能、水能从事相关生产活动，如灌溉、排水、碾米、船舶航行等，把自然的力量转化为向人类提供服务所需的机械能。在蒸汽机发明之前，植物秸秆和薪柴总消费占世界一次能源消费的比重超过了70%。

1.1.1.2 煤炭为主、薪柴并行时代

蒸汽机的出现加速了18世纪开始的产业革命，蒸汽机的大规模应用拉开了由热能向机械能转变的序幕，从而促进了煤炭应用时代的到来。从18世纪70年代开始，煤炭由于发热量高和使用更加方便等优势，开始受到人们的青睐，并逐渐成为主要能源和动力，由煤炭开启的蒸汽机时代是第一次工业革命的重要标志。到19世纪下半叶，完成了由薪柴到煤炭的人类历史上第一次能源转换。1860年，煤炭在世界一次能源消费结构中的比重不足1/4，而1920年这一比重超过了60%。由此，世界进入了“煤炭时代”，而薪柴虽有

应用，但使用量逐步萎缩，特别是生产部门几乎不再以此作为主要能源。煤炭成为主要能源，对人类工业体系的形成、城市规模的扩大、社会生产力的发展，起到了极大的推动作用。

1881 年爱迪生发明了发动机和电灯，并建成了世界上第一个发电站，这就是第二次工业革命，即电气化时代的开端。在电力应用引导下，人类社会也步入了发展的快车道。进入 20 世纪后，煤炭成为世界能源消费的主要来源。在 1910 年世界能源总消费量中，煤炭与薪柴消费量的比重大约为 7∶3，而且薪柴的使用范围还在不断缩小。

1.1.1.3 以石油为主体引领的多元能源时代

从 20 世纪 60 年代起，人类迎来了电器工业的迅猛发展，更加方便使用和易于运输的能源是这个时期人类对能源利用的基本诉求。那些具有更高能源价值的能源种类开始被人们重视和开发，石油和天然气等优质的化石能源开启了新一轮的能源转换，这就是以石油为主导并引领的多元能源时代的到来。能源转换中新的能源种类的广泛利用必然带来对原有能源格局的调整，这个阶段主要体现在煤炭在世界能源消费结构中的比重逐渐缩减。1965 年，石油首次取代煤炭占据世界能源消费结构中的首要位置，石油和煤炭在一次能源消费结构中的比例分别为 40.4% 和 38.8%。而到了 1979 年，石油和天然气在世界能源消费结构中的“垄断”趋势已经非常明显，天然气和煤炭的消费比重相当，而石油在能源消费结构中的占比为 54%，为煤炭的 3 倍，油、气比重之和高达 72%，这是人类历史上一次重要的能源转换，在能源消费中具有里程碑意义。石油等能源成为经济的命脉，以此为契机，大量汽车、飞机等移动式机动设备的使用成为可能，这也标志着现代工业体系的确立。

这个阶段，人类开始摒弃对单一能源的过分依赖，而现实也提供了更加多样化的选择，基本形成了以石油为代表的能源利用体系。能源利用体系在人类发展史中的意义非同一般，它不仅使全世界经济社会的繁荣得以延续和发展，也直接造就了部分国家领先进入现代文明时代。时至今日，大多数国家仍以石油、煤炭、天然气为主要能源。但由于各国资源禀赋和开采的技术条件不同，各国所选择的能源体系在具体的能源利用种类和比重上还存在很大差异，如发达国家较少使用煤炭，更多地依赖石油、天然气能源，而我国在相当长的一段时间内还以煤炭利用为主。然而，石油、煤炭等化石能源都是具有稀缺性的不可再生资源，与早期储量和产量充足、开采容易、价格低

廉相比，目前化石能源储量越来越小，开采成本越来越高，价格也日益攀升。能源供给的约束越来越制约经济的发展。人们已经开始意识到，廉价的能源时代已经一去不复返。更为紧迫的是，近两年来，石油等资源产能已接近巅峰，矿物能源迟早要枯竭，能源瓶颈引发的问题越来越多。

1.1.1.4 渐行渐近的新能源时代

爆发于1973年的世界石油危机，打击了美国在世界石油领域的霸权地位，更加凸显了传统化石能源对一国能源安全，甚而经济安全的约束，同时，资源、人口、环境在经济发展中的矛盾也更为显著。值得一提的是，以当前的开采技术和探查手段，化石类能源在全球的分布非常不均衡，各国对于由能源安全、经济安全延伸至政治安全的担忧难免加深。随着可持续发展战略的影响在世界范围内逐渐升温，尤其是世界各国都普遍认识到以当前的利用方式和频率，石油、煤炭、天然气等化石能源必将耗尽，再加上近年来无论是发达国家还是发展中国家都频繁出现能源短缺问题，让人们深切地感受到人类在自然面前的渺小和无助。作为可再生能源的新能源，其重要性进一步凸显。“世界能源正面临一个新的转折点，世界能源向石油以外的能源物质转移已势在必行。在能源消费结构中，石油时代的特征已经被后石油时代的特征所取代，由主要能源逐步向多元的新能源结构过渡。新能源包括地热、低品位放射性矿物、地磁等地下能源；也包括潮汐、海浪、海流、海水温差、海水盐差、海水重氢等海洋能和风能、生物能等地面能源；还包括太阳能、宇宙射线等太空能源”。① 这将是一场由能源引发的历史性革命，是人类在认识和改造自然、寻找新的替代能源中的重要收获，也是人类在面对可持续发展的现实问题时进行的有益尝试。

但是，历史的经验表明能源更替会经过一个漫长而曲折的过程，尤其是出现实质性的转变可能会需要半个世纪或者更长的时间。当然，现代科学技术的高速发展会不断拓展人类开发和利用新能源的能力。新能源利用起步虽晚，但人类不断实现新能源对传统能源替代的步伐会越来越快。这是一个相当艰难的过程，或者需要几代人做出巨大的努力。

---

① 人类对能源利用的历史［EB/OL］. http://www.qh.xinhuanet.com/2009-11/03/content_18125720.htm.

1.1.2 世界性的能源危机

第一次工业革命促进了社会生产力的迅速发展，改变了世界的面貌，但是这些重大变革都建立在人类对石油、煤炭等化石类能源过多，甚至过度依赖的基础上。在不断追求经济增长的背景下，人类对自然资源开始了近乎掠夺式的、无节制的开发和消耗，人类赖以生存的能源基础遭到了无法修复的破坏。在各国普遍关注经济的快速发展和提高人们的物质生活品质的前提下，对能源需求的增长也出现一个加速的过程。要满足如此规模的能源需求增长的任务是十分艰巨的，不论是高度工业化的发达国家还是处于经济起飞阶段的发展中国家，能源的需求量都在与日俱增。面对全球性能源安全挑战和能源价格持续增长，人们自然没有多少余地去挑选能源，这样便形成了能源供应的压力。

能源危机在20世纪70年代后频发，其中爆发于70年代前期、末期及90年代的三次能源危机更是席卷全球，这是对人类不加节制地利用和消耗传统化石类能源敲响的警钟。世界性的能源危机以不同的方式上演，并呈愈演愈烈之势，对全球经济发展和文明进步的摧残作用是显而易见的。

1.1.2.1 第一次能源危机

1973年10月第四次中东战争爆发，为打击以色列及其支持者，石油输出国组织的阿拉伯成员国当年12月宣布收回原油标价权，并将其基准原油价格从每桶3.011美元提高到10.651美元，国际市场上的石油价格从每桶3美元涨到12美元，上涨了4倍，从而触发了第二次世界大战之后最严重的全球经济危机①。持续3年的能源危机给世界经济带来了沉重打击，发达国家经济增长普遍受到严重冲击，而几乎所有工业化国家都不得不面对经济增长明显放缓的现实。这样的减速对当时发达国家的影响则更为显著，美国和日本当年的工业生产下降幅度分别达到了14%和20%。能源危机使美国陷于混乱中，1973年被民众称为美国历史上最“黑暗”的一年，人们捡拾树枝取暖，被迫放弃了以往的灯火通明。然而，油价暴涨不仅扰乱了居民的正常生活，由此引发的严重的经济危机还在不断发酵中。

1.1.2.2 第二次能源危机

1978年年底中东地区战事不断，伊朗革命、两伊战争使地区冲突升级。

① 财经劲爆点：能源危机［EB/OL］. http：//finance. qq. com/zt/2007/nengyuanwj/.

政局动荡直接影响了伊朗的石油日产量，这个世界第二大石油出口国的石油出口量也锐减，并由此引发了第二次石油危机。危机中伊朗的石油产量从每天580万桶骤降到100万桶以下，全球市场上每天都有560万桶的缺口；油价在1979年开始暴涨，从每桶13美元猛增至1980年的35美元，此次危机成为20世纪70年代末西方经济全面衰退的一个主要诱因[①]。危机将西方主要工业国推向经济严重衰退，甚至“滞胀”的深渊，据估计，能源危机直接导致美国GDP下降达3%以上。美国无法提供急需的石油以抢回世界油价控制权，被打得措手不及，以致尼克松不得不承认美国“正在走向第二次世界大战结束以来最严重的能源不足的时期”。

1.1.2.3 第三次能源危机

第三次世界经济危机的直接导火索是1990年8月爆发的海湾战争。伊拉克遭受国际经济制裁后，来自伊拉克的原油供应中断，油价在短短三个月内由每桶14美元，急升至42美元的高点；美国、英国等资本主义国家的经济水平在1990年第三季度加速陷入衰退，拖累全球GDP增长率在1991年降到2%以下[②]。为了缓解危机造成的破坏力，国际能源机构启动了紧急计划，即每天将250万桶的储备原油投放市场，油价一天之内暴跌10多美元，以沙特阿拉伯为首的欧佩克也迅速增产，一定程度上稳定了世界石油价格的大幅波动[③]。相比于前两次能源危机，由于国际社会的迅速反应，这次高油价的持续时间不长，对世界经济的影响自然也弱于前两次危机。

1.1.2.4 全球性能源危机的持续发酵

能源危机是包括石油、电力或其他自然资源在内的各种能源因为供应短缺或价格上涨而对经济运行和社会秩序产生的重要影响。尽管感慨于石油危机的破坏性，但是各国并没有找到解决能源问题的根本方法，能源危机发生的频率并没有减少，席卷全球的国际能源危机还在不断以各种方式上演。

进入21世纪，石油和电力短缺都成为引发能源危机的导火索。2003年以色列与巴勒斯坦发生暴力冲突，中东局势陡然紧张引发国际油价短时间内暴涨和高位徘徊，直接导致人们对原油供应的担忧。国际原油期货价格在2008

---

① 财经劲爆点：能源危机［EB/OL］. http：//finance. qq. com/zt/2007/nengyuanwj/.

② 财经劲爆点：能源危机［EB/OL］. http：//finance. qq. com/zt/2007/nengyuanwj/.

③ 历史上三次石油危机［EB/OL］. http：//finance. sina. com. cn/roll/20050701/0918169145. shtml.

年7月达到了147.25美元的历史高位，国际能源组织（IEA）也因此向全球发出预警——能源危机正在逼近。

美国2006年遭遇百年罕见的高温天气，对加州等地的电力负荷形成了严重考验。随后骤增的电力负担又引发了东西部大面积的停电事故，纽约等地区数万居民连续多日处于无电状态。高温和电力事故扰乱了整个社会的正常运行，甚至引发了大恐慌。为了给电力设施以缓冲和避免更大的停电事故，加州政府宣布全州进入高温紧急状态，并对政府部门、企业和居民严格限制用电。电力供应的饱和状态给美国经济和社会生活带来了极大影响，且在很长时间都没有消退，继而对全球都造成了轰动性影响。

能源危机及由此衍生的电力危机给人们带来的最直接感受是物价飞涨、通货膨胀、经济停滞和秩序混乱。当然能源危机的影响并不止于此，它也会揭开一系列更为深层次的全球性问题，包括人口激增所触发的能源供应短缺，不合理的能源利用与生态环境矛盾尖锐，能源分布失衡引发的地区间关系紧张，能源枯竭难以遏制致使贫困化走向深渊，等等。

虽然能源危机不全是能源本身问题所导致的，但其造成的经济和社会衰退足以警醒人类，而且我们应该认识到能源逐渐稀缺和占有的不均衡本身就是一种危象。当今的能源问题远不像20世纪初那样属于某个区域的局部问题，它会波及地球的每一个角落。无论现在还是未来，任何一个国家或民族在能源问题面前都不可能独善其身，使用能源的每个人都不可避免地被能源问题影响着。在新的能源战争中，谁都无法置身事外，都需要面对和解决能源这个关系人类生死存亡的严肃问题。

1.1.3 不堪重负的环境和气候压力

能源是现代化生产的主要动力。当前，化石类能源是全球经济发展的基石。但是任何发展都需要付出一定代价，依赖化石能源的结果便是这些能源经过燃烧后会释放出大量有害物质，包括二氧化硫、一氧化碳、烟尘、放射性飘尘、氮氧化物、二氧化碳等。这些物质会直接导致地球生态系统遭到破坏，大气环境恶化、气候变暖和温室效应，动植物灭绝，生态系统调节功能减弱。大量使用的化石类能源已严重威胁到人类的生存和发展。

2012年挪威国际气候与环境研究中心的格伦·彼得斯（Glen Peters）公布的报告显示，2011年全球所有国家在燃烧煤或石油等化石燃料的过程中，

一共向大气中排放了近382亿吨二氧化碳，比前一年增加了近10亿吨，这相当于每秒钟向大气中排放二氧化碳1 100吨；由于作为主要温室气体的二氧化碳排放量一直在增长，而大部分碳污染物可在大气中存留100年，将地球升温控制在2摄氏度以内的目标很可能无法实现。[①] 环境污染、生态破坏、气候变化是当前及今后一段时间世界人民不得不面对的三座“环境大山”，而几乎所有污染物的排放量，以目前状况来看，我国都是世界第一。我国从20世纪70年代起，特别是改革开放后，与经济发展相伴随的是整个污染物的排放量都在急剧上升。起初污染物排放的统计非常简单，仅限于二氧化硫、烟尘、粉尘等几个指标的统计，而现在像氮氧化物、PM颗粒物等原本陌生的污染物名称开始频频出现在公众视野，污染物范围的扩大显示了我国大气污染状况急剧上升并愈加严重。

根据2010年环境保护部、国家统计局和农业部三部门联合公布的《第一次全国污染源普查公报》中披露的数据，全国工业废气中主要污染物产生量包括：二氧化硫4 345.42万吨、烟尘48 927.22万吨、氮氧化物1 223.97万吨、粉尘14 731.49万吨；折合每吨标准煤排放为二氧化硫0.79吨、烟尘0.89吨、氮氧化物0.022吨、粉尘0.267吨。[②] 而据2009年以来历年的《BP世界能源统计》，近5年来我国的能源结构中，化石类能源比重均达到90%以上，其中，煤炭在能源结构中的比重在数年中也都达到70%左右。因此，煤炭通常被认为是我国主要污染物的排放源。

目前对化石类能源主要污染物排放的处理，由于经济上和技术上的差异，会出现不同的效果。针对减少二氧化硫、氮氧化物以及粉尘等的排放，成熟的技术措施已经取得了预期的减排效果，并实现了在实践中的大规模应用，收效理想。但并非所有污染物的排放处理效果都尽如人意，以温室气体的减排为例，当前对二氧化碳的捕捉和封存，无论从经济成本还是技术手段上都没有实现突破。

二氧化碳除了是能源利用中排放量较大的污染物，还是形成温室气体的主要元凶，将给人类带来毁灭性的灾难。国际能源署（IEA）的《2009世界

① 格伦·彼得斯．挪威科学家称全球每秒碳污染排放量高达1 100吨［EB/OL］．http：//news.xinhuanet.com/world/2012－12/03/c_124039274.htm.

② 第一次全国污染源普查公报［EB/OL］．http：//www.gov.cn/jrzg/2010－02/10/content_1532174.htm.

能源展望》报告指出，由于全球对化石燃料的需求增长，与能源相关的二氧化碳排放量会持续快速增长，能源行业的温室气体排放占到了全世界的65%；如果各国不改变现行的能源政策，2020年、2030年全球二氧化碳排放量将分别达到345亿吨和402亿吨，几乎是1990年的两倍以上；2030年全球气温将上升6摄氏度，并带来灾难性后果。[①] 因此，二氧化碳的威胁显然更加严重。在化石类能源的碳排放系数都很高的情况下，煤炭更被视为高碳能源。就二氧化碳的排放数据来看，目前业界普遍认为每吨标准煤排放2.66吨二氧化碳，以同样的方法测定，石油和天然气的排放体量相对较小，分别为2.02吨和1.47吨。在短时间内无法改变我国煤炭消耗占能源总量比例最大的背景下，二氧化碳的排放总量也将是非常惊人的数字。按照2013年国内煤炭消耗36.1亿吨来计算，全年二氧化碳排放量会超过百亿吨，成为世界碳排放总量最大的国家，在国际社会上也背负了一定的压力。而在目前的环保措施中对于减少二氧化碳排放并没有严格的强制措施，使用最多的方法也仅是宣传和倡议，包括号召减少化石类能源的总体消耗，在生产环节提倡节能并鼓励民众践行低碳生活。

1.1.4 能源的未来——新能源利用展望

在人口、资源、环境的矛盾约束中，在谋求经济社会全面发展的初衷下，人类迫切需要寻找到清洁、环保、取之不尽并可持续开发利用的新型能源。对太阳能、风能、水能、生物质能等的原始利用早已有之，而近年来在技术进步的支持下，人类对这些能源形式有了全新的认识。以太阳能、风能等为代表的新能源，因为具有资源价值丰富、清洁环保、开发潜力大和可持续利用的显著优势，重新又获得了重视和大规模利用。在可以预见的未来，新能源将成为人类生产和生活中最主要的能源利用种类。

1.1.4.1 新能源的发展历程

人类对新能源的使用由来已久，即便在以化石能源为主要能源的时代，风能、生物质能、太阳能等仍会以相对古老的形式在一定范围内得到应用，只是在整个能源格局中，这些能源所占的比重很低。值得一提的是，在第二

① 中国哥本哈根谈判似乎处于被动的地位——《2009世界能源展望》报告发布会总结［EB/OL］. http://blog.sina.com.cn/s/blog_555e8bb00100gdqn.html.

次世界大战后的几次能源危机中，新能源逐渐找到了发展的生机，在新技术引导下也得到了越来越多的重视。无论是古已有之的太阳能、风能等可再生能源，还是核能等逐步发现利用价值的新兴能源，新能源在整个能源格局中的比重开始提升。新能源的发展大致经历了四个阶段。

首先，在石油危机中萌发的新能源发展高潮。1973 年爆发石油危机的影响远未限制在能源领域，而是直接引发了第二次世界大战之后波及全球的最严重的经济危机，经济滞涨结束了西方发达国家经济发展和工业化进程的“黄金时期”。这次危机使各工业国家都深切认识到单纯依靠石油进口存在的巨大风险，也更促使他们积极考虑如何从根本上解决能源问题。此后，很多国家都着手启动了开发替代石油的新能源计划，如日本于 1974 年启动了国家“阳光计划”、巴西于 1975 年启动了“生物能源计划”，对新能源展开了大规模的研发活动。20 世纪 70 年代末又爆发了第二次石油危机，这更加强化了各工业国家迅速找到能源替代品的决心。与此同时，各国间也加大了在新能源领域的合作力度，以《促进新能源和可再生能源发展与利用的内罗毕行动纲领》为指导，新能源在全球的开发和利用蓬勃展开。

其次，低油价背景下新能源开发局面收缩。进入 20 世纪 90 年代后，全球石油价格进入低迷期，开发能源替代品的动力也明显减弱。但在另一方面，国际社会开始对环境尤其是气候变化问题进行关注，这在一定程度上又形成了一股发展新能源、减少污染物排放的新风潮。从防止全球变暖和减少温室气体排放的角度，1997 年 12 月《京都议定书》条约在日本签署，这也成为在全球范围内推动新能源发展的一大动力。总体来看，在 20 世纪末各国对于开发新能源的步伐明显放慢，根据国际能源机构的统计，其成员国在 1970—2001 年的可再生能源供应量年均增长 2.2%，而 20 世纪 90 年代这一增长率仅有 1.2%。

再次，在油价及气候问题的双重压力下新能源开发重新升温。进入 21 世纪后，国际油价重又走高，这也督促了各发达国家重新审视发展替代能源的必要性和重要性，同时新兴工业国家对发展新能源也热情高涨。此外，全球气候变化问题日益突出，不断有学者对地球升温可能造成的损失表示担忧。立即采取行动减少与石化燃料相关的温室气体排放逐渐成为国际共识，各国也纷纷将新能源政策纳入国家能源战略中。例如，德国在这一期间大力发展风力发电，风力发电量较前一个阶段增长了 21 倍；西班牙通过立法方式发展新能源，其年均增长速度达到 30%；奥地利和瑞士也着力提升生物质能源在

其能源消费结构的比重。①

最后，金融危机后新能源发展走向深入。2008 年国际金融危机爆发，其影响持续数年。在这个阶段，发展新能源不单单被当作是寻找替代能源的探索，更作为一个新兴产业方向，为拉动实体经济发展贡献力量。以美国、日本、欧盟等发达国家和经济体为代表，先后出台了一系列加快发展新能源的产业政策，在一定范围内扭转了经济的衰退。很多国家在实践中将新能源产业作为经济复苏的首选。2009 年美国出台《美国复苏与再投资法案》，其中包括可再生能源在内的新能源便是重点发展产业；欧盟委员会制定了一项发展“环保型经济”的中期规划，积极倡导发展节能环保产业和打造具有全球竞争力的“绿色产业”；日本政府也在应对危机中提出普及开发节能技术、加大研究清洁能源，并对这些产业给予相当大的预算支持。

1.1.4.2　人类未来能源利用的选择

新能源引领了未来能源的发展方向。以太阳能、风能、生物质能为主的新能源体系具有清洁环保、可再生可持续的优势。发展新能源不仅是解决当前能源与环境矛盾的有效途径，也能够满足今后拉动经济发展、协调产业布局和结构、推动技术革命等多层次需要，甚至被赋予引领第四次科技革命的历史重任。

新能源所涵盖的丰富的资源禀赋能够满足未来人类发展的能源需求。根据国际能源专家组织测算，以 1995 年全球消耗的各类能源为参考，人类未来可开发的新能源总量等于当年 16 倍的生物质能、80 倍的海潮能以及 325 倍的风能，再加上 16 044 倍的太阳能的总和。尽管这些预算仅是理论的经验数据，但足以证明新能源的体量巨大、开发和利用的前景十分广阔。2008 年中国可再生能源发展战略研究项目组的报告披露，到 21 世纪中叶，新能源资源潜力汇总可达 55.7 亿千瓦，2020 年、2030 年、2050 年我国新能源利用总量可分别达到 6.2 亿吨、10 亿吨和 17 亿吨标准煤②，这将会极大地缓解我国未来发展中遇到的能源瓶颈压力。选择利用新能源，是未来能源利用的主要方向，也能够在减少温室气体排放、加强环境保护、维护能源安全等方面展现非同一般的“魅力”。

人类将新能源作为能源转换的首要选择有着一定的现实基础。首先，以

① 钱伯章．世界能源消费现状和可再生能源发展趋势［J］．节能与环保，2006（3）．

② 中国可再生能源发展战略研究项目组．中国可再生能源发展战略研究丛书：综合卷［M］．1 版．北京：中国电力出版社，2008．

目前技术的发达程度看，新能源被大规模使用已经成为可能。虽然新能源具有资源密度低、分布广、资金密集型等不利于规模化使用的缺点，但是随着新技术的推广，特别是辅之以必要的资本投入，新能源的开发和利用仍然具有良好的前景。在不断推动经济发展和技术进步的进程中，远期新能源的合理开发和规模利用已经具备了必要的资本和技术支撑，而且这样的支撑力度会越来越强大。其次，从经济性的角度，新能源已经达到或接近传统能源的水平，完成能源替代在可行性方面完全行得通。过去由于受到技术及成本因素的限制，新能源开发极其缓慢。如今技术上得以突破，再加上各国政府开始关注新能源应用，使其得到了比以往更多的资金和政策支持。可以预见，新能源在技术上行而成本下行的轨道中发展，其经济性可以达到或接近传统能源，替代只是时间问题。在目前新能源产业的应用中，有部分种类的能源已经表现出令人满意的使用效果且经济价值逼近传统能源，比如太阳能发电工业就取得了成本优势并在发展中继续延续成本下降趋势；风电、小水电在价格方面已经追平传统火力发电水平，但在环境效益上又远超火力发电；生物质能、海洋能等虽然经济性上还有待发掘，但是通过科学规划和组织，其巨大的潜力和良好的社会经济效益还是广受关注的。

时至今日，我们必须认识到以新能源代替传统能源是大势所趋，但这一转换过程将会是漫长而艰难的。从能源利用及转换的历史进程可以看到，任何一次有历史意义的进展都是长期而曲折的。早在 1981 年，国际应用系统分析研究所（IIASA）在其公布的《有限的世界能源》报告中就曾指出，一种能源技术代替另一种能源技术需要很长时间，不可能期待世界能源系统的转变在 50 年内实现。当然，我们还应充满信心地看到，随着人类科技水平的不断进步以及对新能源需求的日益迫切，大规模、常态化的开发利用新能源的时间可能会大大缩短，尽管这个时间基本不会短于半个世纪。对于这样一个可以憧憬的未来，在加速能源替代过程中，人类仍需要付出不懈的努力。在大力消除资源和环境约束的背景下，需继续不遗余力地推进新能源开发和利用，这在世界范围内已形成广泛共识，因为未来人类的生存和发展，依靠新能源是现实的、可行的，也是必然的战略选择。

1.2 研究意义

把产业发展与政策选择进行完美结合，既是一个需要深入探讨的理论问

题，又是一个在当前实践中不可回避的现实问题。与传统能源产业相比，新能源产业作为一个新兴行业，有着较高的技术含量和广阔的发展前景，同时其辐射力和带动性都很强，这使得新能源产业的发展路径和选择模式与相关传统产业相比有很大不同。作为新兴产业的代表，新能源产业的发展已经受到世界各国的广泛关注和高度重视，各国政府部门也都无一例外地选择采用财税政策来支持和促进新能源产业的规范化发展。当前我国针对新能源产业也实施了一些财税支持政策，但还没有形成完整的政策体系，特别是伴随着新能源技术和产业的快速发展，原有政策中已经暴露出许多与产业发展进程相脱节的问题，这些与未来产业发展不协调的因素亟待补充、完善，并与时俱进。本文从新能源产业发展和财税支持新能源产业的相关理论出发，结合新能源产业在我国的发展现状和特点，对促进我国新能源产业发展的财税政策体系进行全面梳理和研究，具有十分重要的理论和现实意义。

1.2.1 理论意义

首先，本文以财税政策为视角，对新能源产业发展的轨迹进行系统研究，通过引用制度经济学、产业经济学、财政学和经济学等的相关理论，对新能源产业的发展模式和发展道路进行分析，初步梳理了新能源产业发展的理论基础。

其次，在西方发达国家新能源产业已然不是新生事物，而且其发展速度之快似乎也超越了人们的预期。然而值得注意的是，新能源产业发展政策并没有如人们期待的那样迅速完善起来。由于缺乏对新能源产业发展的规律性和实质性的把握，在制定政策中所依赖的理论知识就显得相对滞后和系统性不佳。因此，本着继续完善产业发展思路的初衷，本文的研究把出发点放在探讨与新能源产业健康快速发展相关的政策上，包括财税政策和其他相关策略，力图在总结新能源产业发展规律中设定政策目标和谋划政策工具，以及产业与政策的结合点，并进行深入的探索和创造性地发掘，从而积极拓展和丰富现代市场经济理论的应用框架和研究内容。此类研究无论是对产业体系，还是对政策体系都有较高的理论价值，在理论上形成一个研究新能源产业发展财税支持政策体系的基本分析框架，为在实践中更好地使用财税政策和发挥财税政策效果提供考查依据。

再次，新能源产业的发展，特别是在发展萌芽期，离不开完善的政策环

境。在促进新能源产业快速成长的过程中，除了要发挥财政税收政策的激励作用之外，还需要营造一个完备的政策环境，以形成政策合力，解决一些影响产业发展进程的重大问题和主要矛盾。这些问题和矛盾会动态地存在于政策环境之中，对财政、税收、价格等一系列政策的制定和实施效果产生直接影响。本书在研究促进新能源产业发展的财税政策中，试图对这一政策环境进行系统梳理，在理论上为新能源产业发展提供一个全方位的支持保障系统。

1.2.2 现实意义

1.2.2.1 促进新能源产业发展，适应国际能源格局的深刻变化

能源是促进经济增长的原动力之一，见证着人类发展的生生不息，也是保障国家安全的重要基石。然而在当今世界，能源有效供给的稳定性越来越差。首先，在全球人口逐步接近70亿大关时，能源需求所面临的严峻考验将接踵而至，地球上现有资源已日趋短缺，最终将走向枯竭。根据能源观察机构2007年公布的数据，以当时的消耗量计算，全球煤炭能源将在155年内全部枯竭；而英国石油公司（BP）在公布的《2014年世界能源统计报告》中，提出2013年年底全球石油储采比为53年。尽管储采比是一个动态数据，但是进入石油开采的后期，开采难度与开采成本都将加大。其他影响能源有效供给的因素还包括主要能源产区的局势是否出现动荡、世界能源运输通道是否通畅，等等。我国除了要应对传统能源本身枯竭的问题，还要看到我国经济的快速增长在很大程度上都依赖于能源的高消耗，这种发展模式使本已紧张的能源形势变得更加严峻。其次，除了要面对储藏量不断减少的隐忧外，更值得忧虑的是，现代科学已经测定出石化能源在使用后会产生污染和温室气体的严峻现实。这些问题会导致生态系统破坏和全球变暖，对于粗放式生产的我国，能源的过量使用所导致的环境问题已经制约了我国经济社会的良性发展，从而引发人们对未来社会发展动力来源的广泛关注和担忧。

世界能源的格局已经发生深刻变化，很多国家都选择认清形势、主动作为，把鼓励开发新能源打造成国家能源战略的新亮点。这一明显的政策导向既释放了当前传统能源数量匮乏、价格高昂的压力，又适应了人类在能源问题上实现可持续发展的客观需要。目前，新能源领域的资金数量已经急速聚集，尤其在风能、太阳能和生物质能项目上吸引的资本更是激增。各国纷纷形成思想上和行动上的共识，那就是抓住新能源产业革命的重要机遇，只有

走在前列才有可能于未来的世界经济格局中掌握先机。尤其在金融危机后全球经济不断下滑仍未止步的情况下，推动新能源领域的发展和应用堪称挽救世界经济的一剂良药。因此，我国加强对新能源产业的政策引导，促进新能源产业的快速发展，将是适应国际能源格局变化的重要战略。

1.2.2.2 积累产业发展经验，指导新兴产业发展壮大

新能源的重要性不仅在于其代表了能源利用的未来方向，还体现在新能源产业是战略性新兴产业的一支重要力量。早在经历2009年的金融危机冲击时，我国就开始高调支持发展战略性新兴产业，希望以此支撑经济的再次崛起并继续挖掘产业优势。发展新能源产业，能够在未来催生新的经济增长点，塑造产业结构调整的新引擎，在创造就业和创造财富中实现跨越式发展，避免外界冲击使我国经济走进死胡同。为此，国务院于2010年10月和2012年7月，分别下发了《国务院关于加快培育和发展战略性新兴产业的决定》《“十二五”国家战略性新兴产业发展规划》，表达了对发展战略性新兴产业的关切，也将新能源产业作为其中的重点领域。

如今，发展新能源产业已成为世界各国引导经济复苏、抢占新一轮国际竞争制高点和应对国际经济结构调整的重大战略步骤。我国正处在全面建设小康社会的重要机遇时期，按照科学发展观的要求，也必须赶上世界经济发展的步伐，明确发展方向，找准发展的突破口，加快培育和扶持新能源产业。从产业发展的角度，大力发展新能源产业并不是仅仅谋求某项技术或某种产品的突破，而是希望以此对经济社会全局和长远发展起到引领和带动作用，带动一批技术密集、资源节约、成长潜力大、综合效益好的产业快速成长起来。因此，加快培育新能源产业，是推进产业结构升级、加快转变经济增长方式的重大举措，是积极构建国际竞争新优势、掌握未来发展主动权的需要，也是最终实现可持续发展的必然选择。由此可见，政府有必要将新能源产业培育成为先导产业和支柱产业，并积累产业发展经验从而指导其他战略性新兴产业发展壮大，只有这样才能抓住今后我国经济持续稳定较快增长和产业结构调整的大方向。

那么，摆在我们面前的现实问题就是，如何实施积极有效的产业发展政策，更有针对性地培育新能源产业？如何动态性地调整新能源产业政策，使其更好地应对国际能源形势变化及国际竞争的挑战？解决这些问题，一方面要从深层次探究新能源产业发展的规律，针对产业发展目标与运行模式，并

根据实践的发展予以动态性的调整；另一方面政府也要限定扶持政策的边界，给市场配置资源创造更大的空间，做到政策“补位”而不“越位”。发展新能源产业是一种探索，也是一种尝试，其积累的成熟经验和做法，有助于打开相关新兴产业的发展瓶颈，这在构建产业发展体系的实践中是非常宝贵的。

1.2.2.3 促进新能源产业发展，符合中国经济发展新常态趋势

2014 年 5 月，国家领导人习近平首次明确提出经济发展新常态概念。其中“经济常态”是指经济体运行的“经常性状态”，也是“稳定性状态”；而“经济新常态”则是相对于上一阶段“经济常态”而言，即经济体经过一定时期的过渡调整，进入另一个“常态”发展阶段。总体来看，经济新常态具体包括三个特点：一是增长速度由高速增长转为中高速增长；二是经济结构由粗放型发展转变为集约型、质量型发展；三是发展动力由要素、投资驱动转变为服务及创新驱动。

新能源产业发展恰恰迎合了经济发展新常态趋势。第一，新能源产业发展有利于经济结构转型。粗放型的经济增长模式带来资源消耗过量、环境污染严重、生态系统的退化，这是一种透支性的、破坏性的粗放发展路径。而新能源产业的发展源于无穷无尽的风能、太阳能、生物质能、地热能等自然资源，可有效减少不可再生的自然资源消耗速度，同时这些自然资源的使用不会带来环境污染和生态恶化，因此可以保护环境，有利于经济结构转型。第二，新能源产业发展有利于创新驱动经济发展模式。新能源产业发展的核心是先进的可再生能源利用技术，可以说，谁掌握了先进的可再生能源利用技术，谁就占得了先机，并能在可再生能源发展竞争中占据优势地位。因此，新能源产业的发展壮大有赖于技术创新，而同时技术创新也将成为经济新常态下经济发展的主要动力来源。

1.2.2.4 把新能源产业与财税政策紧密结合起来是政府不可推卸的职责

为国家发展提供稳定可靠、安全经济、清洁有效的能源支持，符合可持续发展要求，其本身就是政府的职责之一。在我国，尽管新能源产业已经快速成长，但由于起步较晚，新能源技术的基础研究、新能源工艺设计和设备制造等环节一直都是我国促进新能源产业发展的障碍。在各种政策工具中，财政和税收手段作为政府扶持和引导产业发展的重要经济杠杆，将会成为实现我国新能源产业快速、健康发展的重要保障。虽然找到了这些有效的工具，但是如何针对我国的现实国情，根据当前新能源产业的发展现状和特点，量

身打造出适宜的政策规制模式和政府运行制度，还需要进行深入研究和不断探索。

关于有效实现资源配置，现代经济学理论为市场和政府分配了不同的角色。为了实现高效的经济效率，这两大主体必须在资源配置中有所侧重，也就是更多地发挥市场机制作用，在“市场失灵”的领域中政府才有所介入。新能源产业属于高新技术和新兴产业，其所关联的新能源发电行业又属于基础设施范畴，无论从以上哪个角度，新能源产业都是政府需要有所参与的行业。从高新技术产业的特性来看，新能源产业在研究开发和成果转化中，会遇到高投入、低收益、高风险等困境。如果没有相关政策的保护和扶持，新能源产业短时期内可能在激烈的市场竞争中萎缩。从基础设施项目特性来看，广大新能源发电项目都存在投资成本高、竞争力弱等劣势，缺乏效率。因此，大力发展新能源产业，必须给予适当的政策支持，以有效激励市场主体参与新能源的资源开发、技术研发、国产化设备制造，并积极引导相关投资和各种配套设施建设。以财政、税收等经济手段来调节新能源的生产和消费结构，展现新能源产业更具优势的经济效益、社会效益和环境效益，是政府责无旁贷的义务。

以政府为主导为新能源产业发展创造更好的市场环境，以政策为支撑有效研判未来新能源发展的价值，充分认识当前产业发展的难度和瓶颈，帮助新能源产业在市场中找到最佳时机和最优位置，从战略的高度提升新能源产业发展后劲，是今后一段时间政府必须要给予足够重视的内容。

1.3 相关概念及界定

能源是人类生存和发展的物质基础，也是维护一个国家和地区安全与稳定的必要条件。能源作为一种公用性资源，不仅具有经济意义，更被赋予了政治和战略的价值。能源技术的革命以及能源种类的更替是人类文明进步的动力，也引领着一个国家的现代化进程和可持续发展道路。

1.3.1 能源的定义及分类

自两次石油危机后，能源成为人们热议的焦点，然而，对于能源的定义却并没有形成一致的结论，各类百科全书对能源的解释都不尽相同。《大英百

科全书》对“能源”的描述是一个包括所有燃料、流水、阳光和风的术语，人类用适当的转换手段便可让它为自己提供所需的能量①；《日本大百科全书》认为“在各种生产活动中，我们利用热能、机械能、光能、电能等来作功，可利用来作为这些能量源泉的自然界中的各种载体，称为能源”②；我国的《能源百科全书》则认为能源是可以直接或经转换提供人类所需的光、热、动力等任意一种形式能量的载能体资源③。总的来说，对能源的描述侧重强调其内在的使用价值，即在自然界中可以为人类提供多种多样并可在一定程度上实现相互转换的物质资源。同时，为了满足生产和生活的需要，能源也在人类的研究与开发中被发掘出越来越多新的形式和种类（见表1.1）。然而能源种类的划分并不是一成不变的，例如，随着技术进步，人类对于天然能源再加工及转化的能动性增强，人工能源所涵盖的内容还会有所增加；同样在技术进步的带动下，技术上比较成熟且逐步被大规模利用的新能源会慢慢转变成常规能源。

表1.1 当前能源主要分类层次及内容④

分类标准	分类名称	分类内容举例
按能源开发历史或技术利用成熟度划分	常规能源	煤、石油、天然气、水能、生物能
	新能源	核能、地热、海洋能、太阳能、生物质能、风能
按能源再生属性划分	可再生能源	太阳能、地热、水能、风能、生物能、海洋能
	不可再生能源	煤、石油、天然气、核能
按能源形成的来源划分	太阳辐射形成的能源	太阳能、煤、石油、天然气、水能、风能、生物能等
	地球内部形成的能源	核能、地热能
	天体引力形成的能源	潮汐能
按是否以天然形式存在或是否经过加工转换划分	天然能源（即一次能源）	煤、石油、天然气、水能、风能、核能、海洋能、生物能
	人工能源（即二次能源）	沼气、汽油、柴油、焦炭、煤气、蒸汽、火电、水电、核电、太阳能发电、潮汐发电、波浪发电

① 摘自百度百科“能源”词条。http：//wapbaike. baidu. com/item/能源/23358/？fr = aladdin.

② 摘自百度百科“能源”词条。http：//wapbaike. baidu. com/item/能源/23358/？fr = aladdin.

③ 摘自百度百科“能源”词条。http：//wapbaike. baidu. com/item/能源/23358/？fr = aladdin.

④ 王革华. 新能源概论［M］. 北京：化学工业出版社，2006.

1.3.2 新能源的内涵

与常规能源相对应的是新能源，对新能源的定义和描述也在随着人类认知的深入而逐步清晰。1978 年 12 月第 33 届联合国大会通过的 148 号决议将“新能源”定义为“常规能源以外的任何能源”。随后 1980 年联合国召开的新能源和可再生能源会议对新能源进行了更为系统的描述，自此新能源被正式定义为：以新技术和新材料为基础，使传统的可再生能源得到现代化的开发和利用，用取之不尽、周而复始的可再生能源取代资源有限、对环境有污染的化石能源。[①] 基于“可持续能源倡议”，1996 年联合国开发计划署（The United Nations Development Programme）把新能源细分为以下三大类：大中型水电、新可再生能源和传统生物质能。其中新可再生能源内容比较丰富，包括风能、小水电、现代生物质能、海洋能、太阳能、地热能等[②]。

不同于常规能源有着成熟的开采技术和实现了大规模的利用，新能源更偏重于在新技术的基础上对可再生能源的系统开发和利用，也就是把视野扩大到对未来能源系统可持续性的关注。目前正在积极开发的新能源包括太阳能、生物质能、风能、地热能、海洋能以及用于核能发电的核燃料等。新能源中多数具有可再生性，分布广泛，储藏丰富，在应对环境问题与化石能源的枯竭问题等方面有着显而易见的优势。但是新能源又普遍存在着能量密度低、间断式供应、波动性大等缺点，依照现有掌握的技术对新能源集中开发和转换利用的经济价值还不突出。因此如何因地制宜地研究和发展新能源，是各国政府都非常重视和一直在不断探索的。

随着对新能源了解的深入，我国政府和学术界对于新能源的定义和种类也形成了比较系统的概括。1995 年 1 月，当时的国家计委、国家科委、国家经贸委等部门在相关文件中提出风能、生物质能、水能和海洋能属于新能源和可再生能源[③]；大约两年后，国家计委又在强调对新能源基本建设的宏观管理中，首次把新能源的范围界定为：生物质能、风能、太阳能和海洋能等可

---

① 摘自百度百科“新能源”词条。

② 苏亚欣，毛玉如，赵敬德. 新能源和可再生能源概论［M］. 北京：化学工业出版社，2006.

③ 国家计委，国家科委，国家经贸委. 中国新能源和可再生能源发展纲要（1996—2010）［Z］. 计办交能〔1995〕4 号.

通过自然资源经转化或加工的方式得到的电力或洁净燃料①。2012 年 10 月国务院新闻办公室发布的《中国的能源政策（2012)》白皮书倡导新能源的篇章，主要涵盖了发展水电、核电、风电、太阳能及生物质能的要求。根据我国当前的科学技术水平，新能源应该包括太阳能（太阳能集热、光伏发电、太阳能热发电)、风能、地热能、生物质能、海洋能、核能等，其中生物质能还包括多种形式的能源：生物质发电（生活垃圾发电、农林残留物发电)、生物燃料（生物质乙醇、生物质柴油)、沼气、秸秆致密②（详见图 1.1)。

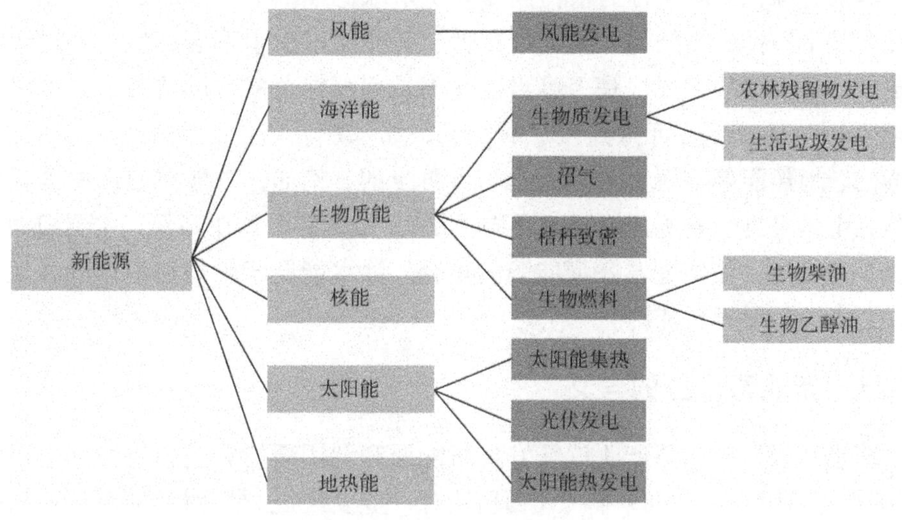

图 1.1 新能源的种类和划分

1.3.3 新能源相关概念辨析

在对新能源的正确认识中，还要把它与可再生能源、绿色能源等相关概念进行辨析。

首先，根据国际能源总署可再生能源工作小组的定义，可再生能源是“从持续不断地补充的自然过程中得到的能量来源，是人类有生之年都不会耗

① 国家计委．中国新能源基本建设项目管理办法［Z］．计交能〔1997〕955 号.

② 张钦，周德群，张力菠，闻浩．中国新能源产业发展研究［M］．北京：科学出版社，2013.

尽的能源”①。新能源和可再生能源有一定交叉，既有重合又有区别。前者着重于技术角度，是以当前的技术条件还没有被大规模开发或者广泛利用，还处于研发阶段的一类能源，特别是随着技术的进步新能源的内涵还会更加丰富；而后者更强调能源的重复利用度，即取之不竭，不会耗尽，当然可再生能源中有相当一部分是属于依赖技术进步才能大规模利用的新能源。2006 年颁布实施的《中华人民共和国可再生能源法》将可再生能源的范围限定为风能、太阳能、水能、生物质能、地热能、海洋能等几类非化石能源。

其次，绿色能源又称为清洁能源。所谓绿色或清洁，指的是这类能源在消耗中基本不排放污染物，尤其是在生产和使用过程中不会产生一些对人类和自然环境有害的物质。是否可再生并不是判断绿色能源的要件，它可以是可再生的，即消耗后可得到恢复的能源，如水能、风能、太阳能、生物能、海洋能、地热能等能源；也可以是不可再生的，例如，核能在使用中消耗铀燃料，不是可再生能源，但属于清洁能源②。绿色能源意在环保，主要强调排放少、污染小，是环境友好型能源的集合。除水能属于常规能源以外，大部分绿色能源都属于新能源。

1.3.4 新能源产业的含义

简单来说，新能源产业就是发现新能源和利用新能源进行开发、生产和应用所形成的行业。2009 年《广西新能源产业发展规划》对新能源产业的描述是“开发利用新的能源资源（包括可再生能源）和对传统能源进行变革更替的过程中形成的相关产业③”。2012 年国电能源研究院发布的《新能源产业发展趋势研究报告》中对新能源产业的介绍，主要包括了利用新能源发电及由此形成的相关产业④。因此，新能源产业是一种有别于传统能源产业的高新技术产业，它依靠对新能源技术的研发，实现对新能源产品的实验、推广、

① 摘自维基百科“可再生能源”词条。搜狗百科—可再生能源 http：//baike. sogou. com/v26545. htm？from Title.

② 摘自百度百科“绿色能源”词条。百度百科—清洁能源 http：//baike. baiolu. com/item/清洁能源/22708？fr.

③ 广西壮族自治区人民政府．关于印发广西新能源产业发展规划的通知［Z］．桂政发〔2009〕84 号.

④ 国电能源研究院．新能源产业发展趋势研究报告［EB/OL］．http：//www. nea. gov. cn/2012－02/10/c_ 131402922. htm.

生产并推向市场。如果把新能源产业看作是因新能源开发而进行经济活动的一系列单位的集合，那么新能源产业又有广义和狭义之分。广义的新能源产业包括整个产业链中涉及的所有上下游企业，按照新能源类别划分，包括太阳能产业、风能产业等；按照新能源的最终用途，又可以包括新能源汽车产业、光伏发电产业、核电产业等。而狭义的新能源产业强调新能源的开发利用，在产业链中仅包括前端和中端的研发及生产部分，不包括利用新能源产品进行二次加工而形成的产业，如新能源汽车产业等。

1.4 国内外研究成果

1.4.1 国外关于新能源产业发展及政策的研究

1.4.1.1 对新能源产业及政策作用的研究

无一例外，国外学者对新能源产业的发展前景和相关产业政策都持有乐观态度。希尔林（Hillring，1998）研究了技术在生物质能产业开发和利用中的重要作用，并强调政府应通过鼓励专利申请、放开行政管制等政策，推动企业技术研发和生物质能行业的发展①。霍华德·格尔勒（Howard Geller，2002）在其著作中提到，以碳为基础的世界经济向一个基于高效率和可再生能源为基础的阶段转换，是人类社会实现可持续发展的必要步骤；尽管重大的能源效率和可再生能源技术已取得进步，但消费者在市场上还没有看到巨大的变化——很大程度上归因于政府的政策和规划支持化石燃料的使用，因此未来政策选择将以减轻或消除化石燃料和加速过渡到一个更可持续的能源未来②。美国环境保护协会主席弗雷德·克鲁普和该协会工作人员米丽亚姆·霍恩（Fred Krupp & Miriam Horn，2010）认为，人类可以解决全球变暖问题，并建立起新兴的工业、提供新的就业机会并创造面向21世纪的新财富，这是一场新的工业革命，是重新利用能源并重塑能源使用方式的大胆创新③。

---

① Hillring B. National Strategies for Stimulating the Use of Bioenergy: Policy Instruments in Sweden [J]. Biomass and Bioenergy, 1998 (14).

② Howard Geller. Energy Revolution: Policies for a Sustainable Future [M]. Califormia: Island Press, 2002.

③ 克鲁普，霍恩. 决战新能源 [M]. 陈茂云，等，译. 北京：东方出版社，2010.

1.4.1.2 对新能源产业财政政策的研究

国外学者对新能源产业的财政政策的研究成果很多，但是对财政政策的具体作用环节和作用方式的理解不尽相同。拉夫（Rave，1999）以风能企业为研究对象，认为金融市场对新能源企业的早期投资往往不足，因此政府要从多渠道对新能源企业进行补贴，包括鼓励资本直接投资、鼓励民间资本早期介入，从而在发展初期就能够令新能源企业体现出优势①。同样研究风电企业的还有杰弗里·洛伊特和维基·诺伯格·伯姆（Jeffrey Loiter & Vicki Norberg－Bohm，1999），他们认为风力发电可能是最接近商业可行性的，政府支持政策要着重于需求拉动和技术的创新，如果缺少市场需求和技术研发成果，风力发电就无法得到市场的验证或发展的导向②。戴维斯和欧斯（Davis & Owens，2003）引入“实物期权”的定价方法，对化石能源价格波动时引发的可再生能源电力技术的价值进行估计，得出政府应加大对可再生能源企业进行投入和补贴的结论，而且这类补贴要倾向于研发阶段，帮助企业降低开发成本，提高专利技术的转化效率③。尼尔斯和安尼·露易斯（Niels L Meyer & Anne Louise，2003）认为财政政策的价值在于对新能源市场化环节的影响，他们通过对风电机安装等可再生能源项目补贴政策的研究，提出如果经费补贴政策应用于市场环节则更有利于降低新能源项目的成本，减少市场推广阻力④。

1.4.1.3 对新能源产业税收政策的研究

针对新能源产业的税收政策，国外学者进行了微观和宏观两种角度的研究。在微观方面，主要是进行更多的量化分析。奥尔巴赫等（Auerbach et al，1989）比较了新能源产业中投资税收抵免、降低税率和免税期等工具的作用，并认为在大致相同的情况下，降低税率的效果比投资税收抵免更直接，

① Rave K. Who? What? Why? Wind Power and the Finance Industry [J]. Renewable Energy World, 1999 (2).

② Jeffrey M Loiter, Vicki Norberg－Bohm. Technology Policy and Renewable Energy: Public Roles in the Development of New Energy Technologies [J]. Energy Policy, 1999, 27 (2).

③ Davis G A, Owens B. Optimizing the Level of Renewable Electric R&D Expenditures Using Real Options Analysis [J]. Energy Policy, 2003 (31).

④ Niels I Meyer, Anne Louise Koefoed. Danish Energy Reform: Policy Implications for Renewables [J]. Energy Policy, 2003 (7).

而免税期将对企业税收的影响更大[①]。在宏观方面，伊尔和哈德利（Hill & Hadley，1995）对比了联邦税法对公有、私有可再生能源发电企业和传统发电企业的不同影响，肯定了联邦所得税法对于新能源发电企业的有效性，极大的政策外部性主要是通过减免税收以降低新能源产品的成本[②]。戈登（Gordon，1998）认为税收体系对企业家活动的影响更明显，也就是存在一种潜在效应，即个人所得税过低不利于激发高新技术企业家们创新的积极性[③]。

1.4.2 国内关于新能源产业发展及政策的研究

1.4.2.1 对新能源产业现状和发展阶段的评价

20 世纪 90 年代，国内学者开始聚焦新能源，但关注点主要集中在新能源战略等方面。朱世伟（1990）通过分析新能源定义、特征、分类、地位和作用以及国内外发展现状，提出我国的新能源战略应囊括太阳能、风能、生物质能、地热、海洋能、核能和氢能等在内[④]。尹炼（1993）则呼吁要提高新能源的战略地位和国民意识，并在市场经济的框架下尝试性地提出了一些改革目标模式[⑤]。陈勇（2007）阐述了能源与经济和社会发展的相互关系，并详细介绍了我国新能源的发展战略，提出要从提高能源效率、促进节能、保护生态环境和加快小康社会建设等方面促进可再生能源发展[⑥]。中国能源中长期发展战略研究项目组（2011）从大能源体系的视角，分析了国内外主要可再生能源在技术、产业和市场等方面的发展现状，提出了我国可再生能源要在保证现实与长远需求、做好资源保障、推进技术发展和产业支撑等方面谋求长远发展[⑦]。

---

① Auerbach, Alan. Tax Reform and Adjustment Costs: the Impact on Investment and Market Value [J]. International Economic Review, 1989, 30.

② Hill L J, Hadley S W. Federal Tax Effects on the Financial Attractiveness of Renewable Versus Conventional Power Plants [J]. Energy policy, 1995, 23.

③ Gordon R H. Can High Personal Tax Rates Encourage Entrepreneurial Activity [R]. IMF Staff Papers, 1998, 45.

④ 朱世伟．我国新能源发展战略 [J]. 数量经济技术经济研究，1990 (5).

⑤ 尹炼．地位、问题、对策——对我国新能源战略的评估与对策探讨 [J]. 科技导报，1993 (7).

⑥ 陈勇．中国能源与可持续发展 [M]. 北京：科学出版社，2007.

⑦ 中国能源中长期发展战略研究项目组．中国能源中长期（2030、2050）发展战略研究可再生能源卷 [M]. 北京：科学出版社，2011.

此外，有些学者还针对某个种类的新能源进行系统研究，以太阳能光伏产业和风能产业最为常见。周大地（2008）认为太阳能是人类寄予希望最大的新能源类别，我国既要积极发展太阳能光伏产业，又要坚持适度原则，应根据现实国情，增加对太阳能科技方面的投入①。王开科、黄如良、关阳（2010）指出目前我国光伏产业外表光鲜，实际存在产品单一、技术落后、能耗大、污染重、“两头在外”等诸多问题，必须注重技术创新，调整产业内部结构，淘汰落后产能，积极拓展国内应用市场，才能予以优化②。李俊峰、高虎、马玲娟（2007）介绍了我国风电产业发展过程及远期发展目标，认为我国风电产业的发展前景可人，并有望成为继火电、水电之后的第三大电源③。

1.4.2.2　对新能源产业发展政策的综合梳理

赵媛、郝丽莎（2005）认为制约新能源发展的问题在于数量和质量，从各国新能源政策的形成过程，特别是法律法规、管理方式、战略方向等角度可以总结出一套新能源政策的形成机制；这一形成机制表现为“关注外部性”和“持续自生”两大原则，以及“推动”加上“引导”的一组合力；新能源产业的“生产前—生产—市场—消费”四大阶段都各有政策侧重点，这些分析为细化我国新能源产业政策开拓了思路④。史立山（2007）认为我国可再生能源产业发展的关键问题在于缺乏专业人才和技术力量分散，因此，要解决这些短板，就要不断凝聚新能源技术资源、提高技术服务水平、加快人力资本的培养。薛惠锋、王海宁（2010）系统介绍了《可再生能源法》的总量目标、强制上网、分类电价、费用分摊和专项资金五项基本法律制度，并对《可再生能源法》在实施中暴露的一些问题进行了重点分析，还对全国人大环境与资源保护委员会针对统筹规划、市场配置及政府宏观调控、保证国家扶持资金集中统一使用等方面做出的修改和调整给予了充分肯定⑤。赵勇强、时璟丽、高虎（2011）认为2010年是我国可再生能源步入全面规模化开发利用的阶段，但实现中长期战略发展目标的任务仍然艰巨；面对新的可再生能源

① 周大地．中国太阳能产业现状与展望［J］．绿叶，2008（9）．

② 王开科，黄如良，关阳．低碳经济背景下我国光伏产业发展路径选择［J］．经济问题探索，2010（10）．

③ 李俊峰，高虎，马玲娟．我国风力发电现状和展望［J］．中国科技投资，2007（11）．

④ 赵媛，郝莉莎．世界新能源政策框架及形成机制［J］．资源科学，2005，27（5）．

⑤ 薛惠锋，王海宁．《中华人民共和国可再生能源法》的实施回顾及展望［J］．中外能源，2010，15．

发展规划目标，应着力完善可再生能源市场、价格、财税等政策，出台新能源配额制，落实可再生能源发电全额保障性收购制度，促进可再生能源电力尤其是风电的上网和销纳①。

1.4.2.3 对新能源产业财政政策的评价

新能源产业与财政政策之间密不可分的关系，已经在学界形成共识，很多学者都对太阳能光伏产业、风电产业与政府补贴之间的关系进行了量化分析。周凤起（2005）认为按照世界可再生能源的发展趋势，应将可再生能源发展纳入各级政府的产业发展和科研攻关计划，纳入政府预算管理并增加财政投入②。付志寰、陈清泰（2006）对风电等可再生能源发展提出的相关财政政策建议是：设立和完善可再生能源专项资金和发展基金，完善可再生能源发电电价政策，以及分步推进我国能源公共财政政策改革等③。苏明、傅志华（2009）在借鉴国外经验和根据我国具体国情，提出财政政策与能源技术生命周期间有对应规律，发展国家战略能源重点需要构建“正向激励”“逆向约束”“交叉补贴”的财政政策体系④。刘松万（2009）提出我国要加强新能源产业专项扶持基金管理，并把握好扶持对象、扶持办法、扶持环节等方面的制度规范⑤。郭霞（2012）分析了无锡尚德在无锡市政府大力扶持下快速发展的过程，认为政府孵化是这一大型太阳能光伏企业成功的关键，正因为受益于政府各种类型的补贴政策，企业才能在良好的环境中得到发展⑥。

尽管学者们普遍肯定了财政补贴的重要作用，但对于补贴是否过度却有着相反的结论。一些学者认为目前我国对于新能源产业的财政补贴过多，并在一定程度上造成了产能过剩，这种论点在太阳能光伏产业的分析中更为突出。宋彬（2009）认为正是由于政府对太阳能光伏产业的补贴政策过多、过滥，才使得很多地方盲目地将太阳能光伏产业作为经济振兴的头号工程，长

---

① 赵勇强，时璟丽，高虎．中国可再生能源发展状况、展望及政策措施建议［J］．中国能源，2011（4）．

② 周凤起．中国可再生能源发展战略［J］．石油化工技术经济，2005（4）．

③ 付志寰，陈清泰．中国可持续能源财经与税收政策研究［M］．北京：中国民航出版社，2006．

④ 苏明，傅志华．我国节能减排的财税政策研究［M］．北京：中国财政经济出版社，2008．

⑤ 刘松万．发展新能源产业的财政政策与措施［J］．山东社会科学，2009（11）．

⑥ 郭霞．被催肥的光伏［J］．华东科技，2012（67）．

期如此将导致该行业内的无序发展①。而持相反意见的观点似乎更多，郑如鸥（2008）分析了江西新余市政府对当地太阳能光伏产业实施的扶持政策，并论述了进一步加大政府扶持力度的必要性②。徐枫、李云龙（2012）基于 SCP 范式分析了我国太阳能光伏产业的发展困境，提出当前政府的补贴政策的扶持力度还不足并应加强③。冯春林（2012）认为当前财政补贴政策力度还远不能满足我国太阳能光伏产业的发展要求，这种不足尤其反映在研发补贴方面，此外还提出了当前补贴要建立长效机制尚存在困难④。

1.4.2.4 对新能源产业税收政策的评价

我国学者关于新能源产业税收政策的研究比较成熟，相关研究成果也比较丰富。早期学者们多是介绍国外新能源产业的税收政策，希望从中吸取更多的经验，吴中华（2000）、任德新（2001）分别介绍了日本、美国推广新能源的政策措施，并对其中税收政策部分进行了有针对性的分析。此后，学者们则更多地关注我国新能源税收政策的建立和调整。孙开、韦广存（2005）认为新能源税收优惠政策调整的关键在于抓住税率和税种选择两个要素，通过调节税收负担的分配形成相关优惠政策的倾斜，吸引更多的投资者参与新能源产业⑤。肖江平（2006）认为大规模开发利用可再生能源的主要障碍是成本过高，改变这一现状要通过税收途径开征化石燃料消费税，提高化石燃料使用的综合税收，降低可再生能源开发利用的比较成本，同时通过降低可再生能源开发利用的税收来获得叠加的效应⑥。郭琪、樊丽明（2007）认为我国能源税收手段单一，弹性系数小，涵盖面窄，作用有限，相关税收体系应包括所得税、增值税、关税减免等激励性税收政策，还应包括限制性税收政策，即对能源相关环节的征税，使其外部成本内在化⑦。苏明、傅志华（2006）认为包括新能源在内的清洁能源产业在发展初期，要由政府支持开发、示范推广，实施补贴和税收优惠，而且这个阶段要突出政府扶持的主导

---

① 宋彬．光伏产业“过剩”争论背后的政策缺位［J］．中国经济论坛，2009（45）．

② 郑如鸥．简论江西光伏产业的发展前景［D］．厦门：厦门大学，2008．

③ 徐枫，李云龙．基于 SCP 范式的我国光伏产业困境分析及政策建议［J］．宏观经济分析，2009（6）．

④ 冯春林．中国光伏产业政策及效果评价研究［J］．重庆科技学院学报，2012（18）．

⑤ 孙开，韦广存．我国能源问题的财政视角分析［J］．财经问题研究，2005（11）．

⑥ 肖江平．可再生能源开发利用的税法促进［J］．华东政法大学学报，2006（2）．

⑦ 樊丽明，郭琪．公众节能行为的税收调节研究［J］．财贸经济，2007（7）．

地位①。朱晓波（2010）认为政府对新能源的生产和研发有直接和间接两种参与模式，而从政府资金使用效率判断、从市场经济立场出发，间接参与更为有效，这种间接参与表现为实施税收优惠政策；此外，税收政策要发挥好作用还应首先明确界定新能源和新能源产品，并避免与财政政策、货币政策互相占位、缺位等形成过高的制度成本②。王玺、蔡伟贤、唐文倩（2011）提出我国针对新能源产业出台的多项税收激励政策还未形成制度体系，税收优惠政策应从新能源产业投资、生产、研发及消费等环节进行引导和激励③。

1.4.3 对国内外研究成果的简要评述

伴随着新能源开发和应用在全球范围内掀起的风潮，国内外学者对支持新能源产业的财税政策的研究也在逐步走向深入，并取得了丰硕的研究成果。目前对新能源产业的研究大体可以分为两个方面：一是对国际新能源发展现状和发展经验的研究，这些研究成果将为未来我国新能源产业发展提供很好的借鉴，同时也展望了新能源产业发展的广阔前景和综合效益。二是对新能源发展政策的研究，但具体研究侧重点又有所不同。有的学者以新能源产业的生产环节为线索，阐述了不同环节中政策作用的优劣；有些学者以市场和政府定位为出发点，分析政策的度量和效果；也有学者以比较的方法，重点研究财政政策、税收政策、技术支持政策以及电价机制等激励机制的优缺点；还有一部分学者将新能源产业的研究对象缩小，有针对性地研究太阳能光伏产业或风电产业的财税政策效应。

尽管新能源产业在不同国家、不同经济环境、不同发展阶段有着各自的特征，但是对于政府应该出台财税政策支持新能源产业发展已经在业界达成普遍共识：第一，世界各国新能源产业所取得的成就离不开政府的扶持，而财税政策通常被认为是有效的和不可或缺的支持方式；第二，财税支持政策的作用方式有很多种，无论是政府财政的直接资助或设立基金，还是实施倾斜性的税收优惠政策，都必须根据新能源产业发展的实际情况确定，这是政策有效性的必要前提。

---

① 苏明，傅志华．支持清洁能源发展的财政税收政策建议［J］．经济研究参考，2006（14）．

② 朱晓波．促进我国新能源产业发展的税收政策思考［J］．税务研究，2010（7）．

③ 王玺，蔡伟贤，唐文倩．构建我国新能源产业税收政策体系研究［J］．税务研究，2011（5）．

1.5 研究思路、研究方法及技术路线

1.5.1 本书的研究思路和主要内容

本书将从新能源及新能源产业的概念和特点出发，在借鉴国内外有关新能源政策研究成果的基础上，以促进我国新能源产业持续、健康、快速发展为目标，结合财政学、产业经济学、制度经济学和资源经济学等多学科的综合理论及方法，对支持我国新能源产业发展的财税政策进行全面梳理和系统研究。首先，根据新能源产业的战略地位、政府机制作用和财税政策的必要性，阐述财税政策支持新能源产业发展的源起和动因；其次，分析我国新能源产业发展的现状、前景、机遇和挑战，剖析当前新能源产业发展所面临的瓶颈、障碍，并在这样的背景下找出财税政策支撑体系的落脚点和指向；再次，总结当今国际社会，特别是发达国家对新能源产业政策的经验和教训，为我国新能源产业政策提供必要的启示；最后，立足于现实国情，在借鉴历史经验和国际先进经验的基础上，构建完整地促进我国新能源产业发展的财税政策体系。

本书由六个部分组成。第一章为导论，提出本书的选题背景、理论和现实意义，国内外研究现状，研究思路与基本框架，研究方法以及技术路线等。在这一章中对新能源及相关概念进行分析，为更加准确地把握研究对象奠定基础。第二章为理论研究部分，主要涉及的理论包括可持续发展理论、循环经济理论、产业发展理论、外部性理论和财税政策效应理论等。在此基础上，还分析了新能源产业的概念、特征，强调了财税政策在促进新能源产业发展中的必要性和重要作用，为此后的政策研究发掘理论依据。第三章以我国新能源发展战略为核心，以分析我国常规能源供需为起点，重点研究了当前新能源产业发展的背景，明确了新能源体系在能源战略中的重要地位，表达了发展新能源产业是时代所需的主旨。第四章主要介绍目前实施的促进新能源产业发展的财税政策和相关制度的演进，并有重点地分析了相关政策所取得的效果，进一步明确了财税政策可以成为支持新能源产业发展的主要政策工具。第五章为财税政策研究部分，根据未来我国新能源产业发展的原则和关键问题，提出促进新能源产业发展的财税政策选择和相关建议。第六章主要

是提出促进我国新能源产业发展的其他配套政策，构建完善的促进我国新能源产业发展的政策支持框架。

1.5.2 主要研究方法

关于促进新能源产业发展的财税政策，属于跨学科课题，既需要有对经济理论深厚的积累，又需要涉猎新能源等高科技的相关知识。因此，在研究方法上，本书基本遵循了从理论框架出发，经实证检验，最终得到相应结论和政策建议的研究范式。

首先，理论分析和实证分析相结合。作为一个重要的战略性新兴产业，新能源产业的发展有着坚实的理论支撑，包括可持续发展、循环经济等产业发展理论、政府职能理论等。当然，研究产业发展并不是最终目标，本书的落脚点应是财税政策的作用方式和实施力度，这需要奠定财税政策在产业发展中的效应的理论基础。在具体研究中，通过对过往文献、历史资料、政府规划和统计年鉴的分析，基本归纳出促进新能源产业健康发展的财税理论基础。同时，在理论研究中，有选择地融入实证分析，结合我国国情和产业发展现状来分析有关政策的实施背景和落实条件。

其次，文献参考与实地调查相结合。文献参考是指间接而广泛地搜集国内外相关数据及研究资料，分析我国新能源产业及相关政策的现状以及政策在支持新能源产业发展方面尚存在的问题和障碍；但是，从文献中获得的对相关问题的认识还有待通过实地调查的方法进行更加深入的验证。把文献参考和实地调查的结果相结合，能够提高对策研究的准确性和科学性。

再次，定性分析和定量分析相结合。促进新能源产业发展是一个实践问题，具有鲜明的对策研究的特点，不能仅仅停留在定性分析层面，还要进行定量分析，也就是把规律总结出来在实践中检验，并给实际问题以指导。本文通过对现行新能源产业财税政策的梳理，对各类别新能源政策的“质”和“量”做出基本判断，以期为今后财税政策的实施找到更加有效和有针对性的路径选择。

最后，比较分析和本土分析相结合。国外对新能源产业发展及相关政策已经形成了比较深厚的研究成果，其经验在我国新能源产业的发展过程中会起到很好的指导作用。然而，任何经验都有其发挥作用的环境和条件。在构建我国新能源产业发展的财税政策时，只能以“中国新能源”为基本出发点，面对我国经济社会和环境的具体实践，构建有“中国特色”的政策体系。

1.5.3 技术路线

本书的技术路线可由图1.2展示。

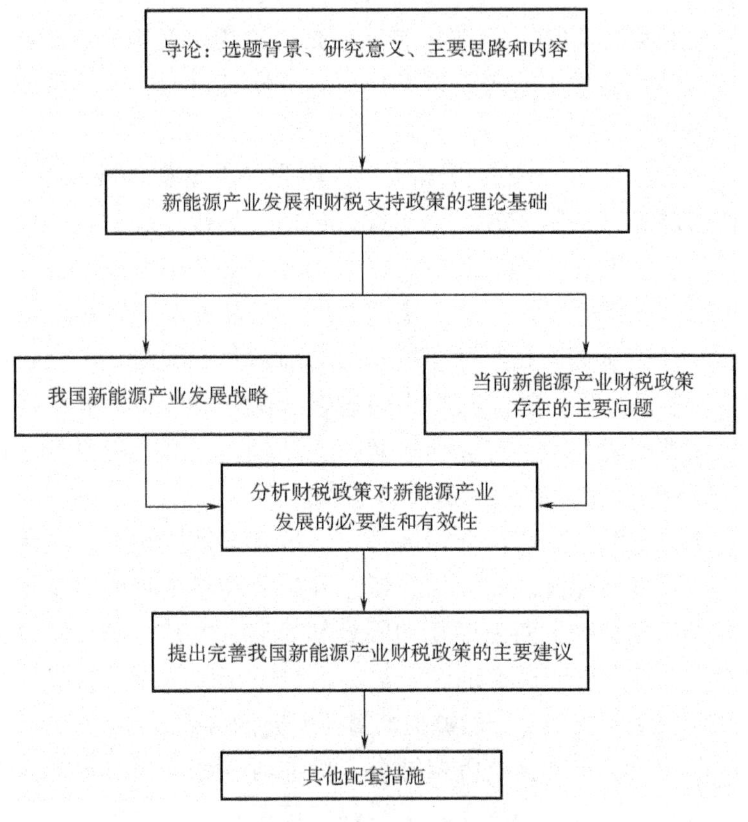

图1.2 技术路线

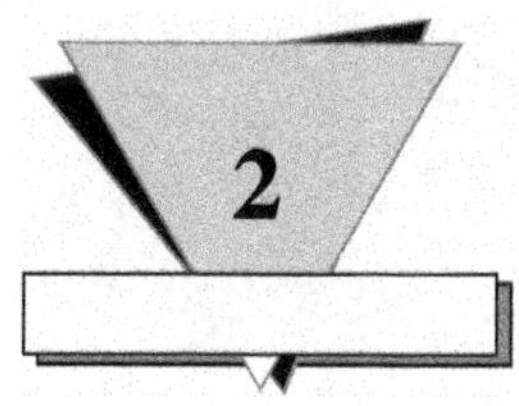

财税政策促进新能源产业发展的一般理论分析

2.1 新能源产业发展的相关理论基础

2.1.1 可持续发展理论

可持续发展是20世纪70年代后逐渐兴起的一种理论，而可持续发展思想的正式提出最早可以追溯到1980年由世界自然保护联盟（IUCN）、联合国环境规划署（UNEP）和野生动物基金会（WWF）共同发表的《世界自然保护大纲》。这一文件提出自然资源的保护与发展是相辅相成和不可分割的，由于自然资源和生态系统的支持能力是有限的，人类在谋求经济发展和享受自然财富的过程中，必须考虑到子孙后代的需要。1987年世界环境与发展委员会（WCED）发表的报告《我们共同的未来》明确提出了可持续发展的概念，并将其定义为“能满足当代人的需要，又不对后代人满足其需要的能力构成危害的发展”①。随后1992年6月，联合国在里约热内卢召开“环境与发展大会”，通过了以可持续发展为核心的《里约环境与发展宣言》《21世纪议程》等文件，可持续发展思想在世界范围内取得了广泛共识。可持续发展是一个涵盖自然、环境、社会、经济、科技、政治等诸多内容的多元体系，研究者从各个层面对可持续发展思想进行了阐明。

2.1.1.1 从自然角度

生态学家从自然资源及其开发利用的平衡角度，提出了“生态持续性”（ecological sustainability）。1991年11月，国际生态学联合会（INTECOL）和国际生物科学联合会（IUBS）联合举行了关于可持续发展问题的专题研讨会，将可持续发展定位于：“保护和加强环境系统的生产和更新能力。”生态持续性强调的是发展必须与地球承载力保持平衡，保护和支持所有生物的生存能力，不能超越环境以及系统更新能力的限制。

2.1.1.2 从社会角度

1991年，由世界自然保护同盟、联合国环境规划署和世界野生生物基金会共同发表《保护地球——可持续生存战略》，确定了尊重和保护生活社区、改善人类生活品质、发展规模不超越地球的承载能力限制、保护地球活力和

① 世界环境与发展委员会．我们共同的未来［M］．长春：吉林人民出版社，1997：52.

多样性等可持续生存的社会原则和58个行动建议。社会角度的可持续性，强调资源利用不仅要顾及当代人利益，还要考虑代际的公平性。

2.1.1.3 从科技角度

1992年世界资源研究所从技术角度出发，提出可持续发展的工艺或技术系统旨在极少产生废料和污染物。他们认为在技术水平提高且保证效率的前提下，工业活动中的污染是完全可以避免的。因此他们主张发达国家与发展中国家之间进行技术合作，缩小技术差距，提高发展中国家的经济生产能力。

2.1.1.4 从经济角度

可持续发展的经济，不能以牺牲资源和环境为代价，而应是在不降低环境质量和不破坏世界自然资源的基础上谋求的经济发展。爱华德·巴比尔（Edivard B. Barbier）在其著作《经济、自然资源：不足和发展》中把可持续发展定义为“在保持自然资源的质量及其所提供服务的前提下，使经济发展的净利益增加到最大限度”。英国经济学家皮尔斯和沃福德（Pearce & Warford）在合著的《世界末日》中提出：“当发展能够保证当代人的福利增加时，也不应使后代的福利减少。”

能源的可持续发展是从经济可持续发展的内涵中衍生出来的，这是人类对传统发展模式的反思，也就是思考如何在经济发展、能源利用和环境保护的矛盾中找到长远发展道路。能源可持续发展的主要内容包括常规能源的开发利用和维护、可再生能源的开发与应用、能源节约与生态保护等，也就是既要为经济发展提供持续不断的安全供给，又要保护自然资源和环境并维护生态系统持久的生产力。能源可持续发展的核心理论包含三个层次的观点。

第一，发展的观点。在人类发展的主线上，能源可持续发展倡导经济增长不能建立在过度消耗能源之上，而且不能破坏人类赖以生存的环境系统。维系人类社会长远发展的是以保护环境为核心的可持续经济增长，并把合理利用资源、保护环境作为人类生存和发展的基础。在发展的层面上，有一些理论主要探讨如何实现自然资源的永续利用，并认为这是人类社会可持续发展的根本；还有一些理论认为人类在生存发展而改造自然的过程中，不可避免地会出现自身与周围环境的失衡，能源可持续发展需要不断打破旧的平衡并建立新的平衡关系，从而实现在经济运行系统中能源与环境的和谐状态；另外有一些理论强调能源的可持续发展是一种协调的发展，经济发展要合理开发现有资源，并不断寻找新的替代资源，能源开发利用要考虑环境的承载

力，而环境在有效保护的前提下能够大大提高经济增长的效率，因此协调好三者关系将形成一个良性循环。

第二，经济的观点。能源的不可持续主要是因为人类对经济发展速度的过分追求和对破坏环境行为的漠视，而造成这一切的根源就在于人们始终把各种资源（包括能源资源和环境资源）看作是免费使用的“公共物品”。在各种经济活动中不承认自然资源的经济学属性，也不在经济核算体系中对它进行计量。如果不明确地赋予其经济属性，能源的永续利用是不可能实现的。

第三，公平的观点。从公平的角度着眼，不同地区、不同群体之间享用和分配能源应该是相互统筹和协调的。横向来看，发达国家长期以来为维持自己的经济优势和消费水平，占用了更多的全球能源，而在工业化过程中产生的大量废水、废气和固体废弃物等环境污染问题却要让其他国家与之共同来承担。纵向来看，工业革命以来，当代人在攫取发展利益的驱动下，过多地预支了本应属于后代人的自然财富，却遗留下不可逆转的环境问题，当代人和后代人之间在能源使用上是显失公平的。与过去只追求短期利益和局部利益不同的是，能源的可持续发展观在注重现时经济利益的同时，能够妥善地兼顾能源在不同地区间和不同代际的分配。

2.1.2 循环经济理论

2.1.2.1 循环经济理论的源起和发展

循环经济思想最早是由美国经济学家波尔在生态学研究的基础上提出的。在随后的30多年间，由于环境污染持续加重，自然资源不断枯竭，对于循环经济理论的研究也逐步深入。在崇尚可持续发展战略的今天，循环经济在探求经济发展、推进环境保护和实现社会进步等多重目标中，都表现了突出的优势。20世纪80年代末，美国杜邦公司开始循环经济理念的实验，提出“3R制造法”，即资源投入减量、资源利用循环和废弃物资源化，此后西方发达国家于生产和生活各方面开始广泛践行循环经济思想。循环经济从微观企业的节约资源、治理污染开始，以发展清洁生产为主要途径，已经形成了以区域和企业群落为标志的生态工业园区和循环城市等高端的发展形式。

循环经济形成的是一种由“资源—产品—再生资源”所构成的产业发展链条，以生态系统的模式安排经济活动，从而实现资源的循环利用和高效利用。在循环经济“低消耗、低排放、高效率”特征的指导下，人们在生产过程中应尽可能减少对资源的消耗，用能源的节约利用、综合利用，以及提高能源的使用效率来降低人类对自然资源的需求。同时，通过改善能源利用方式使得经济运行过程基本不产生或产生极少量的废弃物。推行循环经济最直接的效果是减少能源安全对经济发展的威胁，并降低经济运行中生态环境受污染的程度。循环经济理论的内涵，可以从不同角度来阐述。

2.1.2.1.1　从系统论角度

循环经济以“资源—产品—再生资源”的方式来安排生产活，当资源被合理开发、能源被高效利用之后，生产活动中就将形成一个以资源的反复利用以及污染的降低排放为核心的闭合的正反馈系统。在这一闭合系统中，资源的利用效果达到了最佳程度，且物质的流向得到了最优安排。

2.1.2.1.2　从生态学角度

循环经济是“以自然界生态系统的物质能量循环过程为指导，把清洁生产和废弃物的综合利用融为一体的经济①，是以生态学方式实现的经济增长”。生态学意义的循环经济强调只要自然资源能够物尽其用，那么就不会产生真正的废弃物。所谓的“废弃物”不是没用，而是放错了地方的资源，任何资源以及资源生产、使用过程中产生的副产品都可以找到利用价值并得到合理有效的利用。

2.1.2.1.3　从经济学角度

循环经济的经济学意义是通过最大限度地节约资源并提高资源的利用效率来实现的。在这种经济增长方式中，上一阶段中产生的废料变成了下一阶段的原材料，未完全消耗的生产要素得到了再次利用，一系列相互联系的生产过程实现了资源在环状生产系统中的有机组合，形成了几乎无废料的生产模式。

2.1.2.2　循环经济的本质和实现途径

循环经济本质上是“以尽可能少的资源消耗、尽可能小的环境代价实现最大的经济和社会效益，力求把经济社会活动对自然资源的需求和生态环境的影响降低到最小限度”②。因此，循环经济理念创造性地使用了生态学规律来指导和规范各种经济活动，平衡资源开发与使用之间的关系，把经济发展

---

① 秦琴．循环经济、清洁生产的关系及循环经济立法初探．2005 年中国法学会环境资源法学研究会年会论文集［EB/OL］．http：//www.riel.whu.edu.cn/article.asp？id＝27569．

② 秦琴．循环经济、清洁生产的关系及循环经济立法初探．2005 年中国法学会环境资源法学研究会年会论文集［EB/OL］．http：//www.riel.whu.edu.cn/article.asp？id＝27569．

与资源、环境有机地协调起来，这也是可持续发展战略的具体实践。

落实循环经济理念可以从宏观和微观两种途径来实现。从宏观着眼，循环经济的内涵应融于社会经济生活的方方面面，形成全社会对资源循环利用模式的共识。通过产业结构升级和布局调整，以资源使用的高效率和循环性来最终实现资源使用减量化的目标。在生产、流通和消费等领域的各环节中，在相应技术和制度的配合下，用生态学规律指导经济和社会系统中的各种物质循环，能够以最少的能源和环境消耗为代价维持经济和社会的可持续发展。从微观着眼，在产业链中的每个企业都应力求节约，提高资源使用效率并实现对生产过程产生的废物进行再利用。如果单个企业难以完成资源综合利用的完整循环，则可以根据资源条件和产业布局，合理延长产业链，促进产业间的共生组合。这也是目前很多地区建立生态工业园区的主要依据（见图2.1）。

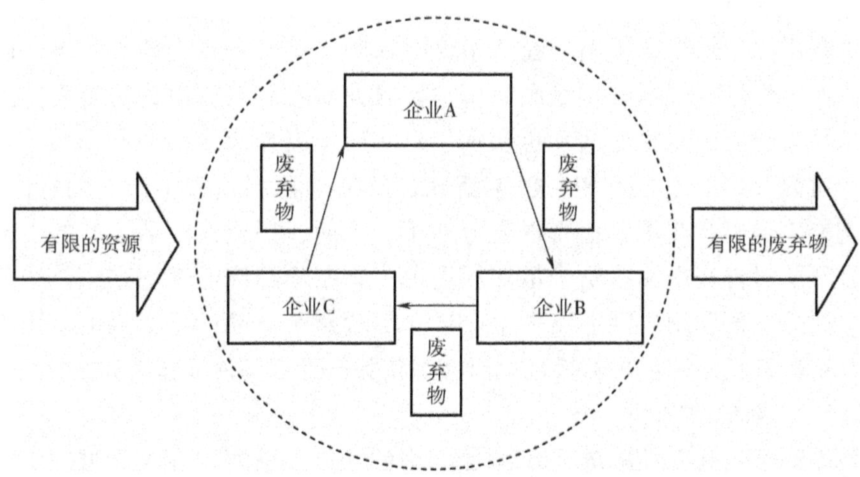

图2.1　生态工业园区的循环经济

2.1.2.3　循环经济的基本原则

由杜邦公司“3R制造法”演变而来的“3R”原则成为循环经济运行的基本准则。所谓“3R”原则，是指“Reduce，Reuse，Recycle”，即“减量化、再利用、再循环”。这些原则不仅从源头上杜绝了经济社会发展对能源需求的无限增加，并且要求提高生产过程中产品的利用效率，特别提倡对产品以原始形式进行重复利用，同时加强对一次产品深加工的开发，使未耗用资

源可以反复进入生产过程，从终端控制废弃物对外界的影响和破坏。

2.1.2.3.1　减量化原则

减量化原则是循环经济的首要原则，它要求通过优化产业结构，提高能源和资源利用的技术手段，在生产过程中以较少的原材料投入和能源消耗，达到减少废弃物的产生及降低对自然环境破坏的目标。减量化原则是从源头控制抓起，减少进入生产流程的物质数量，也就是说，循环经济的重点不是放在对生产过程末端各种废弃物的处理上，而是从前端起就预防性地减少废弃物。因此减量化原则提高了经济增长与资源利用、环境保护的相容性，突出了人类在处理可持续发展中的能动作用。减量化原则不仅适用于生产过程，在消费过程中同样需要坚持。具体来说，在消费环节要崇尚适度消费，例如，推广小型化和轻型化的产品、避免产品的过度包装、减少一次性产品的消费等。

2.1.2.3.2　再利用原则

再利用原则是贯穿于循环经济始终的原则，这一原则强调资源不能以初级形式或仅经过一次消费即被废弃，它要求在实现零废弃物的目标下，生产出的产品应当便于回收处理和再次利用，从而提高相应产品的利用效率。这既包括对废弃物的直接利用，也包括通过修复和再制造后生产出的新产品，由此能够使资源的使用价值得以充分耗用。因此，在设计产品生产的工艺流程时必须要对再利用问题给予足够的重视，让循环经济的理念在生产中落到实处。此外，再利用原则还要求生产者要尽量延长产品的生命周期，而不要频繁地更新换代，即使更新换代也要考虑相关产品零部件及包装物的兼容性。

2.1.2.3.3　再循环原则

再循环原则是循环经济“3R”原则中的难点，它要求在生产过程中要促进废弃物转化为新的资源，促进资源消费在一个闭合的循环中进行。当然再循环原则的实现要受到诸多客观条件的限制，比如技术条件和成本控制条件等。再循环包括两种情况：原级再循环是指对废弃物提炼用来生产同类型的新产品，如用废旧塑料生产高纯度的再生塑料；次级再循环是指经转化的废弃物可以成为其他产品的原材料。从资源节约效率上看，原级再循环更易在能源及原材料消耗方面发挥作用，是循环经济要追求的更高目标。与再利用原则的区别是，再循环原则不是对生产过程的控制，而是强调对产品输出末端的控制，使废弃物最大限度地变成可重复利用的有用资源。

2.1.3 其他产业发展相关理论

产业是处于宏观经济和微观经济个体之间的一个概念，是国民经济中生产同类产品或相关产品的企业的集合。产业发展，不仅是指产业会随着经济发展呈现动态演进过程，还包括产业结构的转换和优化。

2.1.3.1 产业发展演进理论

在经济发展过程中，产业在不同阶段有着明显的特征和差异，很多学者就此对产业发展的演进进行了系统研究，形成了一系列有关产业发展规律的理论和经验。

2.1.3.1.1 配第—克拉克定理

配第—克拉克定理是研究经济发展中三次产业的就业人口分布及变化的理论。17 世纪英国古典经济学家威廉·配第通过观察资源在产业间的流动，提出相对收入差距是导致劳动力在不同产业间流动的主要原因。他认为制造业比农业能够得到更多的收入，因此也吸引了更多的就业人口，同样商业相比制造业的收入优势又使其有了更广泛的劳动力聚集。在配第的研究成果基础上，英国经济学家克拉克计算了 20 个国家的各部门劳动投入和总产出的时间序列数据之后，得出了更为详尽的结论，即配第—克拉克定理。克拉克将全部经济活动分为三次产业，并认为随着国民收入的增长，劳动力首先由第一次产业向第二次产业流动，进而再向第三次产业流动，此时第一次产业中的劳动力数量将会萎缩。配第—克拉克定理是一条反映产业发展进程及结构变动的经济规律。

2.1.3.1.2 库茨涅茨的产业演变理论

美国经济学家库茨涅茨在研究产业发展演变的诱因方面做出了重要贡献。他将三次产业依次命名为“农业部门”“工业部门”“服务部门”，随后根据国民收入和劳动力在产业间的分布，分析了产业发展演变的一般趋势。库茨涅茨认为随着时间的推移，较为低端的农业部门所创造的国民收入的比重和农业劳动力所占比重都会不断下降。与之相应，工业部门和服务部门的国民收入比重和劳动力比重会有不同程度的上升，但是两个部门变化的趋势又有所不同。工业部门国民收入的相对比重大体是上升的，但劳动力相对比重会保持不变或略有上升。服务部门的劳动力相对比重会有大幅度上升，而国民收入相对比重却有可能不随之同步上升。库茨涅茨的研究进一步证实了配第一克拉克定理中关于产业发展的变动受国民收入变动的影响这一重要结论。

2.1.3.1.3 霍夫曼定律

经济学家们关于产业发展演进的研究实质上是对于一个国家走向工业化过程的探索，德国经济学家霍夫曼也在研究工业化进程中的工业结构演变规律方面做出了突出贡献。1931 年他出版了《工业化阶段和类型》一书，提出了著名的霍夫曼定律。通过设定霍夫曼系数，霍夫曼教授得到的结论是：各国工业化不论开始的时间早晚，都存在大体相同的趋势，即随着一国工业化的进程，制造业中消费品部门与资本品部门的净产值的比例关系呈递减趋势。根据这一定律，他预言进入工业化阶段的后期时，资本品部门在产值比重持续上升积累到一定程度后将成为主导的产业部门。

2.1.3.1.4 产业生命周期理论

产业生命周期理论认为，产业的发展如同人的生命一样，都会经历一个由形成到衰退的变化过程，这个过程就是产业的生命周期。一般来说，产业的生命周期划分为四个阶段，即形成、成长、成熟和衰退，其形态呈现 S 形曲线（见图 2.2）。

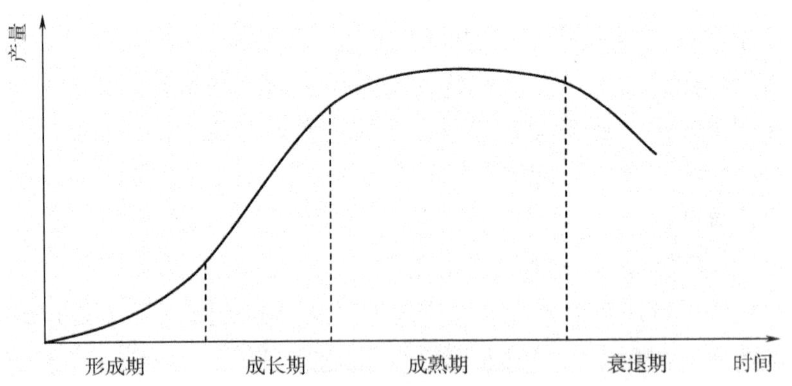

图 2.2 产业生命周期阶段划分

产业在形成期完成了从无到有的过程，初步具备了一个独立存在的国民经济部门所应具备的各种基本要素。随后产业进入成长期，这个阶段产业发展由弱变强，在数量和质量方面都有所扩张，进入了产业发展生命周期的重要阶段。经过成长期的扩张后，产业发展规模扩大，在国民经济中的地位也大大提升，这是产业发展趋于稳定的标志。当产业的创新能力、竞争力逐渐

衰退时，就意味着产业发展进入了由盛转衰的衰退期。产业所处的生命周期阶段不同，其产品种类、产业规模、市场条件、市场需求、收益水平、技术状况、创新模式等诸多方面也会具有不同特征（见表2.1）。

表2.1 产业在生命周期四个阶段的不同特征

项目	形成期	成长期	成熟期	衰退期
产品种类	产品单一，没有明显优势，产品成本较高	产品向多元化、优质化方向发展，产品成本下降	产量增加，产品标准化生产	产品老化，替代品频繁出现
产业规模	企业数量较少，规模较小，但增长速度比较显著	企业数量大量增加，规模逐步扩大	具有较为稳定的规模，形成完整的产业链	规模不断缩小
市场条件	产品价格较高，市场占有率低，市场风险较大	市场环境明朗，有了比较系统的产业支持政策	市场成熟，市场竞争有序开展	市场份额缩小
市场需求	市场需求存在，但空间有限	市场需求扩大，增长率上升	市场需求稳定，日趋饱和	市场需求缩减
收益水平	亏损或微利	利润增加	利润稳定且达到较高水平	利润降低
技术状况	技术研发取得一定成果，研发费用高	产品工艺流程的各种技术体系已经完备	技术条件成熟，与上下游产业有效衔接	技术研发停滞
创新模式	产品创新活跃	产品创新和产业发展同步	产品创新减少	创新停止

2.1.3.2 产业结构优化理论

产业结构理论是研究各产业之间的比例关系、变化规律及变化原因的理论。产业结构优化主要指的是产业结构的改善、产业运行效率的提高以及产业发展模式的转变。具体表现是，产业升级的方向从低附加值产业向高附加值产业转变，产业升级的路径从高能耗高污染产业向低能耗低污染产业转变、从粗放型产业向集约型产业转变。

2.1.3.2.1 熊彼特的创新理论

1912 年美国经济学家约瑟夫·阿罗伊斯·熊彼特（Joseph Alois Schumpeter）在《经济发展理论》一书中首次提出了创新理论，这也是“创新”一词的来源。熊彼特提出创新就是要“建立一种新的生产函数”，其实质是一种“新组合”，就是要把现有的生产要素或生产条件进行“新组合”后引进到生产体系中去。正是这种“新组合”所实现的创新不断成就了资本主义经济的发展。熊彼特解释了五种形式的创新，包括：①产品创新，即采用一种新的产品或某种产品的一种新的品质；②工艺创新，即采用一种新的生产方法，或是建立在科学上新的发现基础之上，或是存在于商业上的一种新的处理；③市场创新，即开辟一个新的以前不曾进入的销售市场；④资源配置创新，即获得原材料或半制成品的一种新的供应来源；⑤组织创新，即实行一种新的企业组织形式，或打破原有的一种企业组织形式。

根据熊彼特的创新理论，促进经济发展，而非单纯增长的是长期的经济创新过程。它将摧毁旧的产业，让新的产业有崛起的空间。就新能源产业来看，其在生产方法、原材料应用、市场需求、生产组织等多个方面都体现着创新，这种创新不仅符合经济发展的内在要求，而且也会在很长时期内指导着产业结构的优化和升级。

2.1.3.2.2 雁行模式理论

雁行模式理论是日本经济学家赤松要在 1932 年提出的。这一理论主要是解释某一产业，在不同国家伴随着产业转移先后兴盛衰退，以及在同一国家中不同产业先后兴盛衰退的过程。赤松要用“雁行形态”分析了日本在二元经济结构特征明显的情况下，产业经过“进口—国内生产—出口”的模式，完成了产业结构工业化、重工业化和高级化的过程，其发展进程就像“三只大雁在飞翔”。在雁行理论的基本模型之外，还有关于产业发展次序的引申模型，即产业结构优化升级将通过由农业到轻工业再到重工业、由消费资料生产到生产资料生产的过程。具体来说，消费资料产业又会出现由粗加工到精细加工的走向，而生产资料产业也会表现出从生产生活用品到生产用品的转化等。引申模型所阐述的产业优化路径将会对我国新能源产业的布局和发展起到重要的理论指导意义。

2.1.3.2.3 波特的竞争优势理论

哈佛商学院迈克尔·波特（Michael E. Perter）教授在名为《国家竞争优

势》的著作中提出了“国家竞争优势理论”。他用“钻石模型”分析了国家产业竞争力的四个决定要素，包括：①生产要素条件，一国能够将包括人力资源、天然资源、基础设施等在内的基本条件转换成特殊优势的能力；②需求条件，主要是国内市场对某项产业所提供产品或服务的需求数量和成熟度；③相关产业和支持产业的战略，一流的上游产业和相关产业有助于形成一个能促进创新的产业群；④企业的策略、结构与竞争，企业的组织方式、管理方式、竞争方式，往往成为一个产业竞争优势的直接体现。这四个因素对产业影响的权重不一，而且也会呈动态变化，但均说明了增强产业实力是提升产业竞争力的必要条件。竞争优势理论对新能源产业发展的指导意义在于明确了新能源产业聚集未来竞争优势的方法，即培育和发挥新能源产业的生产要素条件，开拓新能源市场需求，增强其与相关产业的关联度和融合度，对新能源企业注入创新管理理念等。

2.1.3.2.4 贝恩的产业结构优化理论

产业经济学的奠基人之一乔·贝恩（Joe S. Bain）在1966年出版的《产业结构的国际比较》中，提出产业结构实际上是产业内企业之间的结构和关系，而产业结构优化的过程就是产业结构走向高级化和高度化的过程。所谓高级化，是指产业间优势地位的更迭以及产业结构由低向高的转换过程，这是产业素质提高和创新的结果。所谓高度化，是指产业结构以“高”为标志的优化过程，包括提高产业知识含量、提升产业技术手段、拓展产业加工深度和增加产业附加值等。无论高级化和高度化，都是新能源产业发展应该遵循的基本走向。

2.1.4 产业发展与政府职能创新

市场经济条件下，市场在资源配置中起基础性甚至决定性作用。但是，市场并不是万能的，其自身缺陷导致了在实现最优资源配置的过程中会出现失灵，因此，需要政府作为一只“看得见的手”对市场职能进行纠正和干预，从而实现社会福利最大化。产业发展是市场经济的必然要求，自然这一过程也离不开政府发挥其应有的职能。

2.1.4.1 政府职能的界定与演进

政府职能是在国家的概念上衍生出来的，是国家本质的体现，表现为政府作为国家公共权力的代表，在阶级斗争和社会管理中所应担负的责任。政

府职能是国家职能的物质载体，因此能够对社会公共资源做出权威性分配，并对社会公共事务做出决定性判断，侧重于表现在社会公共事务、干预经济等内容中的行政管理能力，涉及的范围非常广泛。

政府作为国家的代表，依法应在政治、经济以及其他各项社会事务的管理中担负起应有的职责和发挥应有的功能，这些法定的职责和功能与国家及社会生活的现实紧密联系。因此，政府职能也不是一成不变的，而是会随着它所处的社会政治环境和经济发展状况产生适应性变化。在不同历史时期、不同社会和经济制度下，政府职能的范围和具体内容往往存在着较大的差异性。具体来说，政府职能作为国家本质的概括，其内涵是相对稳定的，而外延会因社会发展阶段的变化和经济性质的差异，反映出不同的侧重点和指向性。党的十四大后，社会主义市场经济体制在我国已经基本确立并不断完善，市场在资源配置中的角色和定位，也引导和规定了政府职能的范围和作用方式。在“市场—政府”的框架下，政府职能自发地优化和调整，并始终向着符合市场经济发展要求的方向愈加完善。

当前，政府的主要职能是提供公共性和公益性服务，以满足全社会的基本公共需要为最终出发点，这也是对公共服务型政府的定位。我国在构建社会主义和谐社会的实践中，服务型政府要力争实现社会本位与公民本位。政府职能的出发点和落脚点，都是为了人的全面发展而服务，为了经济、社会的全面发展而服务。在新时期，政府职能的外延需要涵盖保障国家主权和国家机器的正常运转、推进基本公共服务均等化、经济社会的全面协调和可持续发展等内容，显然这其中政府职能的经济属性非常重要。政府需要在资源配置和经济布局中，协调好政府职能和市场机制的关系，理顺各自发挥作用的空间。

2.1.4.2　市场经济条件下的政府职能

从重商主义开始，到底是尊重市场的自发作用，还是强调政府对市场的干预，始终是西方经济学中争论的焦点，也成为经济学界研究的一条主线。

现代经济理论发展至今，已经形成一个基本共识，即市场是市场经济的基本要素，有着特殊的运行规律，是全社会资源配置的基础。但是学界关于市场有效性的结论是建立在一系列基本假设的前提下得出的，即经济人假设、完全竞争市场假设、完全信息和信息对称假设等，这些假设在现实中很难同时满足。“完全竞争”的市场条件只是一种虚拟的理想状态，现实中的市场处

于“不完全竞争”状态，市场在功能上存在缺陷，即“市场失灵”。“市场失灵”的存在，使社会无法完全依靠市场机制实现资源配置的最优状态，这也正是政府介入经济运行和进行经济管理的主要动因。

政府介入经济有着经济学的理论依据，但是介入的程度和方式如何却因各国国情差异而有所不同。我国有着相当长时期的二元经济结构特征，产业结构和区域经济发展尚不均衡，单纯依靠市场不能有效地解决当前经济发展与人口、资源、环境的协调问题，这些问题和可能出现的矛盾都需要政府进行协调。

社会主义市场经济是社会主义国家宏观调控下的市场经济，要将市场调节和政府宏观调控二者有机结合，政府的定位是“掌舵”而非“划桨”。处理政府与市场的关系问题，也就是对两者职能的界定。市场要在资源配置方面发挥重要作用，政府要在基本公共服务、市场监管和社会性服务方面做到位。社会主义市场经济条件下，政府介入经济管理所表现出的重要职能，主要体现在政府对经济的宏观调控，包括维护市场运行秩序、监管市场主体、营造良好的市场环境等。党的十六大把政府职能确定为“经济调节、市场监管、社会管理、公共服务”四大职能，党的十八大报告又对政府职能进行了科学描述和高度概括，即“要按照建立中国特色社会主义行政体制目标，深入推进政企分开、政资分开、政事分开、政社分开，建设职能科学、结构优化、廉洁高效、人民满意的服务型政府”。

2.1.4.3 产业发展政策的进入与退出

政府制定产业发展政策，作为社会配置资源的一种具体形式，有其理论渊源和现实需要。市场经济条件下的产业发展离不开政府职能的发挥，产业发展政策是政府介入市场经济的重要组成部分。“市场失灵”和“政府失灵”分别成为产业政策进入和退出的依据。

2.1.4.3.1 产业发展与“市场失灵”

“市场失灵”是市场经济不可避免的缺陷，且会对经济运行产生不良的后果。总的来说，“市场失灵”主要归咎于不完全竞争、外部性经济、公共产品的存在以及信息不完全或不对称。尤其是外部性和公共产品的特性成为政府职能介入产业发展的直接诱因。

（1）不完全竞争。完全竞争只是经济学研究的理想状态，而现实中的市场多是不完全竞争的市场，包括存在垄断竞争、寡头垄断和完全垄断等竞争形式。在不完全竞争的市场条件下，市场价格并不是由供给和需求的自发配合形成的，而是取决于供给和需求间的力量对比。在大多数情况下，供给方会由于其垄断地位的存在，在一定程度上左右市场供给的价格和数量。在这种情况下，供给方通常会向着对自身有利的方向，提高市场供给价格或者减少市场供给数量，此时市场供给水平缺乏效率，也损害了经济的有效性，其结果是社会资源在低效率的状态下配置，整个经济运行偏离最优状态。因此，政府必须运用法律或行政的手段，如制定反垄断法律、开展反垄断调查等，对市场运行进行干预和管制。

（2）外部性经济。“外部性经济”由剑桥学派奠基者马歇尔最早提出，但是他并没有给出关于外部性的概念。外部性理论的形成主要是来自于庇古对于边际私人成本和边际社会成本之间关系的分析。外部性理论认为，如果一个经济主体的经济行为对其他经济主体所产生的影响，使其增加收益但不需要通过市场为此支付报酬，此时受益经济主体的边际私人成本会小于边际社会成本；同样，如果这样的影响会减少其他经济主体的收益而不需要通过市场为此损害赔偿，就会造成受损害的经济主体的边际私人成本大于边际社会成本。无论是正外部性还是负外部性，都会带来全社会经济效率的损失。

外部性通常有四种解决方案：一是对边际私人收益小于边际社会收益的经济主体进行财政补贴，增加其边际私人收益，实现社会福利最大化。二是征收“庇古税”，也就是对造成负外部性的经济主体增加其边际私人成本，使其与边际社会成本相当，让外部成本内部化，即用“谁污染，谁治理”实现社会福利最大化。三是政府对负外部性进行限制，减少其对社会福利的损害，达到经济运行的最优水平。四是按照科斯定理的思路明晰产权，通过市场交易谈判达到市场资源配置的最优效率。

外部性理论关于私人与社会成本背离的分析为政府干预经济、矫正市场失灵提供了理论支持。以新能源产业为例，其社会关联度高、经济渗透性强，有着显著的能源安全效益、环境保护效益、经济集聚效益等外部溢出，产业发展所带来的整体社会效益往往会高于私人收益。因此政府有必要通过财政支出、税收优惠等财税政策，扶持技术创新、增加基础设施、优化新能源领域资源配置，弥补企业的外部性成本，在拉动产业发展的同时增加社会福利水平。

（3）公共产品。竞争性和排他性是区别私人产品和公共产品的分界线，而公共产品具有非竞争性和非排他性两个特征，这是萨缪尔森在《公共支出的纯理论》一文中对公共产品的准确定位。对于公共产品来说，一方面，一个人使用不妨碍其他人同时使用该产品，即非竞争性；另一方面，技术上无法将不为之付费的人排除在该物品的受益范围之外，也就是非排他性。而纯公共产品和准公共产品的差异又在于具备以上两个特征的程度不同。公共产品的特殊性使市场机制很难发挥作用，消费者希望不支付成本即可获得利益，于是出现了无偿使用这些产品的“搭便车”行为，而生产者由于无法收回生产成本，就会缩减产量，丧失提供产品的积极性。边际私人成本与边际社会成本、边际私人受益和边际社会收益的偏离，需要政府在市场机制之外发挥调节作用。

政府介入公共产品的方式会因公共产品公共程度的不同而略有差异。如果定位于纯公共产品，会完全由政府提供，也可以探索政府采购、企业生产的模式；如果定位于准公共产品，一般来说会由政府补贴以鼓励市场供给。同样以新能源产业来说，该产业与国家发展战略密切相关，从抢占经济发展制高点，到化解能源环境危机，再到国际竞争中保持领先，新能源产业都具有典型的公共产品特性。如果政府不给予资金、政策等一系列支持，势必会导致这一公共产品供给不足。因此，从公共产品理论出发，政府需要以政策为导向，提供服务，做好平台，为新能源产业发展奠定基础。

（4）信息不完全或不对称。市场信息不完全或不对称是市场经济本身配置资源缺乏足够的信息，或市场主体掌握的信息不均等。在市场信息不完全或不对称的情况下，市场主体占有的信息有优劣之分，市场机制也难以传达正确的信号。信息不完全容易造成供给方的盲目性生产和需求方的跟风性消费，导致资源闲置和市场不稳定。信息不对称又会导致一方获利、一方受损，甚至还会发生“逆向选择”和“道德风险”。信息问题是市场机制不能自身解决的问题，这就需要政府参与市场信息的披露，使市场主体能够在良好的信息环境中从事交易。

2.1.4.3.2　产业发展与“政府失灵”

“市场失灵”为政府职能介入经济领域提供了有力依据，但政府干预经济并不是万能的，也会存在“政府失灵”。20 世纪 60 年代开始，以布坎南为代表的公共选择学派开始深入研究“政府失灵”问题。他们认为“政府失灵”

实际上是政府对经济的不当干预，不仅不能有效克服“市场失灵”的弊端，还阻碍和限制了市场功能的正常发挥。由于政府的某些干预，市场秩序更加混乱，市场缺陷也更多地暴露出来，最终导致经济关系扭曲，社会资源最优配置难以实现。行使权力的过程中，政府多采用经济、行政或是法律的手段，并且会经历一系列的中间环节，最终的结果可能会与开始的初衷有所背离，从而降低了政府干预经济的效率并造成社会福利损失，因此政府职能不能够无限度地发挥，这也成为产业发展政策退出的必然性。“政府失灵”通常有以下两种表现形式。

（1）公共决策的低效率。公共选择学派认为，公共决策来源于公共选择，以集体作为决策主体，以公共产品作为决策对象，通过一定的规则来协商决定集体行动的方案。但是，在这种集体决策中，实际上是一种委托—代理关系。在非独裁的情况下，代理人通常会代表大多数选民的利益，但不可能顾及所有选民的偏好和利益。公共决策的低效率，主要体现在决策过程事实上并不存在根据公共利益进行选择的过程，而只是各种利益主体之间协商和妥协的过程。在一些特殊的情况下，公共决策的结果不仅不会考虑到全体选民的利益，甚至有可能出现违背大多数选民利益的极端情况。这种公共决策的低效率在信息不完全或不对称的情况下表现得更为直接。

（2）政府膨胀与寻租。公共选择学派认为，随着经济的发展，政府职能不断扩大，政府不仅要负责公共产品的供给，还要消除外部性的影响以及对收入进行再分配，这些职能都会导致政府规模的不断膨胀。在政府规模扩张中，官员们往往追求提升权力和职位的影响力，通过预算最大化，他们谋求自身或相关利益集团的利益最大化，而非公共利益最大化。此外，政府膨胀也会由于缺少竞争和监督，出现机构臃肿、人浮于事、社会资源配置低效率以及居民福利下降。寻租主要是官员在政治市场中，利用规制、关税和配额、政府承包等获取不当的收益或超额利润。在利益的驱动下，官员们的寻租不仅是被动或消极的接受，还会出现主动的“创租”或“抽租”。寻租行为有违市场经济原则，不利于资源的优化配置以及社会总福利的增加，同时寻租也会影响政府公信力和产生腐败。

鉴于“政府失灵”的存在，政府借助国家公权力介入经济运行的各种决策可能会出现错误或失误。因此，一项政策的实施不可能永远适应经济和社会发展的需要，也就不可能永续地存在。产业政策亦是如此，当产业发展条

件发生变化时，如果继续之前的政策会带来社会福利的损失，必须根据现实条件进行阶段性调整，实施新的政策。“政府失灵”要求政府只能在不妨碍、不毁坏市场机制自我运行的前提下，进行政策制定和设计，以减少或避免“政府失灵”的危害。

2.1.4.4 促进产业发展的政府职能实现方式

在产业发展方面，企业为主体固然要坚持企业自身的发展目的，但是政府的调控必不可少。特别是在我国现阶段的经济发展和制度条件下，产业发展还迫切需要政府职能的充分发挥和宏观调控政策的有力推进。当然，政府职能在作用方式的运用上还需要有所选择。

2.1.4.4.1 在宏观层面发挥战略部署和协调职能

首先，产业发展要形成规模并在国民经济中占据一定地位，不可能一蹴而就，需要从国家层面制定长期的发展规划和战略部署，把各项政策措施与长远发展目标结合起来，形成促进产业长期发展的经济布局。为此，一方面要通过长期规划，围绕提高国民经济整体素质和提升总量规模，并与国家的其他重要规划结合起来，引导产业的发展方向和形成合理的产业结构；另一方面要从近期着眼，探索促进产业发展的有效模式，注重先进典型的示范带动作用，通过建立评价指标体系，使产业发展真正纳入当前的国民经济和社会发展规划中去。

其次，从宏观角度，产业发展还应注重在产业、区域间的协调和平衡。一是政府要通过各种宏观调控政策，保障社会总供给和总需求的均衡，防止经济大的波动，为产业发展创造良好的经济环境；二是由于产业发展在区域间不可能齐头并进，必然会带来一些地区间的发展不平衡，因此政府应在一定情况下，采取诸如转移支付等政策，扶持某些地区可能因产业发展出现的区域差距，产业发展的受益地区也要相应地承担一些成本或者参与收入的再分配；三是以产业为纽带，促进地区间技术和经验的交流，形成产业发展的阶梯，帮助各地区结合自身实际找准在产业发展中应有的位置。

2.1.4.4.2 在微观层面发挥引导和监督职能

首先，在产业发展初期，企业和大众对新兴产业还缺乏全面的了解，特别是一些重大问题，如果没有形成统一的思想，往往会阻碍产业发展的步伐。这就需要政府增强对产业的引导和宣传，提高微观参与者对新兴产业的认可度，吸引更多的投资者参与到产业发展中去。在引导中，政府还应明确三点：

一是不直接干预企业正常的经营活动，而主要通过政策制定和制度安排，通过各种经济手段间接地发挥引导职能；二是理顺财政、税收、价格等经济政策的调节重点，使其真正能够影响到市场中企业和个人的行为，并为产业发展创造各种有利条件；三是对顺应产业发展方向的各种生产行为和消费行为给予一定的奖励政策，在市场作用之外对产业发展形成一定的推动力。

其次，在产业发展中，政府还应当通过制定和执行相关法律法规，发挥对市场行为的有效监管。一方面，新兴产业代表着生产力的前进方向，政府应在监管中形成一定的准入规则，即在鼓励各种社会资本进入的前提下，保证产业发展必要的竞争，而又不至于出现产能过剩；另一方面，制定监管所必要的法律，以此来规范政府部门、企业及消费者的权利和义务，在产业发展中实现有法可依、有章可循的局面。在必要条件下，按照行业成立专业的监管机构，改善监管分散、监管缺位等问题。

2.1.5 财税政策在产业发展中的效应分析

财税政策是政府实施宏观调控的重要工具，也是调整产业结构和促进产业发展的重要手段。财税政策在产业发展中的影响，主要是政府通过财政收支活动和税收政策所施加的。财政收支规模和结构对产业发展能够产生重要的导向作用，而合理的税收政策也能够直接而有效地传达国家的产业发展意图。在我国现阶段，市场经济环境还不健全，政府通过有倾向性的财税政策，利用“有形的手”弥补市场“无形的手”，可帮助其克服市场竞争中的不足，引导各种社会资本在产业中的聚集，并形成更为优化的产业发展结构和更为健康的经济增长方式。

2.1.5.1 财税政策的资源配置效应

在市场经济条件下，市场是配置资源的主体和基础，但政府的各种政策工具仍需要在社会资源配置中发挥重要的调控作用。

2.1.5.1.1 财政支出的资源配置效应

政府运用财政工具实现资源配置主要凭借公权力。一方面，政府通过政府债务等手段参与国民收入分配，把资金由私人部门向政府部门集中，这是财政资源配置的第一个阶段；另一方面，通过财政支出将财政资金分配到不同领域，这是财政资源配置的第二个阶段，也就是再配置。通过这样的收支过程，政府实现对现有社会经济资源的合理配置。当达到帕累托最优配置效率时，社会福利实现最大化。

如图 2.3 所示，假设 A，B 分别为社会中生产私人产品和公共产品的部门。由于两者属性不同，私人部门的生产一般通过市场机制就可以达到供求平衡，而公共产品具有非竞争性和非排他性，其生产不可能由市场机制完全解决，必须依靠非市场的手段，即以政府手段来实现资源的优化配置。如果政府以财政支出的形式对生产公共产品的 B 部门进行补贴，则企业成本降低，从而企业会考虑增加公共产品供给，把生产量提高到 OB_2。在生产要素既定的前提下，社会中投入到 A 部门的资源自然会减少，生产量变为 A_2。在新的生产条件下，预算线 TT 与新的无差异曲线 U_2U_2 相切于 E_2 点，这是存在财政补贴情况下的资源最佳配置点，资源配置实现了帕累托效率。

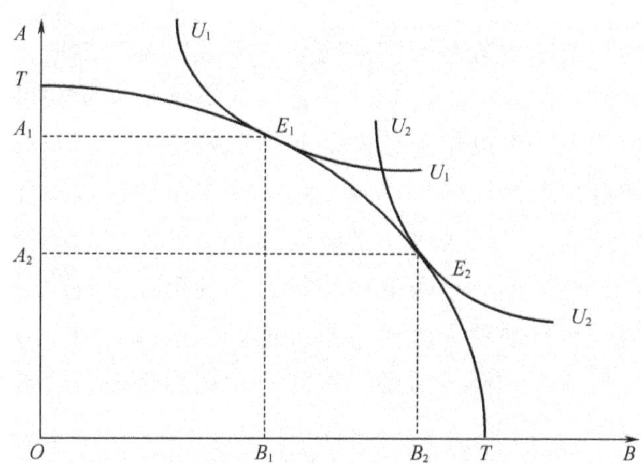

图 2.3　不同部门在财政支出下的资源配置效果

在市场经济中，所有市场主体都会争取自身利益最大化，价格成为指导市场行为的信号。在价格机制下，市场中的各种资源配置达到最优。而财政支出也是利用了对市场价格的调控，从而实现财政对经济的调控和弥补市场自发配置资源中的各种缺陷。

2.1.5.1.2　税收政策的资源配置效应

税收对经济的调节作用，主要是政府制定不同的税收政策，对纳税人的行为或鼓励或限制，而纳税人通常也会遵从对自身有利的税收条件。在这样的调节下，纳税人会逐渐朝着政府设定的宏观经济目标和社会发展目标方向转移。一般来说，政府课税引起的一系列经济反应来自于税收给纳税人带来

的超额经济负担，并间接对纳税人的经济活动造成不同程度的影响。当然，这样的影响也是凭借价格体系来发挥作用的。

在政府征税后，市场中的均衡价格就会随之发生变化，生产者面临的价格下降，而消费者面临的价格上升。但是由于存在供给价格弹性和需求价格弹性，两个价格变化的幅度并不一致，而两个价格的差即为政府征收的税款。在征税条件下，生产者愿意生产的产量和消费者能够消费的消费量都有所降低，原有的市场均衡被改变了。这个过程就是政府运用税收调节资源配置的过程，也就是消费者愿意支付的价格和生产者希望得到的价格之间产生了差异，价格引导下双方的市场行为都受到了影响。政府运用税收提高了社会对资源配置的效率，达到了调控的目的。

根据对资源配置的不同影响，税收效应还可分为正效应与负效应、替代效应与收入效应、激励效应与阻碍效应等。正效应与负效应，主要是看某项税收开征后对纳税人行为产生的影响是否与开征该税所希望的目的一致。对税收正负效应的分析，可以帮助政府对产生负效应的原因及时鉴别，保证税收效果与政府征税初衷始终保持一致。收入效应和替代效应反映的是税收在微观层面上的两种效应。收入效应是税收改变纳税人实际所得或可支配收入后，引起的纳税人在储蓄、投资等经济行为中的反应。替代效应是征税改变商品相对价格后，引起纳税人改变对原有偏好的选择。激励效应与阻碍效应反映的是不同需求弹性的经济活动，在政府课税前提下，会显现出政府激励或阻碍的效果。

2. 1. 5. 2　财税政策的乘数效应

西方经济学理论认为，政府为了达到一定的宏观经济目标，会根据不同时期经济形势的变化，采取相应的财政支出和税收措施，这种有意识的对经济的干预就是财税政策的相机抉择。相机抉择的财税政策包括汲水政策和补偿政策。汲水政策是政府通过注入一定量的公共财政资金，补充和带动民间投资，帮助经济自动恢复活力。补偿政策是政府根据经济发展状况，主动地采取反方向的调节措施以达到调控经济的目的，也就是在经济繁荣时期，通过增加财政收入和减少财政支出来抑制社会需求，减少通货膨胀发生的可能性，在经济萧条时期，通过增加财政支出和减少财政收入来鼓励社会投资和民间消费，减少通货紧缩发生的可能性。无论是哪一种反向调节，都是运用补偿政策弥补企业的私人收益与社会收益存在的差距。

相机抉择的财税政策，以改变财政收支调节社会总需求，进而影响经济运行，其理论基础来自于凯恩斯主义的乘数原理。所谓乘数，是指财政支出和税收改变引起国民收入数倍变动的效应。财政支出乘数是随着财政支出的增减国民收入相应增减的一定倍数。当财政支出增加时，会引起一系列连锁反应，即政府增加财政支出用以购买社会上的产品和劳务，这些销售者的收入自然会增加，他们在作为消费者时会根据边际消费倾向增加消费支出，这些支出又成了另外一些人的收入，收入增加的部分又会有一部分作为消费支出。如此循环下去，国民收入的增加量不仅包括了最初财政支出的增量，还包括按照边际消费倾向用于消费的收入增量，这就是财政支出的乘数效应。财政支出乘数一般为正值，说明国民收入与政府支出的变动方向相同，当财政支出增加时，经过乘数作用，国民收入也增加，增加的量为财政支出增量的 $1/(1-b)$ 倍，其中 b 为边际消费倾向。

税收乘数与财政支出乘数类似，但是这个乘数一般为负值，也就是随着税收的变动，国民收入会呈现反向变化，且变动的幅度超过税收变动的一定倍数。税收乘数的传导机制是，税收增加，会抑制有效需求，引起国民收入减少；如果税收减少，相当于鼓励有效需求，国民收入会增加。税收变动引起国民收入变动也存在一个乘数效应，当税收增加时，国民收入减少量为税收增量的 $b/(1-b)$ 倍。很显然，由于边际消费倾向 b 介于 0 到 1 之间，因此财政支出乘数大于税收乘数，也就是政府运用财政支出政策对经济增长的作用大于税收政策。

2.1.5.3　财税政策的评价与选择

选择合适的财税政策，需要对财税政策效应进行准确评价。判断财税政策效应主要是看财税政策执行的结果如何，是否达到了预期的目的。如果某项财税政策执行后，达到了政府制定政策的初衷，则这一政策具有正效应；相反，如果政策执行后违背了政府的最初目标，那么这一政策具有负效应，或者说政策执行根本无效。当然，除了要对财税政策的性质做出判断，还要对政策的有效性进行评价。判断政策的有效程度，主要是看政策达到预期目标要付出的代价。如果政策虽然具有正效应，但是在达到预期目标时付出了很大的代价，那么这样的财税政策是低效的。

相比于微观经济领域的效应评价，对财税政策效应做出客观的评价，不仅要考虑其经济效应，还要考虑其社会效应、政治效应。也正因为如此，财税政策的效应更为复杂，通常使用的评价方法包括成本—效益分析法、最低费用法、财务分析法等。

2.2 新能源产业的特殊性

新能源产业代表着科技进步的发展方向，有着广阔的市场前景和产业带动力，也蕴含着经济效益的巨大潜力，当然也不可避免地存在着一定的风险。

2.2.1 新能源产业是生态友好型产业

无论是经济发展、社会进步，还是工业化、现代化进程，传统化石能源在漫长的人类发展史中都发挥了巨大的推动作用。然而，在创造大量物质财富并被人们长期依赖的同时，煤炭、石油等常规能源在消费和使用过程中也释放了大规模的污染物。全球环境污染指数不断攀升，不仅破坏了生态环境，增加了社会的经济成本，更严重威胁着人类的生存。与此相比，新能源大都不含碳或碳含量很少，在消耗过程中也不会排放大规模的二氧化碳等温室气体，具有绿色、清洁、环保的优势。因此，发展新能源产业能够扭转当前条件下的能源消费结构，摆脱人们长期对化石能源的过度依赖，从而逐步提升可再生能源在能源总量中的比重，并逐步提高能源利用效率，减少能源对经济增长的限制，也减少能源对生态环境造成的危害。新能源产业是一种生态友好型产业，发展新能源产业是实现人与自然和谐共存的一种新的发展模式和方向。

2.2.2 新能源产业始终站在技术的前沿

传统能源面临枯竭，加快了新能源技术革命的步伐，无论是太阳能发电、光伏发电、风电，都比传统煤电有更高的技术要求，新能源产业正是在这种技术的驱动下不断向前发展的。新能源技术的进步与突破直接决定了新能源产业的发展速度与规模，因此新能源产业的一个重要内涵就体现在其技术先导性和创新性上。新能源开发普遍需要先进的生产设备、工艺流程或者生产方式，代表了较高的技术含金量，而有了高新技术的支持，新能源能够更加顺利和广泛地应用到工业及民用领域。与常规能源相比，新能源产业不仅技术要求层次高，而且需要更加综合性的技术支撑，例如在风电开发中，要涉

及气候、气动、机械设计制造与控制等多重技术领域，技术的难度和复杂程度可见一斑。另外，要使新能源产业在环保、节能等领域发挥更大功效，也需要不断地进行新技术的研发和推广。新能源产业一直引领着技术的发展方向，而且前沿、高端的技术也始终贯穿这一产业发展的各个方面和全部阶段。

2.2.3 新能源产业集高风险与高投入于一身

新能源产业是一种新型的高技术产业，其对新能源的开发、加工、转化和应用都依靠更为高端的技术和工艺流程来完成。考虑到新能源进入产业化需要较长的周期，因此相比于传统石化能源产业它所面临的风险主要表现在技术、资金和市场等方面。从技术角度来看，新能源技术起步较晚，大都还不够成熟，有些还带有探索的性质，在研发中的技术寿命、技术效果等会存在不确定性。从资金角度看，新能源产业从最初的技术研发到后来的将新能源投入生产，过程很长，需要大量的资金支持，任何一个环节出现问题都可能导致出现资金亏损的风险。同时，技术研发的难度也会加剧资金投入的风险。从市场角度看，新能源产业还是一项新生事物，其最终产品能否被人们接受还需要等待市场的检验，而来自于市场的不确定性也会给这一产业的发展带来风险。

根据产业生命周期理论，任何产业发展都会随时间的推移依次经历形成、成长、成熟、衰退四个阶段的演变，而目前新能源产业的发展就处于产业的形成期。在这个时期，新能源产业虽是朝阳产业，但还没有替代传统能源产业成为支柱或主导。新能源产业要稳步进入成长期，还需要大量的各种要素的投入，使产业规模扩大。此外，新能源产业的固定资产投资需求高，拉高了产品的成本，例如，光伏发电、风电等利用新能源技术生产电力的单位成本比传统能源要高数倍，而且技术研发期长，投资的沉没成本也会不可避免地发生。

2.2.4 新能源产业事关国家战略

能源产业是基础产业，在一国的产业结构中具有基础地位。在任何国家、任何发展阶段，能源产业都对国民经济发展具有战略意义。对于国内经济来说，新能源产业发展将会是产业转型和升级的突破口，从光伏发电、绿色照

明到生物技术都符合今后产业发展“低碳”的主旋律。从世界经济来讲，新能源产业作为一个战略性新兴产业，它的发展将关乎一国的经济安全、生态安全和能源安全。在传统能源产业进入发展瓶颈期，环境污染日趋严重的背景下，发展新能源产业将缓解传统能源短缺危机，减少本国经济发展因国外能源价格变化而产生的波动，降低环境污染并抢占未来国际竞争的主动权。今后的新能源革命，将会对世界经济格局产生重要影响。因此，新能源产业的发展也并非单纯的能源问题，而是增强国家综合实力和维系发展大局的国家战略问题。

2.2.5 新能源产业发展需要政府扶持

政府扶持新能源产业发展的必要性主要体现在三个方面：从宏观角度，正处于产业形成期的新能源产业，其战略意义不容小觑，政府有必要扶持使之尽快步入规范的发展轨道。从中观角度，新能源产业关联度高、带动性强，较长的产业链使它能够辐射和带动一大批产业的发展。政府对新能源产业的扶持不仅能加快本产业的发展，还能以此渗透至更广泛的工业领域，从而形成更优化的产业布局。从微观角度，新能源产业专业技术性很强，初始投资中固定资产投资量大，而且投资中的沉没成本也比较高，这就对一般企业进入这一产业形成了壁垒，特别是在产业形成期规模经济效益还未产生，较低的投资回报率和较高的投资风险也非普通投资者能承受的。因此，政府有必要从资金投入、技术创新、人才培养等多方面给予支持，让普通企业能够感受到新能源产业发展的广阔前景。

2.3 影响新能源产业发展的因素分析

一个产业的发展壮大需要通过多个因素的共同作用。如前所述，新能源产业的发展离不开政府的扶持，而政府政策也需要作用于这些影响因素，并促进这些因素间的相互配合，最终形成产业发展的直接驱动力。

2.3.1 资源利用因素

新能源产业健康而持续的发展，必须要依赖多种资源的支撑，并且需要重视各种资源利用的程度和效率。这里所指的资源利用包括发展新能源产业

需要涉及的核心内容——能源的利用，即太阳能、风能、生物质能、核能等自然资源；此外还包括新能源企业运营必然消耗的其他能源和物资，同时还包括对于人力资源的利用。由于资金是资源利用的一项重要内容，因此本书将对资金之于新能源产业的影响单独阐述。

提高资源利用效率和利用质量是研究新能源产业内资源利用情况的要义。资源利用的程度，可以通过新能源产业运转过程中反映资源运用的生产效率、能源消耗、设备利用、产品质量以及员工满意程度等来加以衡量。新能源利用和新能源产业发展的初衷，是满足当前经济发展对能源越来越多的需求，缓解资源、环境与社会发展之间的矛盾。因此，能源利用的效率和质量也将限制新能源产业的发展。以生物质能为例，这是在我国仅次于煤炭与石油的第三大能源，是比较适宜运输与储存的新型能源。但是，目前生物质能产业在我国的发展却一直停步不前，其发展障碍包括资源有限、收集困难、生物质催化与转化效率低下等，这也说明了新能源产业的快速发展需要首先重视新能源的利用效率和利用质量。而对于新能源企业内部的能源、物资消耗以及设备利用等，也需要重视效率问题。当利用效率高时，企业运行更加顺畅，经营质量会显著提高，有利于企业的长远发展。

人力资源是能够对企业价值创造做出贡献的人才优势的集合。新能源产业发展对高素质人才的需求更加迫切，这些需求包括专业科技人才和运营管理人才。对于新能源产业这样一个新兴产业来说，代表更高科技和生产力优势的人力资源具有战略意义，是更加宝贵的战略性资源，也是未来新能源产业发展的不竭动力。这些服务于新能源产业发展的人力资源，需要与新能源产业发展的要求相适应，即在规模、结构、质量等方面满足新能源产业发展的需要。人力资源的利用程度和效果会给新能源产业发展带来更为深远的影响。

2.3.2 资金投入因素

投资是产业发展的原动力，资本的不断累积正是产业逐步壮大的过程。在产业形成期，投资可以催生新产业的萌芽，为刺激产业发展提供最基本的保障；在产业成长期，投资会有助于提高产业的规模经济效应；在产业成熟期，投资能够作用于技术攻关和产品的更新换代，赋予产业发展更加持久的生命力。无论在哪个阶段，投资对新能源产业发展的作用应该源于 3 个方面：

首先，在技术水平一定的条件下，投资的领域主要体现在对土地、固定资产和人力资本的投入；其次，在技术水平的上升通道中，研发费用的不断投入能够开创技术进步的新局面；最后，投资还能够运用到改善产业的外部环境及设置配套资源等方面。投资将会对新能源产业发展产生直接引导或间接激励的作用。

同时，伴随新能源产业的发展，风险投资在这一新兴产业中的作用更加明显，其规模和活跃程度也会促进产业发展走向成熟。金融是现代经济的核心，由于新能源产业具有高投入、高风险、高收益的特点，新能源产业的创新和发展需要大规模的资金投入。其资金来源除了企业内部之外，还需要金融工具和外部重组。新能源产业在一定程度上具有实验的性质，存在着更多不确定性，也就存在着开发与市场方面的双重风险。但是，由于新能源产业代表着更高的生产力，投资价值的增值空间为金融支持提供了可行性。事实证明，新能源产业具有技术领先、能耗低、投入少、产量高的特点，对活跃在产业前沿的风险投资机构来说，投资的视角早已延伸到新能源产业企业，加上国家对新能源领域的促进政策，风险投资在其中也逐渐加码。

2.3.3 技术进步因素

没有技术水平的创新，特别是缺乏关键技术的突破，任何一个产业的发展都不会长久。新能源产业的兴起是科技发展的产物，技术进步又成为新能源产业发展的不竭动力。在新能源产业演进过程中，技术的每一点进步都会开启新产品生命周期的一段进程，新技术的渐进式路径又构成了新能源产业的生命周期曲线。技术进步最直接的效果是促进成本降低，例如，太阳能发电行业通过提高光电转换效率，突破了以往使用硅作为太阳能电池材料的高额成本限制，为太阳能发电得到大规模推广创造了条件。技术进步还会对投资产生拉动效应，技术不断创新的先行示范作用会吸引更多的投资主体参与到研发活动中来，新能源产业也会在技术及投资的相互作用下实现层层升级。此外，技术进步还有助于实现新能源生产活动的规模化、市场化，新技术使市场需求不断得到满足，并在使产品和市场不断繁荣的情况下使新能源产业化发展成为现实。

新能源的技术要具有先进性。同传统能源相关技术比较，新能源技术的性能、前景比同时期、同行业所使用的其他能源的平均技术水平要优越和先

进。这种技术的领先性特征决定了新能源行业的产品更加具有独占性和垄断性，并由此带来其他能源产业不能比肩的利润空间。随着技术研发、试验、创新的进展，新能源技术的成熟度也在不断提高，其技术性能和功能日渐趋于成熟并达到大规模推广应用的程度。在此基础上，新能源技术的商业化程度提高，表现为成本更低和具有更高的市场竞争力，同时风险更小。在这里所提到的新能源技术，不是指实验室阶段的技术，而是具有可操作性的技术。为了使新能源技术在商业对接上更加顺畅，一方面应加大研发力度，克服新能源技术在商业化道路上的障碍；另一方面由示范项目到推广项目持续推进，逐步降低新技术成本和提升其经济竞争力。

作为一项战略性新兴产业，新能源产业是将来能够产生突破性技术创新的产业。新能源产业发展的关键在于技术，而技术创新无论从宏观的政府层面还是微观的企业层面，都是至关重要的。首先，对政府而言，新能源产业技术的发展水平，能够综合体现一个地区社会、经济以及政治的实力，直接关系到地区发展格局以及涉及国家长远发展的战略性问题。其次，对企业个体而言，新能源产业的技术创新意味着，在承担高风险以及更多投入的同时也会带来更高的收益。但总的来说，处于新能源产业内的企业，对技术创新和持续改进有着更多的期望，并由此带动上下游产业的共同发展。当前，我国新能源产业的技术发展普遍存在“重引进、轻消化”，对技术再创新投入不足的现象，导致新能源产业中的企业主要依赖“引进技术—加工生产”的产业发展模式，缺乏自主创新能力和核心技术力量，而即便是认识到新能源产业的战略性意义后，所进行的投入和创新也多是增量创新，不具有突破性。因此，未来新能源产业发展需要依靠技术因素，需要不断完善技术创新体系，强化企业技术创新的能动性，着力提升产业自主发展能力和创新突破。总之，新能源产业的发展和新能源产业的技术创新相互依赖，又彼此作用，螺旋上升，技术创新程度带动和反映了新能源产业的发展程度。

2.3.4 市场需求因素

满足市场需求是产业发展的最终目的，新能源产业亦是如此。市场需求发生变化会对新能源产业发展趋势带来重要的导向作用。例如，当传统能源供给破坏了社会发展的可持续性时，更加具有优越性的新能源供给就成为社会发展的新需求。市场需求发生变化促使供求价格进行调整，产业技术不断

改进，整个产业的进步也在悄然发生。判断新能源产业是否具有全面实现商业化的标准是看其能否与当前或未来强大的市场需求相吻合。迎合市场需求的产品才能占领市场份额，其生产企业才能获取利润，所在的产业才能不断实现其最终价值。

产业的成长与市场需求的作用是密不可分的，市场需求对产业发展发挥重要的牵引作用，而且市场的反作用还能够帮助产业发展在管理和组织等方面有所提升。具体对新能源产业来说，市场需求决定了这一产业发展的规模、速度和主要方向。市场需求是培育新能源产业的沃土，市场能够引导从事该产业的企业不断更新产品，提高对传统能源行业的竞争能力，并不断延长产业链和拓展新能源产品的覆盖面。同时市场需求的变化也会促使新能源产业在技术上不断挖潜，通过改变技术路线研究和开发更高阶段的新产品和新功能，满足现有市场需求的同时也不断挖掘潜在市场需求。此外，传统能源市场供不应求，社会生产由粗放型的低级阶段向节约型的高级阶段过渡，特别是环保理念的深入人心，这些作用叠加都会使新能源产业规模在需求的导向下不断壮大。新能源产业的发展面对的是一个未知的新兴市场，存在着诸多不确定性因素。因而，新能源产业的成长必然伴随着要时刻洞察并挖掘深层的、潜在的、成长的市场需求，通过不断地实现技术创新、产品创新、性能创新，去拓展新的市场，抢占未来市场空间，为产业结构和竞争格局变更开辟革命性的道路。

培育新能源的市场，是突破新能源产业发展障碍的重要举措。在当前条件下，新能源产业在技术要素、基础设施以及服务体系等方面都不具有显著优势。与传统能源的应用相比，其所提供的产品和服务普遍存在成本高而市场认同度低的问题，如我国太阳能发电和风力发电当前都遇到了上网电价倒挂现象，抑制了相应的产业发展。市场遇阻是制约新能源产业的瓶颈，当然也是新能源市场培育的切入点。新能源产业市场的培育，影响着新能源企业的收入和利润，也直接关系到新能源产业技术研发的动力。因此，在不断培育新能源产业市场需求时，需要发挥市场在资源配置中的基础性或决定性作用，努力将新能源产品的潜在市场需求转化为现实市场需求，引导市场中消费观念的调整，推动新能源产业的良性运转。培育新能源产业的市场意识，营造新能源产业的市场环境，首先要建立一个公平竞争的市场氛围，使新能源企业能够获得平等的竞争条件，帮助企业在压力和竞争中不断壮大；其次，

鼓励新能源企业采用产品创新和差异化战略，最终形成一个良性和有序的竞争市场。

2.3.5 产业政策因素

在任何产业发展的萌芽时期，政策的扶持都是不容忽视的。处在形成期的新能源产业虽然前景光明，但目前还不免受到技术手段尚不成熟、市场规模还未完全打开、企业实力较弱、投资风险较高等诸多因素的限制。因此，在企业及整个产业都不愿或不足以面对发展中遇到的种种问题时，政府应站在宏观调控的高度，从产业结构、产业组织、产业技术、产业布局等方面给予新能源产业发展一些政策上的倾斜。积极的产业政策将引导各种社会资源向这一新兴领域汇集，使市场需求更加显性，规避投融资及技术风险，并创造更有利于成果转化的外部环境。

然而，产业政策要想发挥最优的作用，其设计就必须与不同产业发展阶段的需求相吻合。产业发展阶段是一个产业的各种发展要素在时间上的组合，包括技术要素、创新路径、主导设计、产业规模和市场环境等多个方面。在新能源产业的发展过程中，不同发展阶段代表了各个时期新能源产业发展的效果，综合反映了新能源产业在不同时期的成熟度以及成长路径，规划出了新能源产业在当前和未来时期的发展方向与重点。产业在不同时期的不同指标除了能够体现新能源产业发展阶段的特征外，也能够反映出新能源产业的发展效果和取得的成绩，这些就是产业政策可以施力的关键点。目前，我国新能源产业已经在一定程度上取得令人瞩目的突破性创新，在这样的背景下，产业政策更应当“跟得上、用得对”，鉴于新能源在发电、能源供给等多个领域的整体规模还不大，今后产业政策在支持新能源方面应更多地注重市场和产业内部运营，帮助新能源产业迅速找到更好的发展方式。在新能源产业发展开端，产业政策要督促技术要素在新能源产业中的应用与渗透，引导突破性创新带动技术发展形成新能源产业发展的内在动力，此后产业政策的重点应放在支持新能源技术的快速扩散、培育新能源市场上，这样的政策环境才有利于新能源产业不断发展和快速成熟。结合产业发展阶段，新能源产业政策的设计要素应关注的内容包括，形成新能源产业技术体系、引导新能源的重大产品创新、促进市场环境与产业成熟步伐协调等。

2.4 财税政策支持新能源产业发展的作用机制

财税政策在促进新能源产业发展方面有着最直接、最明显的效果。财税政策对新能源产业的介入主要在纠正产业发展外部性、提供产业发展动力、规避产业发展风险和突破产业发展瓶颈等方面发挥作用。

2.4.1 财税政策从纠正外部性角度助力新能源产业发展

新能源产业作为一项新兴战略性产业，有着明显的外部性。产业发展中私人获得的收益与社会预期获得的综合收益并不对等，因此产业发展的步伐可能会被束缚。政府通过财政补贴或是税收优惠政策，能够调整新能源产业发展中个人收益和社会收益的差异，从而调动各类经济主体参与新能源发展的积极性，使新能源产业在资源合理配置中得到优化发展。针对新能源产业的财政补贴是直接对企业形成一定量的资金注入，而税收优惠政策则是政府将一部分税收收入让渡给相关企业，两者都将会对企业的成本和收益产生影响。如图 2.4 所示，横轴表示某新能源产业的投资量，图中 *MR* 为单个新能源企业的边际收益，*MSB* 为该新能源产业的社会边际效益，*MC* 为新能源产业的边际成本。企业经营一般会根据利益最大化原则，选择 *MC* 和 *MR* 的交叉点，即 *Q* 点作为最佳投资量。由于外部性的存在，社会所需的该新能源产业的最佳投资量却处于 *MC* 和 *MSB* 的交叉点 *Q′*，显然 *Q* 点投资量较小，企业从私人利益出发所形成的投资规模不能满足社会的需要。财税政策对外部性的纠正

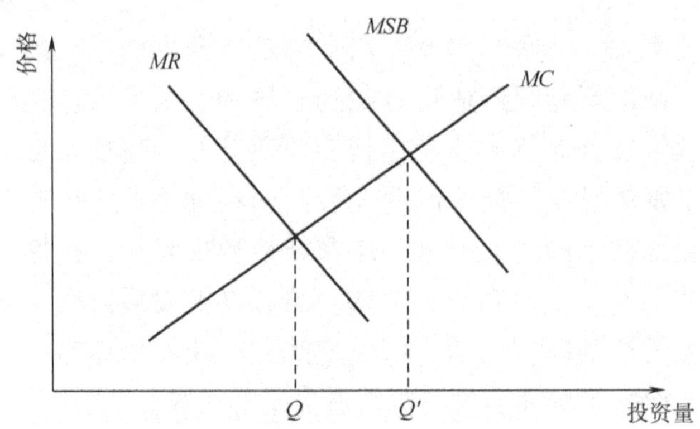

图 2.4 财政政策纠正外部性分析

就在于通过财政补贴和税收优惠条件，将产业发展中私人收益和社会收益的差额抹平。此时，代表企业边际私人收益的 *MR* 线向上移动，最终与代表社会边际收益的 *MSB* 线重合，其与 *MC* 线交叉形成的 Q'点将是社会所需的新能源产业发展的最优投资规模。在财税政策的影响下，市场配置资源的机制得到修正，企业对新能源产业发展会更加热衷，各类经济资源也会更多地向新能源产业流动。

2.4.2 财税政策从提供“引擎”角度助力新能源产业发展

在市场经济条件下，新能源产业的发展可能来自于企业对利润的追逐，或是来自于市场需求的拉动，但这两种因素所提供的动力机制并不是十分强大。随着市场缺陷造成的效率损失越来越显著，加之能源发展的战略意义与日俱增，政府更多地倾向于使用政策工具为新能源产业发展提供“引擎”，而财税政策则是若干“政策推动”工具中的最好选择。新能源产业属于资金和技术密集型行业，其高投入与高成本的特征决定了其离不开政府财力的支持。以财政政策为例，在新能源企业的起步阶段，政府财政资金投入能够帮助企业完成投产期的设备购置、厂房建造和基础性技术研发等高投入项目。当企业进入正常运营阶段后，政府还需要对技术攻关等内容继续进行支持，甚至是直接投资。此外，政府也需要为成长期的新能源产业创造更好的市场环境，包括运用价格补贴、企业亏损补贴等方式影响产品的相对价格，平抑新能源产业由于高成本在市场中可能遭受到的竞争劣势，而对新能源产品进行的批量政府采购，又是扩大市场份额最直接的办法。

2.4.3 财税政策从规避风险角度助力新能源产业发展

作为一项新生事物，技术的复杂性、市场环境的不确定性等因素会长时间伴随着新能源产业的发展。产业与生俱来的高风险性，需要财税政策的支持以形成良性运行的局面。无论是增加财政资金投入还是扩大税收优惠幅度，都会使政府成为产业发展的风险共担者。一方面，新能源产业发展中一些不可避免的损失交由政府承担，可以有效增强这一产业抵御风险的能力，使其能够更快地“成熟”起来；另一方面，财税政策的影响将会渗透至新能源产业发展的每一个环节，利益机制的激励作用会为企业营造更有利的发展局面。财税政策在规避高风险方面的作用各有侧重：首先，政府通过直接投入或财

政补贴对新能源产业涉及的技术研发、技术改造等项目进行资助，尤其是对一些关键性、前沿性技术研究的财政投入，能够大大减少企业所承担的技术风险；其次，通过实施优惠税率、税收减免、加速折旧、放宽税前列支标准等税收优惠政策，可以平滑企业在经营时期的风险和收益，用与风险相匹配的收益来引导社会资本流向新能源产业。

2.4.4 财税政策从突破瓶颈束缚角度助力新能源产业发展

新能源产业的蓬勃发展需要扫清资金、技术、固定资产、人才等关键要素的障碍，而财税政策对于突破这些瓶颈限制能起到有效的作用。通过财税政策的激励和引导作用，把更多的社会资金、人力、物力汇聚到新能源产业，为其在市场竞争中健康发展提供一个良好的资源环境。

在资金积累方面，一是可以通过财政资金的直接投入或者财政补贴效率的提高，增加新能源产业的资金聚集；二是通过税收减免等优惠措施帮助企业留存更多的资金在本企业用以扩大再生产，同时税收优惠项目也能够帮助企业提高盈利水平，逐步完成产业自身的资金积累；三是政府也可以通过减免银行等金融机构对新能源产业融资的税收，解决新能源产业长期以来融资难的问题。

在技术研发方面，主要是通过对技术研发及科研成果转化给予更多的财政补贴或税收激励措施，并以此促进新能源产业“高”“新”技术产业化的步伐，有效促进新能源技术的成果迅速产业化，推动高科技企业和科研机构在新能源领域的技术成果向新能源产业转移，增加产业的核心技术竞争力。

在固定资产投资方面，对新能源企业用地和设备进口等给予一定的税收减免或加速折旧等优惠措施，以此减轻新能源企业发展中可能长期背负的资金压力。

在人才培养方面，主要是增加全社会对科技人员培养的积极性，增加新能源产业高素质人力资源的储备。一是对高校、科研机构等单位给予一系列的财税激励政策，鼓励他们增加对科技人员教育、培训的投入，并且引导人才流向新能源产业；二是对新能源企业关于人才培养方面的支出进行加计扣除等税收优惠，开拓企业在不断增加自身科技创新能力方面的能动性。

我国新能源产业发展战略研究

新能源产业是体现国家战略的新兴产业，需要政府从宏观角度进行整体部署。对新能源产业发展战略进行研究，就要从其与传统能源的关系、对能源安全的意义以及对可持续发展的作用等方面入手。对新能源战略的准确定位，将推动新能源产业步入发展的快车道。

3.1 我国主要常规能源概况

一般来说，能源供给先行于经济发展，国民经济的发展速度始终与能源开发及使用量的增长成正比例关系，也正因为如此，能源开发一直备受重视，处于优先发展的地位。改革开放以来，我国能源事业取得了长足发展，能源可利用范围的增加为工业化发展提供了持续的动力，科技的不断创新又拓展了能源勘探的深度。目前，我国已成为世界上最大的能源生产国，但是在能源供给中仍以常规能源为主，特别是在一次能源使用中常规能源占据了绝大部分比重。

3.1.1 我国煤炭资源概况

我国是煤炭大国，煤炭资源非常丰富，2016 年可探明储量超过千亿吨，位居世界第三位，仅次于美国（参见表 3.1）。但是由于勘探工作滞后，勘探精度不足，可供规划开采的储量较少，可供建井利用的精查储量资源更是不足。据估计，在当前技术条件下，我国煤炭精查储量占总储量的比例仅为 30%左右，其中过半已被开发利用。预计到 2020 年，我国煤炭精查储量缺口将突破 1 000 亿吨。如果用产量指标衡量，我国煤炭资源产量已连续多年为世界首位，并且占据了世界煤炭产量近一半的份额。2016 年我国煤炭产量为 16.85 亿吨，比 2015 年减少 7.9%，占世界煤炭产量的 46.1%。与总量情况比较乐观不同的是，我国煤炭资源的人均占有率始终偏低，2015 年人均煤炭产量为 630 吨，而发达国家为 10 000 吨。

表 3.1 2016 年年底世界主要产煤国探明储量情况

国家	已探明储量（百万吨）	储量世界排名	占总储量比例（%）	当年产量（百万吨）	产量世界排名	占总产量比例（%）
美国	251 582	1	22.1	364.8	2	10.0
中国	244 010	2	21.4	1 685.7	1	46.1

续表

国家	已探明储量（百万吨）	储量世界排名	占总储量比例（%）	当年产量（百万吨）	产量世界排名	占总产量比例（%）
俄罗斯	160 364	3	14.1	192.8	6	5.3
澳大利亚	144 818	4	12.7	299.3	3	8.2
印度	94 769	5	8.3	288.5	4	7.9

资料来源：BP 世界能源统计 2016。

我国煤炭资源种类繁多，但品类分布不均。一些优质品种，如主焦煤等都相对不足，具有强黏结性的优质炼焦煤的比重更小。根据目前已探明的煤炭储量测算，烟煤为主要煤种，占比超过 70%，无烟煤、褐煤等品种的比重均不超过 8%。炼焦煤的储量约为总量的 1/5，其中气煤是主要组成部分，约有一半的比重，肥煤、焦煤、瘦煤等特殊稀缺煤种占炼焦煤储量的比重均不超过 20%。从地域来看，中西部地区煤炭资源储量占有绝对优势，优质的炼焦煤也主要分布在山西、安徽、山东、黑龙江、河北等省。东部和南部地区的煤炭资源，无论从储量还是优质品种等方面上看都相对匮乏。

3.1.2 我国石油资源概况

我国石油资源比较丰富，但是复杂的地质条件导致石油的丰度和品位总体较差。加之石化工业起步较晚，自 20 世纪 90 年代以来我国就成为石油净进口国。

我国的石油资源主要集中于塔里木、鄂尔多斯等八大盆地，剩余技术可采储量为 35.01 亿吨。新一轮全国油气资源评价项目办公室 2016 年的评价结果显示，我国的远景资源量为 1 086 亿吨，地质资源量为 1 257 亿吨，可开采资源量为 301 亿吨，目前勘探已经进入了中期①。从世界探明储量来看，2016 年年底我国石油探明储量为 35 亿吨，占世界石油探明储量的 1.5%，在世界排名约为第 11 位，与中东及北美地区储量的差距很大；此外，我国的石油储

① 中华人民共和国国土资源部．中国矿产资源报告 2017 [M]．北京：地质出版社，2017.

产比仅为17.5年，远远低于50.6年的世界平均水平①。我国陆地石油资源中约1/3分布于山地、高原等地势恶劣地区，同时有近一半石油资源深埋于地下，使得具有经济意义的石油资源量显得相对不足。受到开采条件和成本的客观限制，无论是待探明储量的开发还是日常开采都会受到不小的挑战。

根据《BP世界能源统计2017》报告，2016年我国石油日产量达到3 999千桶，换算成年产量后约占当年世界总产量的4.6%。从世界范围来看，我国石油产量排名为第七位；从过去10年的增长来看，我国石油产量年均增长率仅为1.7%；从产量分布来看，东部油田产量逐年递减，且减幅有扩大趋势，西部油田和海域油田受勘探水平限制，产量还具有一定的不确定性。

3.1.3 我国天然气资源概况

我国天然气资源比较丰富，发展潜力很大。根据国土资源部发布的《全国油气资源动态评价（2010年）》，我国常规天然气地质资源量为52万亿立方米，最终可采资源量约32万亿立方米；2012年BP公司公布的2011年全球天然气资源探明储量的排名中，我国以3.1万亿立方米的总量排名第13位，占全球天然气探明总储量的比重仅为1.5%，储产比为29.8年，约为世界平均水平的一半。“十二五”期间，我国计划新增常规天然气探明地质储量3.5万亿立方米。

我国天然气产量增长较快，2000年以来天然气产量的年均增长速度达到12.93%。2005年之后更是进入了高速发展期，年均增速超过14.1%，远高于美国、加拿大等国的增长速度，2011年天然气产量还首次突破千亿立方米，占当年全球天然气产量的比重超过3%。根据国家发改委制定的《天然气发展“十二五”规划》（发改能源〔2012〕3383号），2015年国产天然气供应能力将达到1 385亿立方米，“十一五”时期增长46.1%。鄂尔多斯盆地、四川盆地、塔里木盆地和南海海域是我国四大天然气产区，合计探明剩余技术可采储量和产量分别约占全国的78%和73%，是今后增储上产的重要地区。

① BP世界能源统计2017［EB/OL］. http://www.bp.com/zh-cn/china/reports-and-publicalions/bp-2017.html

3.2 我国新能源产业发展战略的背景分析

能源问题事关经济增长、能源安全、生态环境乃至产业结构，因此处理好能源问题将成为实现国民经济持续健康发展和社会和谐稳定的关键点，而研究新能源产业的发展战略也需要在这样的背景下进行。

3.2.1 新能源产业：在供给结构和消费结构的矛盾中定位

伴随着我国经济的快速发展，特别是在工业化、城市化的高速进程中，能源始终发挥着特殊作用并占据着重要的地位。与国民经济蓬勃发展同时出现的是我国能源生产和能源消费都呈现持续增长趋势。早在“十一五”时期，我国一次能源生产总量就连续五年居世界第一，2009 年我国也跃居世界能源第一消费大国。国家统计局发布的《2016 年国民经济和社会发展统计公报》显示，我国 2016 年一次能源生产总量 34.6 亿吨标准煤，比 2015 年降低 4.2%，其中，原煤产量 34.1 亿吨，原油产量 19 968.5 万吨，天然气产量 1 368.7亿立方米，发电量61 424.9 亿千瓦时，原煤和原油产量分别比上年减少9%，6.9%，天然气产量和发电量分别比上年增长1.7%，5.6%；在消费方面，2016 年我国全年能源消费总量为 43.6 亿吨标准煤，比 2015 年增长 1.4%，其中全国煤炭消费量同比下降4.7%，原油消费量同比增长5.5%，天然气消费量同比增长 8%，电力消费量同比增长 5%。在经济发展平稳向好之际，能源生产和消费之间的差距在逐渐变大。

3.2.1.1 我国常规能源供给特点

国务院新闻办公室于 2007 年和 2012 年两度对我国的能源状况及政策发布白皮书，对常规能源的总体发展情况进行了分析。概括来说，我国常规能源开发主要有以下四个特点。

3.2.1.1.1 化石能源储量丰富，且以煤炭占主导地位

我国化石能源产量稳定，供应保障能力显著增强。根据英国石油公司（BP）发布的《2017 年世界能源统计报告》，截止到 2016 年年底，我国石油探明储量为 257 亿桶，占世界石油探明储量的 1.5%，储采比为 17.5 年；天然气探明储量为 5.4 万亿立方米，占世界天然气探明储量的 2.9%，储采比为 38.8 年；煤炭探明储量为 2 440.1 亿吨，占世界煤炭探明储量的 21.4%，储

采比为72年[①]。在能源供应中，煤炭在改革开放以来一直占据一次能源供应的主导地位，其份额高达60%左右，2016年我国煤炭产量为33.6亿吨，同比下降9.4%，但其在能源供应体系中的地位并没有动摇。石油资源产量占比呈逐年下降趋势，而天然气等资源的产量占比有着缓慢地上升。

3.2.1.1.2 人均能源拥有量处于世界较低水平

由于人口众多，我国煤炭、石油和天然气的人均占有量仅为世界平均水平的67%，5.4%，7.5%[②]，能源约束与经济发展的矛盾愈加突出。

3.2.1.1.3 能源分布广泛但不均衡

煤炭资源主要分布在华北，石油、天然气资源主要分布在东、中、西部地区和海域。我国煤炭和石油资源赋存在地域上存在着明显差别（详见表3.2）。

表3.2 我国常规能源分布占全国比重情况 单位：%

	华北	西北	东北	西南	中南	华东
煤 炭	64	12	3.1	10.7	3.7	6.5
石 油	20.4	18	40.3	2.5	2.5	16.2

资料来源：李洪顺．我国常规能源的分布概况及开发利用［EB/OL］．http：//www.docin.com/p－34032634.html.

3.2.1.1.4 科技水平提高，但能源开发难度仍较大

2016年全国采煤机械化程度达到78%，距离“十三五”末85%的目标还有较大差距[③]。但与世界其他国家相比，复杂的地质条件增加了开发的难度。其中煤炭多需要井工开采，极少量可供露天开采；石油天然气资源埋藏深，对勘探开发技术要求更高[④]。

3.2.1.2 我国当前能源消费的特点

世界经济的发展总是伴随着能源消费总量的增加，在过去半个世纪中，

① 2017年BP世界能源统计年鉴解读［EB/OL］．http：//www.360doc.com/content/14/0708/10/3051971_392804849.shtml.

② 中华人民共和国国务院新闻办公室．中国的能源政策（2012）［EB/OL］．http：//www.gov.cn/jrzg/2012－10/24/content_2250377.htm.

③ 中国煤炭市场网．全面提高供给体系质量是煤炭去产能促发展的主基调［EB/OL］．http：//www.cctd.com.cn/show－42－174880－1.html.

④ 中华人民共和国国务院新闻办公室．中国的能源状况与政策［EB/OL］．http：//www.gov.cn/zwgk/2007－12/26/content_844159.htm.

全球能源消费总量翻了一番。同时，在生产力水平不断发展和能源产量变化的情况下，能源消费的结构一直处于波动和调整中。如表 3.3 所示，在 2016 年世界一次能源消费结构中，原油资源消费占 33.3%，是第一大能源；煤炭资源消费占 28.1%，居第二位；天然气紧随其后，占比达到 24.1%；水能等其他资源的消费占比合计为 14.6%①。煤炭、石油和天然气成为常规能源的三大品种，并且形成了以化石能源为主导、其他可再生能源为补充的能源消费结构格局。国际能源机构发布的《世界能源展望 2008》对 2020—2030 年的世界能源消费结构进行了预测，石油和煤炭在一次能源消费结构中的比重将缓慢收缩，而天然气和其他可再生能源的消费会逐渐增加。

表 3.3　世界一次能源消费结构

年份	一次能源总量（百万吨油当量）	一次能源结构中的份额（%）					
		原油	天然气	原煤	核能	水力发电	再生能源
2005	10 537.1	36.1	23.5	27.8	6.0	6.3	—
2006	10 878.5	35.8	23.7	28.4	5.8	6.3	—
2007	11 099.3	35.6	23.8	28.6	5.6	6.4	—
2008	11 294.9	34.8	24.1	29.2	5.5	6.4	—
2009	11 164.3	34.8	23.8	29.4	5.5	6.6	—
2010	12 002.4	33.6	23.8	29.6	5.2	6.5	1.3
2011	12 225.0	33.4	23.8	29.7	4.9	6.5	1.7
2012	12 476.6	33.1	23.9	29.9	4.5	6.7	2.0
2013	12 730.4	32.9	23.7	30.1	4.4	6.7	2.2
2014	12 928.4	32.6	23.7	30.0	4.4	6.8	2.5
2015	13 147.3	32.9	23.8	29.2	4.4	6.8	2.8
2016	13 276.3	33.3	24.1	28.1	4.5	6.9	3.2

数据来源：搜狐网.2016 年世界各国一次能源消费结构大盘点，清洁能源依旧逆生长［EB/OL］. http：//www. sohu. com/a/151165977_ 257724.

在计划经济时代，我国能源消费主要依靠自给自足，能源消费总量不大。

① 搜狐网.2016 年世界各国一次能源消费结构大盘点，清洁能源依旧逆生长［EB/OL］. http：//www. sohu. com/a/151165977_ 257724.

改革开放后，经济特别是重工业的腾飞，刺激了能源消费量的大幅增加。在不到30年的时间里，中国已经成为世界第二大能源消费国，并在2009年跃居第一位，在全球能源消费市场中扮演着举足轻重的角色。我国当前能源消费主要有以下三个特点。

3.2.1.2.1 能源消费以煤炭为主，其他优质能源占比较低

煤炭一直是我国能源体系中的绝对主导，基本满足了国内60%以上的一次能源需求，这不仅包括家庭和工商业所使用的大量终端能源消费，还供应了发电等工业部门使用的大部分燃料。煤炭大规模使用在我国存在“刚性”的原因是，一方面，目前经济增长还主要依赖高投入和高消耗，煤炭资源禀赋在一定情况下配合了这种粗放型的经济增长方式；另一方面，我国近八成的发电量来自于燃煤发电，电力需求的高涨推升了煤炭在整个燃料体系中的重要性。

然而多年来利用效率较低，后备资源匮乏，特别是考虑到煤炭大量开采所带来的生态环境问题，我国已经开始有计划地控制煤炭消费总量，限制粗放型经济对煤炭的不合理需求，降低煤炭消费增速①。根据国家发展和改革委员会发布的《能源发展“十三五”规划》，2020年能源发展主要目标是能源消费总量控制在50亿吨标准煤以内，煤炭消费总量控制在41亿吨以内②。因此，在未来一段时间，尽管煤炭资源比重会呈缓慢下降趋势，但其还将是能源消费的主体。

与煤炭相比，石油和天然气属于比较优质的资源。然而，与石油在世界能源消费结构中独占优势不同的是，石油资源在我国能源消费结构中的比重呈下降趋势；天然气和其他可再生资源在我国能源消费结构中的比重稳步增加（见表3.4）。但是，这些优质能源的消费量与世界平均水平还有很大差距，石油、天然气及其他资源消费仅相当于同期世界平均水平的1/3，能源结构整合的空间还很大。

---

① 国家能源局. 煤炭工业发展“十二五”规划［EB/OL］. http：//www.sxcoal.com/coal/2550625/articlenew.html.

② 中国网财经. 能源“十三五”规划：2020年煤炭消费总量控制在41亿吨以内［EB/OL］. http：//finance.china.com.cn/news/20170117/4072276.shtml.

表 3.4　能源生产总量及构成

年份	能源生产总量（万吨标准煤）	占能源生产总量的比重（%）			
		原煤	原油	天然气	一次电力及其他能源
1978	62 770	70.3	23.7	2.9	3.1
1980	63 735	69.4	23.8	3.0	3.8
1985	85 546	72.8	20.9	2.0	4.3
1990	103 922	74.2	19.0	2.0	4.8
1991	104 844	74.1	19.2	2.0	4.7
1992	107 256	74.3	18.9	2.0	4.8
1993	111 059	74.0	18.7	2.0	5.3
1994	118 729	74.6	17.6	1.9	5.9
1995	129 034	75.3	16.6	1.9	6.2
1996	133 032	75.5	16.9	2.0	6.1
1997	133 460	74.3	17.2	2.1	6.5
1998	129 834	73.3	17.7	2.2	6.8
1999	131 935	73.9	17.3	2.5	6.3
2000	138 570	72.9	16.8	2.6	7.7
2001	147 425	72.6	15.9	2.7	8.8
2002	156 277	73.1	15.3	2.8	8.8
2003	178 299	75.7	13.6	2.6	8.1
2004	206 108	76.7	12.2	2.7	8.4
2005	229 037	77.4	11.3	2.9	8.4
2006	244 763	77.5	10.8	3.2	8.5
2007	264 173	77.8	10.1	3.5	8.6
2008	277 419	76.8	9.8	3.9	9.5
2009	286 092	76.8	9.4	4.0	9.8
2010	312 125	76.2	9.3	4.1	10.4
2011	340 178	77.8	8.5	4.1	9.6
2012	351 041	76.2	8.5	4.1	11.2
2013	358 784	75.4	8.4	4.4	11.8
2014	361 886	73.6	8.4	4.7	13.3
2015	362 000	72.1	8.5	4.9	14.5

注：电力折算标准煤的系数根据当年平均发电煤耗计算（下表同）。

3.2.1.2.2　人均能源消费水平偏低

与能源消费总量不断攀升形成鲜明对比的是，我国人均能源消费水平相对不高。由于我国是人口大国，人口占世界人口总数的近20%，因此在总量可观的情况下对应到人均能源消费水平却仅能达到世界平均水平甚至更低。2009年我国人均消费能源2.59吨标准煤，相当于美国的1/5①，也远低于日本和韩国等国。

对比2002年到2014年我国能源消费总量和同期人均能源消费的增长情况，可以看到这13年中，人均能源消费增长率大部分年份都要落后于能源消费总量的增长，仅有5年追平或赶超能源消费总量的增长率（见图3.1）。人均自然资源的短缺，严重限制了我国工业化的步伐，也影响了居民消费水平的提高。

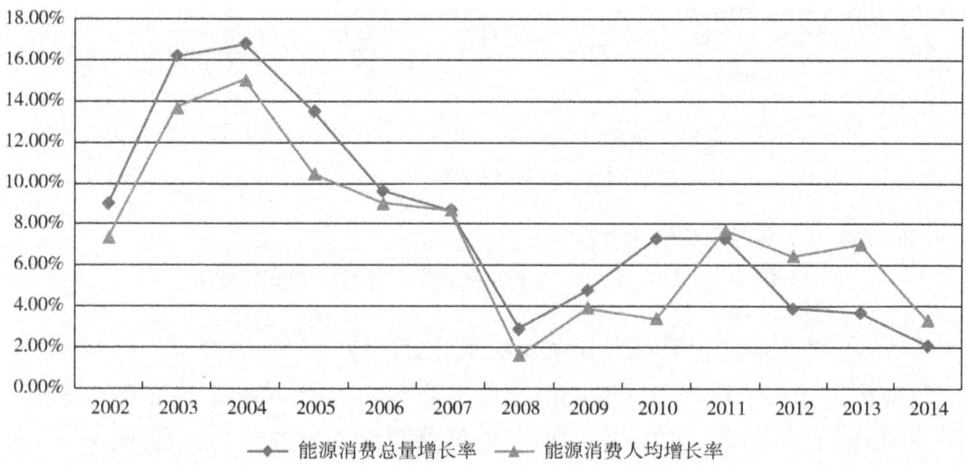

资料来源：《2016年中国统计年鉴》。

图3.1　2002—2011年我国能源消费总量增长率与人均增长率对比

3.2.1.2.3　能源消费弹性系数相对较高且不稳定

能源消费弹性系数反映的是能源消费增长速度与国民经济增长速度之间的比例关系。这一弹性系数较低时，说明一国在经济增长中主要依靠节约和节能技术提高能源的利用价值，而不是单纯地追求能源投入量的提高。因此，

① 官方声明：中国能源人均消费约为美国五分之一［EB/OL］. http：//news.xinhuanet.com/fortune/2012-09/03/c_112931718.htm.

在经济发展的初级阶段，经济增长需要依靠加大能源投入量来实现，这时能源消费弹性系数接近或者大于1；而随着技术进步和产业结构调整，能源消耗会逐渐下降，目前一些发达国家的能源消费弹性系数都接近或小于0.5。图3.2表明，2000年到2004年我国能源消费弹性系数一度攀升，在个别年份数值还超过1，说明单位产出的能耗不断增加。这样的系数在世界主要能源消费大国中也相对处于高位，比较直观地反映了我国能源消费的瓶颈问题。2005年以后，随着科学技术的进步，能源利用效率的提高，国民经济结构的变化和耗能工业的迅速发展，我国能源弹性系数出现了下降及波动趋势，数值非常不稳定。

资料来源：《2016年中国统计年鉴》。

图3.2　2000年以来我国能源消费弹性系数的变化情况

3.2.1.3　常规能源供需脱节催生新能源产业发展

能源供需关系影响着国家能源战略的走势，也影响着整个经济发展战略的重点与方向。改革开放以来我国粗放的能源利用方式，使能源供需在总量和结构性方面的矛盾都显现出来。

3.2.1.3.1　常规能源供应矛盾凸显

在国民经济实现平稳较快增长的过程中，能源需求必然会不断增加，而能源生产因受到地质条件、技术水平的限制而没有同步增长。在这样的背景下，我国的能源利用方式也没有得到改观。2013年，我国单位国内生产总值（GDP）能耗是世界平均水平的1.8倍，是美国的2.3倍，日本的3.8倍，同时也高于巴西、墨西哥等发展中国家①。因此在人口和经济总量不断增长的情况下，延续

① 国家能源局．吴新雄在全国“十三五”能源规划工作会议上的讲话［EB/OL］．http：//www.nea.gov.cn/2014-08/21/c_133571995.htm.

目前这种粗放的用能方式，我国的能源供求体系的平衡难以为继。

首先，从总量上来看，2000 年之前我国用能原则追求供需自我平衡，强调能源消费要建立在增加能源生产的基础上。因此这个时期常规能源生产基本能够满足用能需求，只在个别年份出现了少量的能源缺口。而 2000 年之后，我国能源需求增长过快，供需矛盾紧张，2012 年常规能源缺口都超过了 5 亿吨标准煤左右（见图 3.3）。尽管国家采取了一系列以增加能源供给为出发点的政策措施，但是单纯“自给自足”的供能方式还是难以充分满足国内的能源需求。

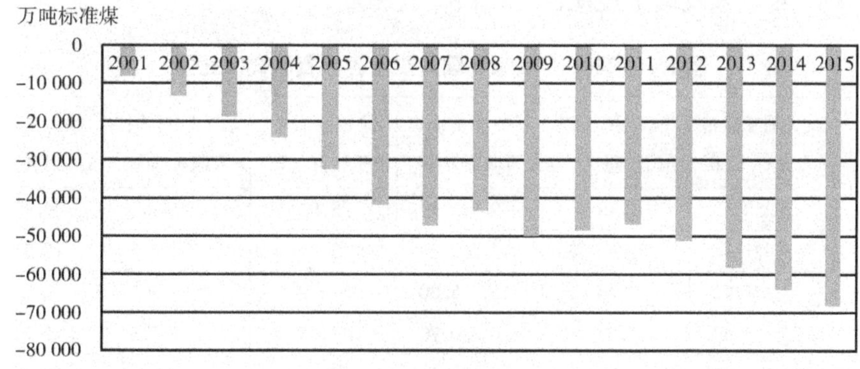

资料来源：《2016 年中国统计年鉴》。

图 3.3　21 世纪以来我国常规能源供应缺口

其次，从结构性角度分析，我国能源结构中化石能源比重偏高。其中，2015 年煤炭消费比重高达 64%，比世界平均水平高 34 个百分点。目前我国煤炭消费还基本保持平衡，但是如果未来煤炭主体能源的地位不能改善的话，煤炭消费总量延续性增长会给国内能源形势带来危机。与此相比，我国石油资源需求呈刚性增长，国内石油开采承载有限，原油和成品油的对外依存度不断提高。2000 年之后我国石油消费缺口逐年递增。从 2009 年起，我国石油消费缺口占当年消费总量的比重超过 50%，这就意味着每年石油消费中有一半以上依靠国外进口，这比例远超过美国等发达国家。根据海关总署的统计数据，2004 年我国原油进口量达 1.2 亿吨，首次突破 1 亿吨大关，较上年增长 34.8%；2009 年国内生产原油 1.89 亿吨，净进口原油却达到 1.99 亿吨，原油进口依存度首超 50% 的警戒线；2010 年我国进口原油 2.39 亿吨，比上年又增长 17.5%；2014 年中国超越美国成为全球最大石油进口国，全年进口规

模接近3.4亿吨，较十年前增长近1.5倍；2016年中国的原油进口量已占到原油总量的64.4%。相比2015年，原油进口量占比增加了3.8%。虽然原油进口量同比增速放缓，但是我国对原油进口的需求仍保持旺盛，石油对外依存度不断攀升的现象短时间内还难以扭转。消费缺口同样出现在天然气资源中，2005—2015年，天然气消费年均增速为16%，是中国一次能源年均消费增速的3倍，由于产量跟不上，天然气需求缺口加大。尤其是2011年以后，天然气缺口达到当年消费量的20%以上，供需呈现全面紧张局面。表3.5展示了2001年以来我国常规能源消费缺口及比重。

表3.5　2001年以来我国常规能源消费缺口及比重

年份	煤炭消费缺口（万吨标准煤）	缺口占当年消费比重（%）	石油消费缺口（万吨标准煤）	缺口占当年消费比重（%）	天然气消费缺口（万吨标准煤）	缺口占当年消费比重（%）
2001	1 258.59	1.19	−9 535.39	28.92	247.347	6.63
2002	−1 921.76	1.65	−11 700.80	32.86	475.485	12.19
2003	−3 379.92	2.44	−15 365.00	38.79	102.865	2.27
2004	−3 572.43	2.21	−20 680.70	45.13	268.453	5.07
2005	−11 956.50	6.32	−20 642.50	44.37	369.217	5.89
2006	−17 710.80	8.54	−23 697.30	47.27	97.807	1.26
2007	−20 268.90	8.98	−26 263.70	49.61	−97.205	1.04
2008	−16 179.10	7.06	−26 355.00	49.22	−81.433	0.75
2009	−20 947.60	8.70	−28 232.00	51.22	−320.730	2.73
2010	−11 729.20	4.70	−33 725.10	53.74	−1 628.800	11.29
2011	−7 045.70	2.59	−36 108.10	55.53	−3 856.680	21.66
2012	−7 971.29	2.89	−38 525.00	56.35	−4 909.940	25.44
2013	−10 476.20	3.73	−41 154.30	57.73	−6 309.890	28.56
2014	−59 834.00	18.35	−43 693.50	58.97	−7 263.240	29.93
2015	−14 198.00	5.16	−47 060.00	60.47	−7 632.000	30.08

数据来源：根据《2016年中国统计年鉴》有关资料计算。

3.2.1.3.2　发展新能源产业成为必要补充

日益增长的能源需求在我国绝非一个暂时性的问题，而能源勘探及采掘技术一定程度的发展，也不会在短时间内带来能源产量的大幅度增加。因此，在常规能源之外寻找新的替代能源或补充能源是当务之急。发展新能源产业

可以通过多样化的能源供给发掘本国资源潜力，减少常规能源供需缺口导致的能源对外依存度，从而避免国内经济发展受到国际能源形势波动的影响，增强在能源发展战略中的独立性。

根据国家能源局的预测，到2020年我国能源需求将要达到50亿吨标准煤，而能源消费缺口将超过4亿吨标准煤①，如此严峻的供需矛盾仅仅依靠常规能源无法实现平衡。如果大力发展新能源产业，将有可能新增2亿~4亿吨标准煤的供应量，这将会有效弥补能源消费缺口。此外，新型能源的介入又会改善当前对三大化石能源过分倚重造成的结构性问题。因此，把新能源产业发展成为解决能源供需矛盾的重要力量，是我国能源战略的必然选择。

3.2.2 新能源产业：能源安全视角下的战略选择

当今世界，能源不仅是生活必需，而且也广泛应用于多种重化工业部门，能源问题的影响力已经由经济领域延伸到政治、军事、安全等国家核心利益层面。

3.2.2.1 能源安全的实质

自工业革命以来，能源驱动了整个世界经济的增长，也成为人类发展的主要物质基础。基辛格曾说过："如果你控制了石油，你就控制了所有国家"，足可见能源之于国家利益、国家安全的重要意义。

能源安全被广泛关注，主要在于第一次石油危机后美欧发达国家与中东国家之间关于石油资源的争夺。而这种争夺的真正原因又在于需求剧增引发的能源存量的绝对匮乏，同时分布不均又导致了能源资源的相对匮乏。学术界对于能源安全做过大量的研究，但目前还没有形成统一的概念。国际能源机构提出能源安全概念应建立在稳定的石油供给和合理的价格基础上；能源学者梅森·威尔里奇在1975年出版的《能源与世界政治》中提出"世界的能源安全是一个整体，只有当各国政府意识到他们不但应该采取措施改善自己的能源安全状况，同时也必须为其他所有国家的能源安全贡献力量的时候，国家在能源方面才能真正安全"②。他认为能源出口国与进口国之间要形成一种良性互动关系，并从进口国和出口国两个主体角度对能源安全进行了分析，

---

① 李跃群．到2020年中国能源需求将增43.7%［EB/OL］．http：//www.dfdaily.com/html/113/2012/5/29/798788.shtml.

② Mason Willrich．Energy and World Politics［M］．New York：The Free Press，1975：65.

进口国的能源安全要保障有充足而稳定的能源供应来维持本国经济，特别是工业的正常运转；出口国的能源安全要求出口国对自然资源拥有无可争议的国家主权，有稳定而又安全的国外市场，同时还要防止政府为获得资金收入肆意出口能源。美国剑桥能源研究会主席丹尼尔·耶金认为“能源安全是指以合理的价格，通过不损害国家主要的价值和目标的方式确保充足可靠的能源供应”①。

因此，传统意义上的能源安全是指在价格可接受的情况下获得充足的能源供应。随着世界能源形势的演变，能源安全的内涵也更加丰富。第一，能源安全是指物质安全，即与能源供应相关的资产、设施、技术以及供应链是可控的，并在紧急情况下有替代的选择；第二，能源安全是指在物质上或商业中获取能源供应的能力，这一点颇为关键；第三，能源安全要构建维持能源供应稳定性的系统，它包括一国国内政策，也包括国际合作和协调机制，旨在以恰当的方式迅速做出反应以应对能源危机；第四，维护能源安全还要注重其拓展性，即需要有足够的政策支持和安全的商业环境，鼓励与能源相关投资，确保充足和及时的能源供应；第五，能源安全需要破解能源的生产、消费方式与气候变化以及环境安全等问题之间的矛盾。从能源安全的观点出发，能源供应暂时中断、严重不足或成本增加都是对一个国家能源及经济安全的损害。总的来说，实现能源安全就要确保及时获得数量充足、价格合理、在质量和品种上能够符合相关要求的能源供给，且这种能源供给还要体现与环境的兼容性。这主要取决于经济对能源的依赖程度、能源价格、国际市场能源形势，以及包括能源效率、技术力量和替代能源在内的应变能力。

3.2.2.2 我国在常规能源安全方面遇到的瓶颈

随着工业化进程的加快，我国的能源建设正在飞速发展，与此同时，能源消费的巨大需求，使得能源安全问题尤为突出。能源安全问题归根结底是需求和供给之间的匹配出现裂隙。能源需求是国家为谋求经济发展和保障人民日常生活所需要的能源。一般情况下，能源首先满足国内需求后，才会以原材料或加工成品的形式出口。能源供给包括两个方面：一是国内能源供给，

---

① Paul B Stares. Rethinking Energy Security in East Asia [M]. Tokyo: The Japan Center for International Exchange, 2000: 21.

即一国国土范围内能源的种类和储量，反映本土能源的自给自足程度；二是国外能源供给，主要是一国能源进口比例，反映一国能源的对外依存度。此前本文已经就我国能源需求和国内能源供给，以及能源结构做过分析，本部分主要分析当前我国能源的对外依存度。

能源对外依存度是衡量一国经济正常运转对国外能源进口的依赖程度，也就是能源供应体系中的外部性因素。能源的对外依存度与能源安全成反比，对外依存度越小，能源安全则越能得到保障。在某种意义上，控制好能源对外依存度就抓住了能源安全最基本的内涵。我国能源禀赋不足，同时能源结构是以化石能源为主，呈现一种“多煤、贫油、少气”的格局，而能源对外依存问题以石油对外依存最为显著。

3.2.2.2.1 当前我国石油进口情况

我国自1993年起由石油净出口国变成净进口国，此后进出口总量虽有波动，但是净进口的基本走势不曾改变。2006—2015年的10年间，我国原油净进口增加了1.4倍，年均增长率达到10.27%；而成品油净进口量波动幅度较大，在2015年由净进口变为负数（见表3.6）。由于原油出口呈萎缩趋势，因此在净进口总量结构中，原油净进口量比重不断增加，到2015年这一比重已经达到99%。

表3.6 2006—2015年我国原油和成品油净进口情况 （万吨）

年份	进口		出口		净进口	
	原油	成品油	原油	成品油	原油	成品油
2006	14 517.00	3 637.00	633.72	1 235.00	13 883.28	2 402.0
2007	16 316.01	3 380.00	389.00	1 551.00	15 927.01	1 829.0
2008	17 888.00	3 885.00	424.00	1 703.00	17 464.00	2 182.0
2009	20 365.00	3 696.00	507.00	2 504.00	19 858.00	1 192.0
2010	23 768.00	3 688.00	303.00	2 688.00	23 465.00	1 000.0
2011	25 378.00	4 060.00	252.00	2 570.00	25 126.00	1 490.0
2012	27 103.00	3 982.00	243.00	2 427.00	26 860.00	1 555.0
2013	28 174.00	3 959.00	162.00	2 851.00	28 012.00	1 108.0
2014	30 837.45	2 999.63	60.02	2 966.75	30 777.43	32.88
2015	33 550.03	2 989.79	286.56	3 615.49	33 263.47	-625.7

数据来源：根据国家统计局有关资料计算。

根据海关总署公布的数据，2016 年中国原油进口量攀升 13.6%，达到 3.81 亿吨，为 2010 年以来最大年增幅①。按占有率来看，我国原油进口国排名前十的国家可以分为三个梯队：第一梯队（占有率≥10%）为俄罗斯、沙特、安哥拉；第二梯队（5%≤占有率<10%）为伊拉克、阿曼、伊朗；第三梯队（占有率<5%）为巴西、委内瑞拉、科威特、阿联酋。来自这十个国家的进口原油数量占总量的 82.59%。近年来，俄罗斯在中国进口原油的队伍中扮演越来越重要的角色。2016 年全年从俄罗斯进口的原油总量为 5 238 万吨，占总进口量的 13.75%，较去年增加 23.44%，超越沙特跃居全年进口第一大来源国。沙特则跌落至第二位，对中国出口原油 5 100 万吨，与去年基本持平，增加不到 50 万吨。随着中非贸易关系不断深入，安哥拉稳居我国第三大原油供应国。2016 年供给中国进口原油数量增速最大的国家是巴西，进口的原油量达到 1 873 万吨，较去年增加了 481 万吨。虽然我国原油进口来源比较集中，但是由于中东等原油出口国的不确定性很强，再加上地缘政治引发的石油价格大波动，我国石油资源供应的安全性并不乐观。

与原油进口趋势相反，成品油进口呈现负增长趋势。2016 年，受国内投资增速总体放缓、经济转型升级以及高铁、新能源汽车快速发展等因素的共同影响，我国成品油产量增速放缓，表观消费量近十年来首次出现回落，出口量大幅增长。2016 年，我国成品油产量为 3.48 亿吨，同比增长 3.1%，增速较 2015 年下降 3.5 个百分点；表观消费量为 3.15 亿吨，同比减少 0.5%；出口量为 3 819.38 万吨，同比大幅增长 50.7%；进口量为 464.94 万吨，同比增长 13.9%，近三年来较为稳定；净出口量达 3 354.44 万吨，同比增长 57.7%，连续 5 年持续增长。我国成品油出口的主要国家为新加坡、印度尼西亚、越南、菲律宾等，其中，新加坡是我国汽柴油出口的第一目标市场②。

3.2.2.2.2　我国石油运输情况

能源运输方式包括陆上运输和海上运输。陆上运输主要依靠管道，具有很强的地域性。与海上运输相比，其辐射范围小，前期投资成本大，受地缘政治因素影响大。但是成熟的管道形成后，运营一般较稳定，运输中的风险

① 搜狐网．2016 年中国进口原油排行：俄罗斯总量傲视群雄［EB/OL］．http：//www.sohu.com/a/125809331_559891.

② 中国产业信息．2017 年中国成品油产量、表观消费量、进出口量及未来需求量预测［EB/OL］．http：//www.chyxx.com/industry/201705/518471.html.

因素更少。而海上运输由于自然灾害、战争、航道顺畅等因素而影响运输能力。

我国目前石油进口主要通过海上运输。一方面，我国原油运输线路主要依赖马六甲海峡，经此地运输的进口石油大约超过八成，而马六甲海峡不仅地势狭窄，而且附近海盗活动猖獗，对石油运输安全影响很大。另一方面，我国远洋油轮船队在规模、吨位和抗风险能力方面还比较薄弱，仅有10%左右的原油进口由自有船队承担。截止到2013年3月初，中国四大油轮运输公司共拥有油轮238艘，总载重吨位约2 507.65万DWT①，即使这些运力全部服务于原油进口，也无法完全满足我国进口原油的运输需求。这就导致了我国原油运输大部分由国际油轮联合体及韩国现代等国外油轮承租的结果，也在一定程度上加大了能源安全的风险。

陆上运输方面，中哈、中俄和中缅等输油管道的建设，有效地减少了石油进口对海运方式的过分依赖。但是同样由于运力和地域的限制，陆上运输对石油运输安全性方面的贡献还比较小。

3.2.2.2.3　我国石油对外依存度分析

在1993年我国首次成为石油净进口国时，石油对外依赖度仅为6.7%。此后随着石油净进口量的增加，石油对外依存情况也越来越严重。在净进口量以年均近15%的速度递增时，石油对外依存度也迅速达到并超过了50%的警戒线标准。2011年8月，中国原油对外依存度首次超过美国，达到56.1%。2016年中国原油对外依存度升至65.5%，比2015年提高8.1个百分点②。

石油对外依存度高对能源安全的一个直接影响是经济发展很容易受到国际经济"绑架"。随着石油消费量持续攀升，我国面临的严峻形势是有"中国需求"，却没有"中国价格"，结果不得不在进口石油上付出更高的成本。石油价格在经济全球化的过程中变得越来越具有联动性，油价波动也会加大我国财政收支失衡、输入型通货膨胀以及经济发展速度放缓等风险发生的可能性。

---

① 陈洁．全球视野下的中国油轮运输市场供需格局分析［J］．世界海运，2013（8）：1－10.

② 新浪网．中国原油对外依存度升至65.5%再创历史新高［EB/OL］．http：//finance.sina.com.cn/chanjing/cyxw/2017－01－13/doc－ifxzqnip0959975.shtml.

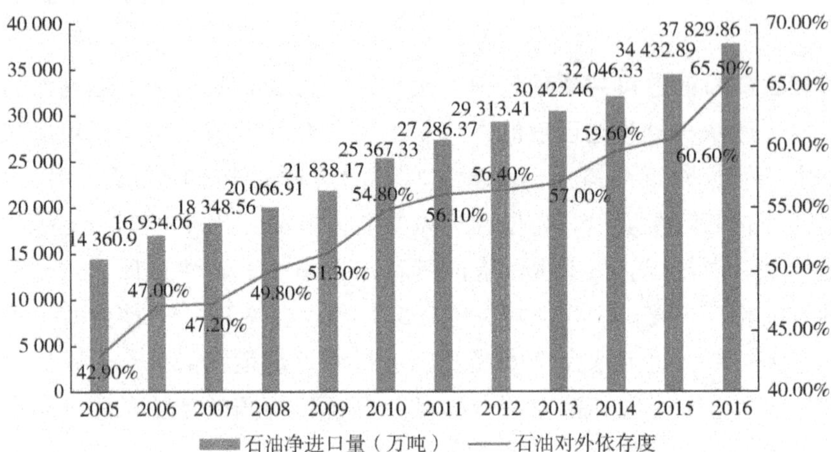

资料来源：国家统计局，搜狐财经．盛世危言：我国原油对外依存度即将突破70%，能源安全谁来管？［EB/OL］. http：//www. sohu. com/a/218169192 - 157504.

图 3.4　2004 年以来我国石油净进口量及对外依存情况

3.2.2.3　新能源产业在化解能源安全中起到的作用

能源供应充足与一国能源安全正相关，而对外依存度高却与能源安全成反比例关系。当这两个因素向不利方向发展时，经济安全和国家稳定就会受到影响。在现阶段，我国能源供求矛盾愈发突出，常规化石能源的对外依赖也不断走高，因此必须要寻找新的能源解决常规能源短缺引发的能源危机。新能源的开发与利用，不但可以改变国内经济发展受到外部因素牵制的情况，而且能够改善一直以来的单一化能源消费习惯，从根本上改变当前的能源格局。发展新能源产业将成为未来包括我国在内的世界大多数国家应对能源危机、维护能源安全的最佳选择。

3.2.2.3.1　新能源产业以其本土性维护能源安全

能源国际化的过程中，无论能源进口量是否稳定，能源运输能否安全，抑或是能源价格能否承受，都可能会扼住一国发展的咽喉。与国际化相对应，本土化在能源方面主要强调其来源和归属，也就是说能源大部分产自本地，从而大大减少各种外部性因素的影响。因此，实现能源供给的本土化主要解决能源对外依存度问题，这也是改善能源安全的核心问题。能源供给本土化与能源安全成正比关系，能源供给所实现的本土化程度越高，供给越能够得

到保障，能源安全系数也就越高，那么本国经济发展和人民生活就能够较少地受到外部因素的牵制。

虽然传统常规能源每年的新探明储量都有所增加，但是由于开采难度、技术条件等限制，这些能源很难在短时间内转化为实际产能，况且新增产量的增长也远远赶不上实际需求的增加。常规能源难以本土化，是当前能源对外依存度不断攀升的症结，而发展新能源产业正是在能源的对外依赖中寻求突破。以太阳能、地热能、风能、生物质能等为代表的新能源产业，与社会经济高度相关，均来源于本国的地质优势，其规模、质量和价格都相对具有可控性。同时本土化的新能源产业相当于就地取材，即便存在因地理特征引起的能源分布差异，也仅仅会涉及国土范围内的运输，这就大大增强了在能源使用中的自主性。

3.2.2.3.2 新能源产业以其多样性维护能源安全

在我国能源体系中，煤炭、石油、天然气为三大主力能源，优质煤炭资源储量不丰，以石油和天然气为代表的能源又存在严重的对外依存问题。在常规能源自有储量方面，我国以不足世界探明储量10%的煤炭支撑着世界第一大能源消费国的需求，其压力可想而知。在对外依存方面，从2000年到2013年，我国石油对外依存度已经翻番，又远超50%的国际公认警戒线。有专家预计，石油对外依存度到2035年可能攀升至80%。不仅石油依存会达到一个非常危险的峰值，天然气等其他能源的对外依存状况同样不容乐观。任由能源对外依存度增加，势必会威胁到国家经济发展的稳定性。而解决依存问题的关键之一是改善能源利用结构，实现多元化的能源供给。

新能源是一个庞大而丰富的集合，其种类很多，且开发利用形式也多种多样。目前风电、太阳能供热、太阳能光伏发电、生物质能发电等已经进入比较成熟的生产阶段，具备了成为储采比总体呈下降趋势的传统化石能源重要接续主体的能力。由于新能源的加入，我国在能源利用上能够形成一个综合化的框架，一方面避免对传统化石能源“吃干榨净”式的利用，另一方面破除单一能源结构给长远发展带来的瓶颈。因此，发展新能源产业将成为解决能源供给问题的突围之路，并在守护能源安全中赢得主动性。

3.2.2.3.3 新能源产业以其发展性维护能源安全

能源安全问题不光要解决能源供给受制于外界的问题，在更深远的层面上，还要从根本上改善当前能源供给的自然性约束。传统能源属于化石能源，

从长远来看，总有枯竭的一天。此外，目前对常规能源的消费态势也很容易导致供给能力进入拐点。当前消费与远期展望的叠加，更加凸显煤炭、石油等能源的供应瓶颈。因此，只有找到常规能源的补充能源或替代能源，才能真正斩断能源安全的隐患，在能源领域突破固有的束缚。显而易见，新能源以其巨大的发展潜力，假以时日将会成为能源结构中的主角之一，也会在保障能源安全中化危为机。

国家发展和改革委员会2016年印发的《可再生能源发展“十三五”规划》提出发展目标，到2020年，全部可再生能源年利用量将达7.3亿吨标准煤。全部可再生能源发电装机6.8亿千瓦，发电量1.9万亿千瓦时，占全部发电量的27%；各类可再生能源供热和民用燃料总计约替代化石能源1.5亿吨标准煤；风电项目电价可与当地燃煤发电同平台竞争，光伏项目电价可与电网销售电价相当①。按照这样的规划，对新能源长期和大规模的开发利用，将会形成非常雄厚的资源基础。同时，新能源利用还有一定的延展性，通过技术和资金的不断投入，对新能源数量和种类的研究还在不断深入，新能源产业有很大的发展空间待探索。未来将会有更多的新能源不断涌现，在满足人类不断增长的能源需求和维护地区能源安全方面发挥重要作用。

3.2.3　新能源产业：未来可持续发展的新助力

近100年来世界能源消耗增长了20倍。由于在地球上已探明的传统能源的蕴藏储量有限，从人类目前利用这些能源的消耗速度估算，石油和天然气不过几十年、煤炭也不过100年就会消耗殆尽。在全球能源面临枯竭的同时，世界环境也正在承受着巨大的压力。在经济发展的目标导向下，人们的物质生活比以前丰富许多，然而得到这一切所付出的代价也是非常惨痛的。温室效应带来全球变暖、沙尘天气与雾霾天气交替出现，南极和北极出现不同程度的臭氧层被破坏，大量的水污染和空气污染，人类直接或间接的碳排放已经超过了生态环境的自净能力，生态系统的不可持续性已经严重威胁到了人类的生存与发展。2013年年初，有气象记录以来的最严重雾霾持续数日笼罩我国中东部地区。根据北京市环保局通报2016年北京空气质量状况，2016年

① 中国政府网.2020年我国可再生能源年利用量将达7.3亿吨标准煤［EB/OL］. http://www.gov.cn/xinwen/2016－12/19/content_5150159.htm.

北京共发生重污染39天，其中，38天是PM2.5重污染，对全年PM2.5平均浓度贡献超过三成。2016年北京PM2.5年均浓度73微克/立方米，较2015年下降9.9%，近三年来降幅最大，但是仍然超过国家标准109%①。在成为全球PM2.5污染最严重的区域之一后，如何"救赎"能源消费再次成为全社会关注的焦点。

3.2.3.1 能源消费与环境保护的关系探讨

传统理论认为，能源消费与环境保护在本质上存在着不可调和的矛盾。在现实生活中，能源消费过程会伴随不同程度的环境利益的牺牲，而环境问题也确实因为能源开发面临着越来越严峻的考验。两者似乎进入了互相牵绊的恶性循环，一方面是与能源相关的二氧化碳排放造成了生态的失衡，给人类社会带来了不可逆转的影响；而另一方面则是不断高涨的保护环境的呼声造成了能源在开发和利用过程中畏首畏尾、瞻前顾后，反而导致了能源得不到最大效率的利用，挤压了人类活动的创造性，并引发了"能源浪费—重新开发—环境破坏"等一连串不良反应。在能源消费和环境保护中，可持续发展似乎成为"空谈"。

然而，辩证地看，任何对立矛盾都有其统一的一面。充分挖掘环境保护与能源开发和利用之间可能出现的"和谐"局面，是人类社会长远发展的根本。能源和环境应在经济发展的框架下形成共赢，两者的契合点也就是实现人类的可持续发展。在可持续发展目标指引下，处理能源消费与环境保护的关系表面上看是要平衡人与自然的关系，而实质上需要处理好眼前利益与长远利益的关系。能源开发和利用是谋求当代发展，环境保护是为了保护子孙后代的利益，协调和兼顾两者就要立足长远，用发展的眼光看问题，切忌竭泽而渔，避免以牺牲长远利益为代价而追求的发展。

3.2.3.2 传统能源消费中带来的环境和效率问题

我国处于工业化的中后期阶段和城镇化加速阶段，而能源消费主要以煤炭、石油等化石能源为主，多年来走的是高投入、高消耗、高排放的工业发展道路，给环境带来的是难以承受之重。

3.2.3.2.1 传统能源消耗量大和效率下降并存

我国在工业化进程的起步阶段，主要是依靠发展钢铁、有色、化工、建材

① 北京本地宝.2016年北京蓝天天数统计：39天重污染，PM2.5超国标109% [EB/OL]. http：//bj. bendibao. com/news/201715/237386. shtm.

等重化工业来拉动经济增长和消除贫困。这样的经济发展方式是依靠消耗大量能源资源来支撑。截止到2012年，我国制造业产值占全球比重提升到19.8%，规模位居世界第一，220余种工业产品产量都位居世界前列，已经成为名副其实的全球制造业大国和世界工厂。与此同时，能源供给约束已经非常突出，能源需求量和资源消耗强度都伴随着工业化的推进而大幅增长。2012年我国国内生产总值（GDP）占全球的比重超过10%，但是我们为此付出的是当年全国一次能源总消耗折合36.2亿吨标准煤，约占世界总消耗量的21.3%。我国已经成为世界最大的能源消费国，能源消费总量继续攀升的可能性还将扩大。

与能耗增加并存的是我国能源的利用效率和经济效率都呈现下降趋势，我国主要产品的能耗与世界发达国家相比也有很大差距，钢材生产用能差距在11%左右，水泥综合能耗差距在23%左右，造纸行业差距更大①，总体能源利用效率相当于发达国家20年前的水平，相差10多个百分点。能源利用效率低的另一个表现是能源的经济效率不能充分发挥。我国每消耗1吨标准煤的能源仅创造14 000元GDP，全球平均水平是消耗1吨标准煤创造25 000元GDP，超过国内水平的一倍多，而这一指标的美国水平是31 000元GDP，日本水平是50 000元GDP。这就意味着在能源消费总量不变的情况下，如果我国单位GDP能耗分别达到世界平均水平、美国能效水平和日本能效水平，那么我国GDP规模可达到87万亿元、109万亿元和175万亿元。

3.2.3.2.2　粗放式增长模式引发了严重环境危机

以煤炭为代表的化石能源被大规模开发利用，对生态环境造成了非常恶劣的影响，地表水污染并向地下水渗透，二氧化碳、二氧化硫、氮氧化物以及有害重金属等向大气的排放量增大，臭氧及细颗粒物（PM2.5）等浓度超标。2010年环保部牵头的第一次全国污染源普查显示，当年全国工业废气排放量为612 275.17亿立方米，工业废气中主要污染物排放量为二氧化硫2 119.75万吨、烟尘982.01万吨、氮氧化物1 188.44万吨、粉尘764.68万吨②。如果按普查当年（即2007年）化石类能源消费占能源消费总量70%的比例计算，2007年化石类能源消费总量为5.52亿吨标准煤，那么就相当于每

① 中国科学技术协会．节能危局倒逼能源“总量双控制”［J］．中国科技信息，2012（12）：13.

② 环境保护部、国家统计局、农业部关于发布《第一次全国污染源普查公报》的公告（2010年第13号）。

消耗1吨标准煤传统能源，就会排放二氧化硫0.079吨、烟尘0.89吨、氮氧化物0.022吨、粉尘0.267吨。

污染物排放总量和排放强度大，主要污染物排放量远远超过环境容量，致使环境形势不断恶化。这些污染与化石能源的主体地位有关，也与长期以来粗放式的经济增长模式有关。与能源有关的粗放式生产主要有三种情况：一是落后产业并未被淘汰，单位产值的能源投入大；二是企业技术标准低，生产工艺设备老化，低效运转增大了能源损耗并降低了效率；三是企业管理漏洞抵消了正常的能源效益。高投入、高消耗、高排放、低效率的粗放式增长方式带来了更大的环境和能源成本。

3.2.3.2.3　长期面临来自国际社会的减排压力

温室气体大量排放是造成全球气候变暖的主要原因，而能源的过度开发和无序利用又是直接导致二氧化碳、甲烷、二氧化硫等温室气体排放增加的"元凶"。中国科学院数学与系统科学研究院2010年对全国42个产业部门的能源消费量和由此产生的二氧化碳排放量进行了估算。据模型预测，2010年我国能源消费所产生的二氧化碳排放量为7 042亿吨，总的能源消费产生的二氧化碳排放量高的产业部门基本上是因煤炭消费产生的二氧化碳排放量高的部门；来源于煤炭、石油和天然气消费的二氧化碳总排放量预测值分别为5 709亿吨、1 164亿吨和169亿吨①。煤炭作为高碳能源，又恰恰在我国能源消耗体系中占比最大，致使我国已成为世界碳排放大国，减排压力比其他国家更大。除了与能源结构有关，我国在工业化起步时过多依赖制造业和出口加工产业，以资源换发展的思路也在一定程度上加重了环境污染问题。在最近几次的全球气候变化会议中，我国都受到越来越大的外部压力。因此，如何处理好环境保护与能源发展道路的选择问题，不仅是国内发展必须迎接的挑战，也是要对国际社会承担的义务。

3.2.3.3　新能源产业破解能源与环境的发展困局

传统能源在利用过程中引发的环境问题严重影响了人类的生存和生活。人类共享这一片天空，能源消费和保护环境的关系问题是包括中国在内的世界各国都应重视并着力改善的事情。为缓解环境压力，促进绿色GDP增长，我国在不同发展阶段都提出过能源效率控制目标，并对减少二氧化碳排放形

---

① 杨秦. 用煤的产业排放最高［N］. 中国经济导报，2010-02-27.

成了具体量化的指标。“十一五”提出的目标是到2010年末每单位国内生产总值的能耗要比2005年降低两成，“十二五”期间的目标则更为清晰和严格，即到2020年使单位国内生产总值二氧化碳排放量在2005年的基础上下降40%～45%。控制二氧化碳排放强度的政策目标已经与控制能源效率的目标紧密结合在了一起。

新能源普遍有着低碳和可再生的特质。与化石能源相比，新能源则更高效、更清洁，不仅可显著降低二氧化碳等温室气体排放，还可降低其他常规污染物如碳氢化合物、一氧化碳等有害气体的排放。根据国际能源署的报告，2010年全球由能源消费产生的二氧化碳气体排放中，煤炭、石油、天然气等化石能源排放的二氧化碳等温室气体量占总体能源排放总量的99.4%，以新能源为代表的其他能源的温室气体排放量仅占0.6%。因此，新能源产业以其高能效、低污染，更容易被社会和环境所接纳，成为减少或者替代化石能源使用的主力。

发展新能源既能满足当代人发展的要求，同时又给后代保留了更多的能源开发和能源选择的权利。化石能源大多属于不可再生能源，总量是一定的，无论消费水平如何，总有消耗殆尽的时候。绿色、高效、清洁的新能源是人类社会面向未来的能源基石，据有关部门预测，到21世纪60年代以后，新能源使用将占到全球能源的一半以上，以新能源为主体的能源结构逐渐形成。在这样的背景下，发展新能源产业不仅对当前节能减排能起到立竿见影的作用，从发展的眼光看还需要把新能源发展成我国的可持续发展之源。

3.2.4 新能源产业：后金融危机时代的转型机遇

新能源是未来推动能源利用方式转变的主要力量，因此做大做强新能源产业，就抓住了未来产业结构转型的机遇。

3.2.4.1 后金融危机时代的主要特征

始于2008年的金融危机彻底扭转了全球经济的增长态势，使世界经济整体处于下降通道中，而在后金融危机时代，国内外经济形势和能源发展也面临着新的趋势和特征。

首先，世界经济缓慢复苏，但好转的基础并不牢固。从2009年下半年起，美国、欧盟、日本三大经济体先后逐步复苏，四季度三者经济分别环比增长1.4%，0.1%，1.1%，随后全球经济也逐步进入回暖轨道。此前的国际

金融危机及其引发的全球经济衰退终结了20世纪70年代以来的世界经济增长态势，并开启了世界经济发展的一个新阶段，这意味着世界经济增长速度会显著下降，同时世界经济体系也会随之出现大的调整和变化。在世界经济逆境中，发达经济体内生动力不足，而新兴经济体和发展中国家以高于发达国家经济增速向前发展的态势并没有改变，其发展前景仍具有持续性①。

其次，再工业化成为必然趋势。金融危机后，金融泡沫的出现给世界经济运行以重创，也让人们吸取到一个深刻的教训，那就是金融业不能脱离实体经济发展。西方发达国家在反思过去工业化发展模式后，重新认识到了回归实体经济和再工业化的重要性。此外，金融危机还催生了世界科技创新，新技术革命蓬勃兴起，世界各国都纷纷寻求科技革命培育的新的增长点来摆脱金融危机的困扰。美国、德国、英国、日本、俄罗斯等均在大力开展新能源革命，努力抢占经济和科技制高点。新能源产业成为引领全球新一轮产业升级的主导产业之一。

最后，国际能源资源价格在高位波动。金融危机的不断恶化，使世界石油行业内部出现了大规模整合，在一定程度上造成了石油资源供应的减少，并对油价形成上涨压力。其他资源类大宗商品价格也在金融危机爆发后涨至高点。与此同时，各国对新能源支持力度加大，在价格对比优势中，新能源后续发展将更具竞争力。

3.2.4.2 后金融危机时代我国产业结构中存在的主要问题

金融危机的持续性影响，进一步地暴露了我国产业结构的参差不齐，结构性矛盾更加凸显。

3.2.4.2.1 产业结构失衡问题更加突出

我国产业结构中，长期以来主要依靠第二产业带动经济增长。失衡问题除了出现在工业与第一、第三产业的关系上，在工业内部结构性问题依然存在。第二产业的结构性失衡主要表现在：一是产业的集中度低，多数行业处在低水平竞争阶段，专业化分工协作的局面尚未形成；二是产业技术创新能力差，产品开发和深加工能力不足；三是有些行业扩张依靠廉价劳动力资源，无论技术还是管理水平都走的是粗放、低端、落后的道路。这些固有的顽疾

① 谷源洋．年终特稿：后金融危机时代世界经济格局的变化［EB/OL］．http：//www.china.com.cn/international/txt/2009－12/16/content_19074350_2.htm.2009－12－16.

使我国产业结构在金融危机的暴风雨中遭受到了沉重的打击。

3.2.4.2.2 重化工业出现产能过剩

我国经济增长一度依靠各种大规模基础设施建设和高能耗产业，因此水泥、钢铁、炼油等各种重化工业和能源密集型产业在产业结构中的比重本身就比较高。金融危机之后，我国政府又以巨额的中央和地方投资计划提振经济，并推出了钢铁、汽车、船舶、石化、纺织、轻工、有色金属、装备制造业等“十大行业振兴规划”。然而在保增长的压力下，“两高一资”即高耗能、高污染和资源性行业率先出现产能过剩，且问题越来越严重，大面积行业性亏损或利润负增长频现。更为严峻的是，在强大的财政和信贷资金支持下，某些领域的一些本应淘汰的落后产业和项目又得以复产，其结果必然造成产能严重过剩。盲目投资和低水平重复建设在一些传统产业内部产生的过剩现象更为普遍，2015 年，水泥行业产能增长势头得到明显遏制，但产能过剩矛盾依然突出。中国水泥协会数据显示，“十二五”期间，国家累计淘汰落后水泥产能约 7 亿吨，这主要包括淘汰立窑生产线和水泥粉磨站，真正淘汰落后熟料产能仅 3 亿吨，而“十二五”期间累计实际净增水泥产能 6.5 亿吨①。2016 年春节前，钢铁和煤炭行业化解过剩产能实现脱困发展的指导意见对外公布，指出从 2016 年开始，用 3 至 5 年的时间，再退出煤炭产能 5 亿吨左右、减量重组 5 亿吨左右，而粗钢的去产能目标则是 5 年压减 1 亿至 1.5 亿吨②。

3.2.4.2.3 高新技术产业发展受到抑制

我国在国际贸易当中处于产业链的低端，一些高新技术企业由于原材料供应和市场需求都来自国外市场。金融危机后，在价格上涨和需求萎缩的双重压力下，利润被严重挤占，冲击之下导致资金和各种资源逃离，反而向落后产业流动，产业的逆向调整重现。金融危机后的 2009 年，我国高技术产业占比下降至 10 年最低点 12.6%。

3.2.4.2.4 高水平重复建设隐现

金融危机后，各地都迫切渴望调整结构，找到新的经济增长点，在宏观

---

① 证券时报网．马佳燕工信部：今年大力推进水泥等行业“去产能”［EB/OL］. http：//www.ccement.com/news/content/8322816244198.html. 2016-2-5.

② 曾家明．淘汰落后产能圈定红线水泥等行业去产能路线图渐晰［EB/OL］．经济参考报．http：//www.ccement.com/news/content/8359525758493.html. 2016-3-2.

调控不到位的情况下，一些行业出现了一哄而上的现象。有些地方着力于对传统产业的升级改造，但升级方向趋同，造成供过于求的矛盾更为突出。还有一些地方把目光瞄向新技术领域和新兴产业，但是往往投资越大，未来产能过剩的压力就越大，对今后经济长期持续增长的阻碍也就越大。

3.2.4.3 发展新能源产业对产业结构调整的效应

产业结构调整是一个动态过程，必须要追随经济的发展、技术的进步，适应国际环境的新变化。在调整中，也应当以发展的眼光选准支柱产业。新能源产业的定位和发展契合我国产业结构调整的主要线索。根据《新兴能源产业发展规划》，从2011年至2020年，新能源产业将累计增加投资5万亿元，每年将可增加产值1.5万亿元，未来10年新能源产值达15万亿元。新能源产业崛起，是实现产业升级的重要手段，也能够领航新一轮产业结构调整的起飞。

3.2.4.3.1 新能源产业引导产业结构实现优胜劣汰的调整

发展新能源产业可以通过其与上中下游产业的联动，利用产业价值链的延伸和渗透，带动相关产业共同发展。与新能源产业一样具有市场潜力并顺应能源形势变化的产业会随之高速增长，而那些落后的老旧产业部门就会逐步被淘汰，这个过程就是产业结构优胜劣汰、优化升级的转型过程。

新能源的上游主要是原材料及原材料的开采和价格，中游主要是设备制造，下游主要是输变电和消费。以风电为例，风电产业链主要包括风机零部件制造、风机整机制造、发电运营和电力消费等环节，这是目前世界上公认的最成熟、最完备和最接近商业化的新能源产业链。具体来说，在上游环节，风电发展带动原材料的研发和生产，主要涉及玻璃纤维、半导体材料，带动零部件制造，主要涉及电缆、电控系统、电力电子元件等；在中游环节，风电发展主要带动风机整机和输变电等辅助设备的制造；在下游环节，主要涵盖一些大型的发电集团。在这条完整的产业链中，以风电发展为纽带，在一些龙头企业的带领下，相关产业也迎来了迅猛的发展势头。

相比之下，新能源产业的发展则会给落后的产业部门以越来越大的生存压力，这种生存压力主要来自于市场对落后产业部门的淘汰。在市场机制作用下，各种产业资本和要素资源，必然逐步流向新能源产业和其相关产业部门，从而挤占落后产业部门的生存空间。同时，落后产业部门经过一段时间的发展后，利润有限，有些已经出现了边际利润递减趋势，而新能源产业正处于快速增长的发力期，具备技术密集、资金优势和人才汇聚等特点，能够形成较高的产业效率和较强的竞争力，从而迅速地占据产业结构的主导地位。那些老旧落后的产业部门在各方面压力下逐渐萎缩，慢慢被淘汰，产业结构也完成了向高级阶段转型的过渡期。

3.2.4.3.2　新能源产业为产业结构调整培育必要的要素

新能源产业能够成为产业结构调整的排头兵，主要在于其具有优势的要素资源。一方面，新能源产业的发展需要吸收来自其他产业提供的优质原材料、设备，甚至资本的支持；另一方面，新能源产业发展有对其他相关产业技术和人力资源等优质要素的溢出效应。

通过要素联动，产业结构在各产业的共同发展中完成优化和升级。首先，新能源产业通过高强度的研发资金投入或技术引进维持了自身高技术密集的特性。持续性的技术创新实现了新能源产业较高的生产效率，也实现其对传统产业进行技术溢出的效应。由于新能源产业的技术领先地位，传统产业倾向于向新能源产业大量引进高新技术，提升自身技术水平，不断缩小与新能源产业之间的技术及生产效率的差距。新能源产业的这种技术带动效应，会随着技术创新的传播而逐渐扩散，从而引发更大范围乃至全社会产业水平的提升。其次，市场的竞争最终归结为人才的竞争。新能源产业在发展过程中也会吸引大量优秀人才的加入，并为人才培养提供更高的平台。与技术的扩散一样，新能源产业培养的人力资源也会向传统产业部门流动，新能源产业与相关产业一起共同营造了人才交流和成长的良性环境。以人力资本为依托，各产业部门在增进生产效率的同时，实现了结构的优化和向更高层级的发展。

3.3　我国新能源产业的发展现状

进入21世纪以来，世界各国从可持续发展和能源安全的角度出发，纷纷将新能源发展纳入国家发展战略。尤其是金融危机后，新能源产业发展还被赋予了应对危机的重要使命。在此背景下，全球新能源投资增速和新能源产业规模增长较快。从世界范围看，新能源的发展起步时间不长，但发展速度很快，前景十分广阔。2000年世界风电装机总容量仅有17.96兆瓦，到2013年全球风电累计装机容量就已经达到318.137兆瓦，只用了5年时间全球风电市场规模就扩大了近200兆瓦。全球光伏发电累计装机容量从2000年的

1.288GW 增长到2016年的303GW，年复合增长率为40.68%，2016年的累计装机容量为2000年的235倍。2016年全球光伏装机容量较2015年增长33.48%①。根据美国市场研究机构 Navigant Research 的最新报告，按照保守的估计，全球生物电能的装机容量将在10年内保持不断增长，由2013年的58.6兆瓦增长至2020年的82兆瓦②。

目前，我国新能源占能源消费总量的比例还比较低，所占份额不足10%，但是其发展速度较快，产业规模也迅速扩大，太阳能、风能和生物质能等已经实现规模化应用，新能源技术和装备水平都有了显著提高。《国家电网公司促进新能源发展白皮书（2016）》披露，截至2015年年底，中国风力发电累积装机量为128.3GW、太阳能累计装机量41.58GW；在“十二五”期间，风力、太阳能的容量年成长均速分别是34%与178%，发电量成长均速则分别是30%与219%③。据预测，2020年中国能源需求年总量约为50亿吨，其中新能源将占到15%，为7.5亿吨，新能源产业将逐步成为我国能源体系中的一支重要力量。表3.7主要展示了“十二五”期末我国主要可再生能源发展指标。

表3.7　“十二五”期末主要可再生能源发展指标

内容	2010	“十二五”预期目标	2015	年均增长（%）
水电（万千瓦）	21 606	29 000	31 954	8.1
并网风电（万千瓦）	3 100	10 000	12 900	33.0
光伏发电（万千瓦）	80	2 100	4 318	122.0
各类生物质发电（万千瓦）	550	1 300	1 030	13.4
沼气（亿立方米）	140	220	190	6.3
太阳能热水器（万平方米）	16 800	40 000	44 000	21.2
地热等（万吨标准煤/年）	460	1 500	460	0

资料来源：国家发改委《可再生能源发展“十三五”规划》，发改能源〔2016〕2619号。

① 中国报告网.2017年国内外光伏行业累计装机容量及新增装机容量分析［EB/OL］. http://free.chinabaogao.com/nengyuan/201710/10302c05H017.html.

② 暖通空调资讯网.到2020年全球生物质能发电装机容量将达82GW［EB/OL］. http://news.ehvacr.com/international/2013/0621/86341.html.

③ 中国电力网.国网发布能源白皮书强调电网建设［EB/OL］. http://www.chinapower.com.cn/cioqiye/20160317/20390.html.

3.3.1 太阳能

3.3.1.1 我国的太阳能资源

我国幅员辽阔，太阳能资源也十分丰富。据估算，每年全国太阳年辐射总量达335～837kJ/cm^2，中值为586kJ/cm^2。从太阳辐射的分布来看，西部地区高于东部地区，年日照时数大于2 000h。尤其是平均海拔高度在4 000米以上的青藏高原地区接受的太阳辐射最大，比其他省区都高。以拉萨市为例，那里大气层薄而清洁，透明度好，纬度低，日照时间长，年太阳总辐射为816kJ/cm^2。太阳年辐射总量最小的省份是四川和贵州两省，且以四川省为最。按接受太阳能辐射量的大小，全国大致上可分为四个太阳能资源带，其中太阳能资源丰富或较丰富的地区约占全国总面积的2/3以上，因此太阳能资源开发利用的潜力非常广阔。

太阳能利用主要是接收太阳光辐射到地面的能量，再进行光电转化、光热转化和光化学转化等，目前技术支持的主要发展方向是太阳能光伏发电和太阳能热发电。据估计，不论是太阳能光伏发电还是热发电，到2050年，如果新能源的应用比例超过50%，至少一半要来自太阳能①。当前我国已实现产业化的太阳能应用主要是太阳能光伏发电和太阳能热水器。

3.3.1.2 太阳能光伏产业

光伏发电是太阳能利用的一种重要形式，主要是根据光生伏特效应原理，使太阳光射到硅材料上产生电流直接发电，具有维护简单、功率幅度广、无污染、可持续、总量大、不受地域限制等突出优点。以硅材料的应用开发形成的产业链条被称为“光伏产业”，包括高纯多晶硅原材料生产、太阳能电池生产、太阳能电池组件生产、相关生产设备的制造等。

3.3.1.2.1 我国太阳能光伏产业的发展概况

我国太阳能光伏发电规模化应用始于20世纪70年代，起初由于成本较高，发展比较缓慢。进入21世纪后，我国先后实施了“西藏无电县建设”“中国光明工程”“西藏阿里光电计划”“送电到乡工程”“无电地区电力建设”等国家计划，并推动了多项国际合作项目，光伏产业也顺势有所发展。“十一五”期间，我国又先后启动了“金太阳示范工程”“光电建筑一体化”

① 中华新能源商会. 中国新能源产业年度报告2012—2013［R］. 全联新能源商会编印，2013.

等多个太阳能利用项目，以及第二轮大规模光伏特许权招标项目。随着光伏发电技术水平的提高及各国对新能源产业扶持力度的增强，太阳能光伏发电产业获得迅猛发展，发电成本也显著下降。“十二五”期间是我国光伏产业迅速发展时期，我国光伏电站从无足轻重的地位，一跃成为世界光伏第一大国。我国太阳能光伏发电累计装机容量大幅增长，太阳能发电累计装机容量年均增长率达177%①。全国光伏发电累计装机从2010年的86万千瓦增长到2016年的7 742万千瓦，累计装机和年度新增装机均居全球首位，并已形成东中西部共同发展、集中式和分布式并举的格局②（参见图3.5）。

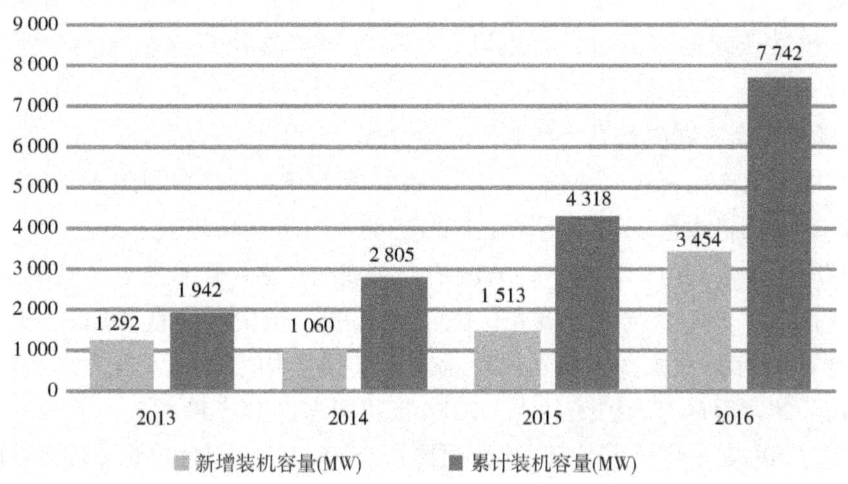

资料来源：国家能源局。

图3.5 2013—2016年中国太阳能光伏新增及累计安装量

除了总量突出，我国在太阳能光伏发电领域也颇具竞争力，已经成为全球最主要的光伏产品生产国，形成了从硅材料、器件到生产设备、应用系统等一系列较为完整的产业链。在光伏发电技术方面，我国也已经掌握了这一产业链上的多个关键技术节点，并在不断追求自主创新和突破，多晶硅产业技术与国际先进水平的差距明显缩小。光伏电池转换效率不断提高，带动制

① 中国报告大厅．我国光伏电站行业发展现状［EB/OL］．http：//www.chinabgao.com/k/guangfudianzhan/24290.html.

② 国家能源局．太阳能发展“十三五”规划［EB/OL］．http：//news.ca168.com/201702/69364.html.

造能力迅速扩大。目前光伏产业原材料自给率由几乎为0提高至50%左右，已形成数百亿元级的产值规模。在装备制造、辅助材料制造等多个环节，都在不断探索实现全部国产化目标。在产业布局上，我国太阳能光伏产业在长三角、环渤海、珠三角、中西部地区，已经形成了各具特色的光伏产业集群，并涌现出一批国内外知名的龙头企业。2017年，美国人口最多、经济最发达、资源和环境压力最大的加州，提前三年实现可再生能源占比达到33%的目标，其中以光伏和风力发电贡献最大，光伏发电中80%的系统和组件依赖中国制造。目前，中国光伏产业已牢牢占据全球70%以上的市场份额，且在技术、规模、成本上全球领先，从以前的“两头在外”到现在很多国家光伏系统、组件依赖中国制造，可以说，中国已经牢牢执住全球光伏产业发展的牛耳①。

3.3.1.2.2　我国太阳能光伏产业的发展前景

我国光伏产业在技术成熟后，成本也快速下降，加之原材料价格的下降，光伏产品的价格也呈现出了不断下行的趋势，市场认可度增加，产生的利润空间有所扩大。一时间，许多地方政府、企业投资者一哄而上，“光伏基地”遍地开花，有300个城市发展光伏太阳能产业，光伏产业基地超过100个，尤其是2005年后我国太阳能光伏产业以40%的年均增速进入爆发式增长期。行业繁荣的背后是产能扩张过快，2012年我国多晶硅产量约7.1万吨，硅片产能超过40GW，产量达到28GW，同比增长16.7%，组件产量23GW，同比增长9.5%，全球占比达到61.8%②。但是在地方政府的盲目扶持下，一批技术水平不高、规模不大、能耗又较高的企业也在迅速扩张，严重搅乱了市场价格，这为光伏产业的理性发展埋下了祸根。

受金融危机影响，从2011年起欧美主要消费国对太阳能产品的需求减少，这对于以欧美市场为主要出口目的地的我国光伏产业是一记沉重打击。特别是2012年初美国开始对我国光伏组件等展开“反倾销”“反补贴”调查，欧盟在9月也启动反倾销调查，11月印度又顺势跟进。一系列“反倾销”“反补贴”调查对我国光伏产业造成沉重打击。然而这一切仍没能及时扼制国

① 中金在线．通威：中国光伏占全球首位［EB/OL］．http：//hy. stock. cnfol. com/bankuaijujiao/20171121/25649420. shtml.

② 中国超硬材料网．我国多晶硅、硅片产量位居世界首位［EB/OL］．http：//www. idacn. org/news/content－22085－1. html.

内光伏市场的无序竞争和产能扩容，市场需求低迷和产能过剩并存，我国光伏产业遭遇“寒冬”：产能过剩和产品滞销严重，产品价格大幅下降，收益直线下滑，企业亏损和破产现象普遍。2012 年 11 月美国国际贸易委员会对中国光伏产品的“反倾销”“反补贴”做出最终裁定，批准美国商务部未来5 年对中国国内光伏产品征收反倾销税和反补贴税，欧盟委员会也对从中国进口的光伏电池产品启动严厉的反补贴调查①。较大的国外市场依赖度使国内光伏企业更加步履维艰，光伏行业只有重新洗牌和整合，才能走上健康和有序的发展道路。

3.3.1.3　太阳能热利用

实现太阳能热利用的关键是太阳能集热器，集热器把太阳辐射能收集起来，通过与物质的相互作用转换成可以利用的热能。太阳能热利用按温度不同有三个层次，太阳能低温（<100℃）利用、中温（100～500℃）利用和高温（>500℃）利用。低温领域主要是太阳能热水器的推广，这项技术应用最广泛也最为成熟，特别贴近百姓的日常需求，体现了新能源应用民生化的理念。低温领域的应用只占太阳能热利用的很小部分；中高温领域的应用开发程度还不高，但市场潜力巨大，可以广泛地应用于采暖、空调、纺织、印染、造纸、橡胶、海水淡化等各种需要热水和热蒸汽的生产和生活领域。

3.3.1.3.1　太阳能热水器

我国从 20 世纪 90 年代起开始推广太阳能热水器的生产和使用。进入 2000 年以后，太阳能热水器产业更是步入了发展的快车道。从 2000 年到 2012 年，我国太阳能热水器的生产量增长了近 10 倍，每年销售额增幅也达到 30% 以上，并对能源替代做出了重要贡献（见表 3.8）。2015 年我国太阳能热水器出口数量为 85.73 万台，出口数量同比增长 31.8%；出口总金额为 1.40 亿美元，出口金额同比增长 11.3%。截止到 2016 年年底，中国太阳能热利用保有量达到约 4.6 亿平方米，占到全球的近 70%，成为全球太阳能热利用持续发展的主要力量，得到了国际同行的认同②。我国已经发展成世界上最大的太阳

① 中国政协新闻网．我国光伏产业发展路在何方？［EB/OL］．http：//cppcc. people. com. cn/n/2012/1120/c34948 – 19627782. html.

② 新浪地产网．2016 年太阳能热利用行业发展报告及 2017 年工作安排［EB/OL］．http：//news. dichan. sina. com. cn/2016/12/15/1221806. html.

能集热器制造中心和最大的太阳能光热应用市场。在产业标准化方面，建立了北京等三个国家级太阳能热水器的质量监督检验中心及 CGC 等认证中心，推动行业不断向标准化方向发展。太阳能热水器也成为我国唯一在生产能力和利用规模上处于世界领先水平的新能源行业。

表 3.8　1998—2015 年我国太阳能热水器年生产量和保有量变化情况

年份	总产量		比上年增长（%）	保有量		比上年增长（%）
	面积（万平方米）	热装机量（MWth）		面积（万平方米）	热装机量（MWth）	
1998	350	2 450	—	1 500	10 500	—
1999	500	3 500	42. 86	2 000	14 000	33. 33
2000	640	4 480	28	2 600	18 200	30. 00
2001	820	5 740	28. 12	3 200	22 400	23. 08
2002	1 000	7 000	22	4 000	28 000	25. 00
2003	1 200	8 400	20	5 000	35 000	25. 00
2004	1 350	9 450	12. 50	6 200	43 400	24. 00
2005	1 500	10 500	11. 10	7 500	52 500	20. 97
2006	1 800	12 600	20	9 000	63 000	20. 00
2007	2 300	16 100	27. 78	10 800	75 600	20. 00
2008	3 100	21 700	34. 78	12 500	87 500	15. 74
2009	4 200	29 400	35. 48	15 000	105 000	20. 00
2010	4 900	34 300	16. 7	22 170	155 190	23. 80
2011	5 760	40 320	17. 6	27 110	189 770	22. 30
2012	6 200	43 400	7. 6	32 310	226 170	19. 20
2013	6 360	44 520	2. 6	37 470	262 290	16. 00
2014	5 240	36 680	－17. 6	41 360	289 520	10. 40
2015	4 350	30 450	－17	44 210	309 470	6. 80

数据来源：新浪地产网 . 2016 年太阳能热利用行业发展报告及 2017 年工作安排［EB/OL］. http：//news. dichan. sina. com. cn/2016/12/15/1221806. html.

对比近10年来太阳能热水器的生产量和保有量的变化，可以看到这一市场在2008年和2009年经历了爆发式的增长，但随后便陷入增速放缓的局面。造成这种局面的原因主要有三方面：一是由于行业投资门槛较低，在发展初期出现了众多投资者涌入的现象。目前国内太阳能热水器生产企业约2 800家，但销售收入在1亿元以上的行业骨干企业只有20家左右。长期以来企业集中度偏低已经严重影响了这一行业的发展轨迹。二是出口市场形势复杂，且国内企业的出口产品中，非自主品牌比重较大，尚不能在整个出口市场中占有主动权。三是广大农村，尤其是中西部的农村，太阳能热水器市场还没有实质性的突破，而且此前在家电下乡政策的刺激下，已经提前透支了一部分农村市场的消费能力。

从2012年起太阳能热水器行业已经基本告别了高速增长的时代，但是鉴于其巨大的能效作用，政府采取了一系列的扶持政策，并在“十二五”规划中明确提出了“全面发展太阳能热利用”的重要目标。未来我国太阳能热利用的发展更倾向于自主研发核心技术、降低生产成本，增强在国际市场上的竞争力，由太阳能热利用生产大国向生产强国转变。

3.3.1.3.2 太阳能热发电

太阳能热发电是把集热器接收的太阳辐射能转换成热能，并通过热力循环过程进行发电，有4种技术路线，即槽式、塔式、菲涅尔式和碟式，前两种目前应用较广。太阳能热发电是太阳能利用的重要形式，较其他能源或其他形式的发电有着明显优势：其一，这种发电方式全生命周期的碳排放量非常低，根据国外研究仅有18g/kWh，设备生产过程更清洁，发电的规模效益也更好；其二，太阳能热发电与现有火电站及电网系统的相容性好，能够连续发电，且成本最低。因此，太阳能热发电如果能够实现大规模产业化，将有可能完全替代火电、核电，承担基础电网负荷。

我国有条件发展太阳能热电站的沙漠和戈壁面积约为30万平方千米，占全部沙漠总面积的23%，预计可开发潜力为800万千瓦。尽管起步较晚，但是在多项核心技术被一一攻克的背景下，我国光热发电产业还是展现了迅猛的发展势头。继2011年内蒙古50兆瓦槽式太阳能项目开标实现“零的突破”后，2012年我国又建成了首座太阳能热发电实验电站。我国已经掌握了整个热发电领域从光到电的关键技术、关键材料，以及最后的集成技术、调制技术和运行技术等整套技术链，成为世界上第四个成功掌握该项技术的国家。

截至2015年年底，全球光热发电装机规模470多万千瓦，年增速达10%，但我国目前实现商业化运行的太阳能热电站仅6座，装机规模约1.3万千瓦，发展较为缓慢。但在“十三五”期间，伴随着光热发电配套政策的陆续出台，以及中控德令哈、甘肃敦煌、河北张家口等一批示范项目建设，我国光热发电产业或将迎来快速增长①。

太阳能热发电正在成为新能源领域的投资热点，对于其重要性和发展前景，政府文件中也多次予以肯定。2011年国家发展和改革委员会调整了新能源产业结构指导目录，把光热发电列为新能源鼓励类的第一位。2012年国家能源局印发的《中国能源科技“十二五”发展战略规划》中，特别对光热发电未来的科研和应用方向做了规划和布局。国家发展和改革委员会印发《电力发展“十三五”规划（2016—2020年）》预计2020年全社会用电量6.8万亿千瓦时~7.2万亿千瓦时，年均增长3.6%到4.8%，人均用电量5000千瓦时左右，接近中等发达国家水平，电能占终端能源消费比重达到27%；建成太阳能光热发电项目500万千瓦，预计市场规模达到1 500亿元②。毫无疑问，光热发电在我国将逐渐形成产业化。

3.3.2 风能

3.3.2.1 我国的风能资源

风能来自太阳能的转化。风力所形成的能量是基于地球表面在水平方向上具有的气压梯度力不同，这样空气在流动中就会做功从而产生能量，这种能量的大小取决于气流速度，并与之成正比。我国幅员辽阔，陆地风能和海上风能资源都蕴藏丰富，总量与美国几乎相当。据全国900多个气象站对陆地上离地10米高度的资料进行的估算，全国平均风功率密度为100瓦/平方米，风能资源总储量约32.26亿千瓦，可开发和利用的陆地上风能储量有2.53亿千瓦③。同时我国也拥有漫长的海岸线，近海可开发和利用的风能储量有7.5亿千瓦，大约为陆地风能储量的3倍。陆地和海洋风能储量合计约

① 搜狐网．我国光热发电行业现状及发展前景［EB/OL］．http：//www.sohu.com/a/116074080_465940.

② 中国电力网．电力发展“十三五”规划（2016—2020年）（全文）［EB/OL］．http：//www.chinapower.com.cn/focus/20161108/64097.html.

③ 北极星电力新闻网我国近海可开发和利用的风能储量为陆地风能储量三倍［EB/OL］．http：//news.bjx.com.cn/html/20110719/296234.shtml.

10 亿千瓦，如果年上网电量分别按等效满负荷 2 000 小时和 2 500 小时计算，那么每年可提供 1.8 万亿千瓦时电量。如此巨大的发电量决定了风能在未来能源结构中能够成为一个重要的组成部分。2010 年，中国气象局通过开展“全国风能资源详查和评价工作”，对我国风能资源做了更为精细化的评估，并提出目前陆上离地面 50 米高度、风能功率密度大于等于 300 瓦/平方米的风能资源潜在开发量约 23.8 亿千瓦①，这部分资源转化为可利用能源的现实性更强。

就我国风能资源的区域分布来看，主要有三个集中的片区：一是东北、华北、西北地区连接形成的“三北”风能丰富带，这个片区达到可开发利用程度的风能储量非常大，约 2 亿千瓦，占全国可利用储量的近八成，而且自然条件的优势也促进了连片风能资源区的形成。二是东南沿海地区的海上风能丰富带，这个地区毗邻台湾海峡，冬春季常有冷空气入侵而夏秋台风也非常频繁。受这样的自然条件影响，沿海地区及附近岛屿就成为风能最佳丰富区，开发和利用的前景十分广阔。三是内陆局部地区形成的风能丰富区，这类地区的风能强度显然不及前两个地区丰富，但是一些特殊地形，如湖泊和山地等也易形成较大的风能资源（见表 3.9）。

表 3.9 我国风能资源比较丰富的省区

省区	风能资源（100 000KW）	省区	风能资源（100 000KW）
内蒙古	6 178	山 东	394
新 疆	3 433	江 西	293
黑龙江	1 723	江 苏	238
甘 肃	1 143	广 东	195
吉 林	638	浙 江	164
河 北	612	福 建	137
辽 宁	606	海 南	64

数据来源：我国风能资源的地理性分布［EB/OL］. http：//zx. qqfx. com. cn/news/95084. html.

3.3.2.2 我国风电产业发展概况

风力发电是世界所公认的技术最为成熟、开发成本最低、发展前景最为乐观的可再生能源之一，许多国家把风电作为改善传统能源格局，同时又能

① 崔选民，王军生，陈义和．中国能源发展报告［M］．北京：社会科学文献出版社，2013.

对气候变化产生积极意义的一个理想选择。

3.3.2.2.1 我国风电产业现状

我国目前已在三个风能丰富地区规划和建立了酒泉、哈密等7个千万千瓦级风电基地，这些基地陆地50米高度三级以上风能资源的潜在开发量约18.5亿千瓦，建设规模基本能够保证电能输出和销纳的中长期发展需要。

风电装机容量是衡量风电产业发展的一个重要指标，2005年《可再生能源法》颁布实施后，我国风电装机容量的发展规模逐年都有显著提高，风电的产业体系初步形成。“十一五”初年，我国风电装机累计容量仅有2 537兆瓦，占全球市场份额的3.5%，也仅相当于美国总装机容量的1/5。全年新增装机总容量中，兆瓦级别的风电机组份额很少，仅占当年新增总量的20%左右。从2007年起，我国加强了并网发电机的研制和国产化开发，600千瓦、1 500千瓦、2 000千瓦，乃至2兆瓦容量的机组被相继研制出来并投产。至2010年，我国风电装机总容量累计已达到44 733兆瓦，相当于“十一五”期间净增长了16倍之多，其中新安装的兆瓦级别的风电机组占当年新增装机总容量的比例超过了80%。此外，大于2兆瓦的多兆瓦级别风电机组研制也取得了一系列阶段性的成果，2010年国内企业基本掌握了兆瓦级风电机组的制造技术，还实现了核心零件国产化等重大突破，在批量生产中形成了较强的竞争力。进入“十二五”之后，我国累计装机容量仍有较为明显的增幅，其中，2013年风电累计装机已突破90 000兆瓦，但每年的新增装机容量却出现了负增长。以2012年为例，当年我国新增安装风电机组7 872台，装机容量12 960兆瓦，比2011年降低了26.49%，比2010年降低了31.53%，这表明我国风电产业正在朝着理性化的轨道发展。从地域上看，2012年我国1/3左右的省级地区达到累计风电装机容量超过2 000兆瓦，其中内蒙古风电装机容量最大，达到18 623.8兆瓦，位居全国第二、三位的分别是河北与甘肃。到目前为止，哈密基地已取得核准的风电总装机规模1 098万千瓦，酒泉基地风电装机达915万千瓦，蒙东和蒙西的风电装机容量达到了2 557万千瓦，河北基地装机规模805万千瓦①。国家发展和改革委员会能源研究所在《中国风电发展路线图2050》中对我国风能的展望是，到2020年中国风电装机容量达到

① 搜狐网.【行业】7.2亿千瓦！国家电力基地规划（风电篇）[EB/OL]. http://www.sohu.com/a/191323272_440908.

2 亿千瓦，并在 2030 年实现装机容量翻一番，到 2050 年最终实现风电装机容量 10 亿千瓦的目标，成为中国的五大电源之一①。要实现这样的目标，我国风电产业还有很长的路要走（见图 3.6）。

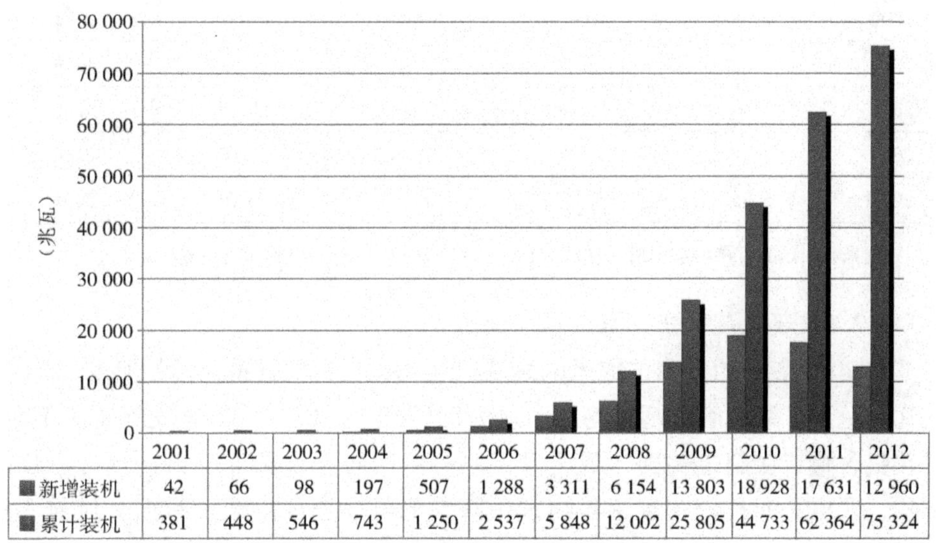

	2001	2002	2003	2004	2005	2006	2007	2008	2009	2010	2011	2012
■新增装机	42	66	98	197	507	1 288	3 311	6 154	13 803	18 928	17 631	12 960
■累计装机	381	448	546	743	1 250	2 537	5 848	12 002	25 805	44 733	62 364	75 324

数据来源：中国风能协会《2012 年中国风电装机容量统计》，2013。

图 3.6　2001—2012 年我国新增及累计风电装机容量变化情况

在风能发电方面，2010 年以来我国风电上网电量有了明显增长，尤其是 2010 年比 2009 年风电上网电量增长了近一倍，此后增速虽有所回调，但是始终保持着两位数以上的增长速度，而且这一速度一直快于当年总发电量的增速（见表 3.10）。也正因为如此，风电在总发电量中的比重不断提高，近五年来环比平均增长了 39 个百分点。如果按照这样的速度发展，可以如期完成“到 2050 年风电将满足国内 17% 的电力需求”② 的目标。正在制定中的国家“十三五”风电发展规划，着重明确了推进“中东部”开发战略。中东部各省需要从战略高度重视风电开发，这是完成各省可再生能源发展引导目标，承担减排责任的重要基础，也是带动当地经济发展的有效投资。

① 中国新能源网．中国风电装机容量有望再度称雄［EB/OL］．http：//www. china - nengyuan. com/news/25754. html.

② 中国新能源网．中国风电装机容量有望再度称雄［EB/OL］．http：//www. china - nengyuan. com/news/25754. html.

表 3.10　2009—2013 年我国总发电量及风电上网电量增长情况

年份	总发电量（万亿千瓦时）	总发电量增速（%）	风电上网电量（亿千瓦时）	风电上网电量增速（%）	风电占总发电量比重（%）
2009	3.65	—	258	—	0.71
2010	4.23	15.89	501	94.19	1.18
2011	4.8	13.48	800	59.68	1.67
2012	4.94	2.92	1008	26.00	2.04
2013	5.25	6.28	1371	36.01	2.61

数据来源：国家可再生能源信息管理中心《2009—2013 年度全国风电建设快报》。

3.3.2.2.2　我国风电产业发展存在的问题

从 2005 年开始，我国的风电总装机连续 5 年实现翻番。2009 年以 25 805 兆瓦的总累计装机容量超过德国，成为世界第二；2010 年风电发展势头不减，总装机容量首次超过美国，跃居世界第一。然而之后受价格竞争及行业政策影响，风电企业投资连续两年出现下降，风电业务也出现了亏损。目前，我国风电行业发展主要存在以下问题。

（1）风电产业链发展尚不均衡。风电产业发展缺乏明确而长远的规划，产业布局、技术创新及设备制造都缺乏具有前瞻性的安排。首先，风能开发不平衡，主要表现在目前仅有陆地风力资源丰富的地区建立了风电场，而海上风电场和陆上低风速风电场受技术条件的限制，开发的深度还不足；其次，大多数企业都集中于制造环节，风电机组的整机制造商超过 80 家，叶片制造商也超过 50 家，这种局面既容易造成产业链部分环节的过度竞争，又容易造成其他部分的空白；再次，国内主流风电企业都将产能作为市场竞争的主要手段，经过一段时间的累积后，我国风电装机容量连续几年出现翻番式增长，风电机组的制造能力远超国内市场的需求，产能过剩持续增加且矛盾逐渐突出。缺乏研发能力、依靠盲目投资，再加上国内市场的无序竞争，我国风电产业已经偏离了可持续发展的轨道。因此，重新规划产业发展路径，控制发展速度和节奏，促进风电产业由追求规模向追求质量转型是未来发展的必然选择。

（2）电网建设滞后带来风电输出困难。在风电的发展规划中，电网建设应有一定的预留容量，适当的超前性有利于风电接入。如果电网建设滞后，即使能够利用风能发电，也会因存在输出困难，造成风电难以发挥应有的价

值。我国九成以上的陆地可开发风能资源都集中在电网薄弱或远离电网的地区。这些地区电网容量有限，由于规划初期没有考虑风电入网问题，暴露出接纳能力也非常受到限制。按照目前情况，不要说接纳大规模风力发电，单纯是200万千瓦风电装机并网可能都会出现困难。以内蒙古为例，它拥有全国领先的风电装机容量，但却因电力外送通道不畅，仅能在白天用电高峰时销纳全部风电机组的电量，而在夜晚用电低谷时约有430万千瓦的风电机组停转，相当于近80%的风电机组夜晚不得不停转。风电不能有效并网也极大地损伤了风电产业发展的效能。

（3）风电产业技术创新薄弱。我国风电产业的大规模发展不足10年，研发层次大都还停留在学习外国技术和进行基础性研究阶段。因此一半以上的关键零部件仍需要进口，核心零部件的国产化率相对较低。大量引进的弊端之一是风机的设计多是按照欧洲标准完成的，在落地过程中与国内环境对接还有困难。此外，国内技术环节薄弱还表现在风电设备质量不稳定、性能不达标，致使风电发电效率低下，低于国际平均水平5到10个百分点。

（4）风电机组安全问题频发。2011年，国家电监会在其发布的《风电安全监管报告》中披露了2010年以来的风电行业安全运行及事故情况。据统计，仅2010年当年全国就发生了80起风电机组脱网事故，机组故障也呈上升趋势。其中一次损失风电出力10万~50万千瓦的脱网事故14起，一次损失风电出力50万千瓦以上的脱网事故1起；2011年1月—8月，全国发生193起风机脱网事故，其中一次损失风电出力10万千瓦~50万千瓦的脱网事故54起，一次损失风电出力50万千瓦以上的脱网事故12起①。如果风电产业未来不把好安全关，风能资源利用、电源布局、输电网建设和市场销纳等多个环节都会受到影响，风电产业的可靠性也会大打折扣。

3.3.3 生物质能

3.3.3.1 我国的生物质能资源

生物质能是在光合作用下，绿色植物通过叶绿素在生物质中形成的化学能，即以生物质为载体的太阳能转化形式。生物质能的载体包括植物、动物

① 2010—2011年风电机组脱网事故统计［EB/OL］. http：//www.cnwpem.net/index.php？cid=11354&wid=67.

和微生物等各种可以生长的有机物。生物质资源涵盖的范围比较广泛，包括农作物的秸秆、林业剩余弃物、畜禽类的粪便、水生植物、油料植物、工业有机废物以及城市的生活有机垃圾等在内的有机物，但不包括矿物燃料等。正因为其来源于太阳能且以多种有机物形式存在，决定了生物质能是一种可再生、可循环，取之不尽、用之不竭的无害能源，同时它也是唯一一种可再生的碳源。因此，生物质能被誉为继煤炭、石油、天然气之后的世界第四大能源，并有望成为最具发展潜力、可替代煤炭、在世界能源系统中占有重要地位的能源。

我国拥有丰富的生物质资源，现有生物质资源可折合标准煤约 5.4 亿吨。随着有机废弃物的增加和边际土地的开发，估计到 2050 年我国生物质资源最高可达 14 亿吨标准煤①。

3.3.3.2　我国生物质能的利用情况

生物质能的利用形式非常多样，目前技术较为成熟、实现规模化开发的利用方式主要有生物质发电、生物液体燃料、沼气和生物质成型燃料等。“十一五”时期，我国生物质能产业化初步形成，开发利用规模不断扩大，出现了一些专业化的技术装备企业和开发利用企业，部分领域已具有世界先进技术水平，在替代化石能源、促进环境保护等方面发挥了积极作用。2010 年，我国生物质能利用量（不含直接燃烧薪柴等传统利用方式）约2 400万吨标准煤，生物质发电、沼气、成型燃料、液体燃料等多元化利用方式并举。根据国家能源局《生物质能发展“十三五”规划》，到 2020 年，生物质能基本实现商业化和规模化利用。生物质能年利用量约 5 800 万吨标准煤②。表 3.11 展示了我国在十三五时期各类生物质能利用的发展目标。

表 3.11　“十三五”生物质能发展目标

利用方式	利用规模		年产量		替代化石能源（万吨/年）
	数量	单位	数量	单位	
生物质发电	1 500	万千瓦	900	亿千瓦时	2 660
生物天然气			80	亿立方米	960

① 中国报告网. 2017 年生物质发电市场现状分析：2017 年中国生物质发电行业市场发展优劣势分析［EB/OL］. http://market.chinabaogao.com/dianli/05122RE32017.html.

② 国家能源局. 生物质能发展“十三五”规划［Z］. 国能新能〔2016〕291 号.

续表

利用方式	利用规模		年产量		替代化石能源（万吨/年）
	数量	单位	数量	单位	
生物质成型燃料	3 000	万吨			1 500
生物液体燃料	600	万吨			680
生物燃料乙醇	400	万吨			380
生物柴油	200	万吨			300
总计					5 800

国家能源局．生物质能发展“十三五”规划．国能新能〔2016〕291 号。

3.3.3.2.1　生物质发电

发电是生物质能最常用的利用方式。由于其发电过程可显著减少二氧化碳和二氧化硫排放，因此在化解能源短缺的同时，还会产生巨大的环境效益，因此生物质发电成为国家大力支持的能源利用方式。如图 3.7 所示，“十一五”期间，我国生物质发电行业发展迅猛，投资总额和装机总量都有明显增加，其中投资总额增加了近 4 倍，总装机规模也从 140 万千瓦跃升到 2010 年底的 550 万千瓦。虽然两者的年增长率都保持在 30% 以上，但是增长速度有

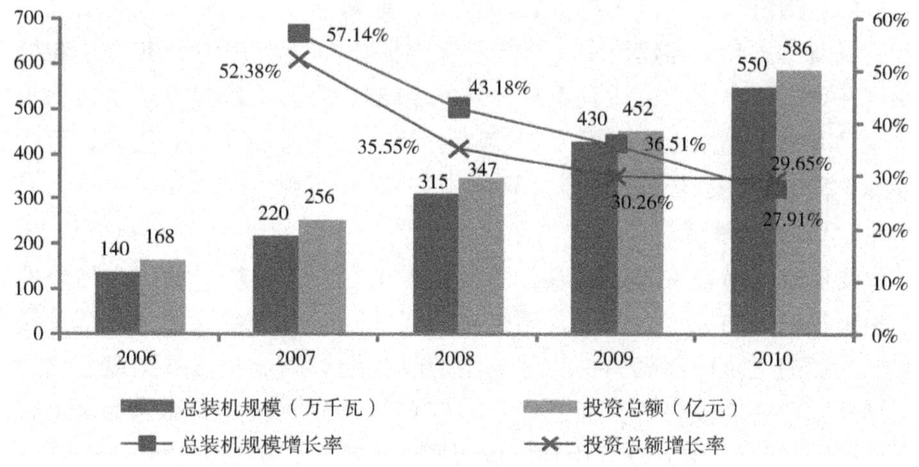

数据来源：高芸．2010 年中国生物质能发电行业风险分析［EB/OL］．http://wenku.baidu.com/view/68710729915f804d2b16c1b0.html.

图 3.7　“十一五”期间我国生物质能发电产业规模指标变化

逐步放缓趋势。2012 年生物质能发电投资总额及总装机规模的增长率分别只有 20.52% 和 21.33%，降至“十一五”以后的最低值。我国目前生物质能发电采用的方式比较单一，直接燃烧农作物秸秆和焚烧生活垃圾是利用最多也是最主要的方式。截止到 2009 年年底，我国秸秆直燃发电总装机容量为 265 万千瓦，占生物质能发电总量的 62%；焚烧垃圾发电总装机容量是 125 万千瓦，占生物质能发电总量的 29%①。

目前我国生物质能发电行业还处于导入期，产业规模小，发电能力相对有限，在众多可再生能源发电中的比例只有 0.5% 左右，远低于世界平均 25% 的水平。因此尽管短期来看，整个行业的生产状况不稳定，企业利润空间不大或处于亏损状态，但是生物质能发电产业的前景十分广阔。截至 2015 年，生物质能利用量约 3 500 万吨标准煤，其中商品化的生物质能利用量约 1 800万吨标准煤。生物质发电和液体燃料产业已形成一定规模，生物质成型燃料、生物天然气等产业已起步，呈现良好发展势头。② 此外，按照《可再生能源中长期发展规划》的发展预期，我国在“十二五”期间已实现产业体系基本成形这个目标，包括至少新增设 1 000 万千瓦以上的生物质发电能力项目，并达到 2020 年生物质能发电 3 000 万千瓦的指标。

3.3.3.2.2　沼气利用

目前我国沼气工程技术标准初步形成，越来越多的企业投入到沼气产品生产、设备研发和工程建设中，沼气产业逐步壮大。至 2010 年年底，农村户用沼气 4 000 万户，约占适宜农户总数的 33%。沼气工程建设规模也稳步扩张，现已有大中小型沼气工程 7.27 万处，年产沼气近 160 亿立方米，形成节约能源 2 500 万吨标准煤，减排二氧化碳 5 000 多万吨。

3.3.3.2.3　成型燃料

生物质成型燃料主要是以农林剩余物为主原料，经加工制成成型环保燃料，用以在锅炉内燃烧。由于其燃烧时间长，同时对环境无污染，是替代常规化石能源的优质环保燃料。我国成型燃料尚处于产业化发展初级阶段，但在关键技术和关键设备等方面已经基本实现国产化，达到国际先进水平。截至 2011 年，国内已有 680 处生物质成型燃料生产厂，生物质成型燃料总产能

① 中国市场报告网. 2010 年生物质能发电行业风险研究分析报告.

② 中国新能源网. 生物质能发展“十三五”规划［EB/OL］. http://www.china-nengyuan.com/news/101873.html.

约为500万吨。国家发展改革委员会在发布《可再生能源中长期发展规划农业生物质能产业发展规划（2007—2020年）》及《“十二五”能源规划》中都对成型燃料的行业前景进行了展望。据估计，到2015和2020年，我国生物质固化成型燃料产量将分别达到1 000万吨和5 000万吨左右，这一行业的应用前景将十分广阔。

3.3.3.2.4 液体燃料

生物质液体燃料主要包括燃料乙醇、生物柴油、生物质裂解油和生物制合成燃料等，是最有可能大规模取代石油的替代能源。我国从2000年起开始推广生物燃料乙醇的应用试点，目前利用玉米、小麦等原料制取燃料乙醇的技术已经成熟，开始逐步实现商业化应用。目前全国已有多个省开展车用乙醇汽油销售，年消费量已超过全国汽油消费量的20%，成为世界上继巴西和美国之后第三大燃料乙醇生产国和消费国。我国在以废弃地沟油和油料作物为原料生产生物柴油方面也实现了工业化生产。目前全国生物柴油生产企业约有20多家，总生产能力合计达到30万吨左右。

3.3.4 地热能

3.3.4.1 我国地热能资源储量

地热能属于可再生性热能，大部分来自地球深处，还有一小部分表面地热能来自于太阳，占总地热能的5%左右。缘于地球的熔融岩浆和放射性物质的衰变，使地热能的储量比目前人们所利用能量的总量多很多。

我国地热资源也十分丰富，按照国土资源部公布的数据，全国主要沉积盆地距地表2 000米以内储藏的地热能，相当于2 500亿吨标准煤的热量①。全国地热可开采资源量为每年68亿立方米，所含地热量为973万亿千焦耳，相当于每年3 284万吨标准煤的发电量②。在可开采的地热能资源中，属于浅层的地热能资源每年的可利用量大约只有3.5亿吨标准煤。地热能利用效果非常明显，如果将其全部有效开发利用，相当于每年节约2.5亿吨标准煤和减少5亿吨二氧化碳排放。相比于浅层地热能资源，蕴藏在大陆地区3 000米

---

① 国土资源部．加快地热资源的开发与利用［EB/OL］．http：//www.diandinuan.com/html/xyzx/xgzx/1456.html.

② 搜狐财经．中国地热可开采资源量为每年68亿立方米［EB/OL］．http：//business.sohu.com/20080512/n256798043.shtml.

到10 000米深处的干热岩资源更为丰富，总量约有860万亿吨标准煤，相当于目前年度能源消耗量的26万多倍。然而以现有的技术水平，利用这部分地热能还非常困难。2015年国家能源局、国家发改委和国土部统计数据，地热替代标煤2015年底两千万吨。2016年，地热能开发首次被写入全国经济社会发展总规划。根据《中国“十三五”地热产业发展规划》征求意见稿，到2020年，我国地热供暖、制冷面积将累计达到16亿平方米，加上发电、种植、养殖、洗浴等，共可替代标准煤7 210万吨①。

3.3.4.2 我国地热能资源利用

发达国家地热能主要用于建筑供暖或制冷等，其中冰岛的地热供暖、制冷占到建筑供暖、制冷用能的89%，开发利用的程度比较高。在我国，尽管理论上储藏丰富，但目前地热在能源结构中占的比例还不足0.5%，开发还处于起步阶段，产业化程度很低，资源利用比较落后。

国内对地热能的开发利用主要集中于对中低温地热的直接利用，利用方式包括地热供暖、温室种植、医疗保健、休闲度假、灌溉养殖以及部分工业生产等。我国中低温地热能的直接利用多年来一直居世界首位，并每年以近10%的速度稳步增长。目前直接利用总装机容量为889.8万千瓦，年产能达7.53×10^{13}千焦/年②。在各种直接利用方式中，地热泵是既可供热又可制冷的高效空调系统，是目前浅层地热利用的成熟方式，综合节能率达到50%～70%，而且不排放任何废弃物。截至2011年3月，我国各省区采用浅层地热能实现供暖和制冷的建筑项目已有2 236个，总建筑面积超过1.3亿平方米，这些建筑项目大部分集中在京津冀、东北以及河南等平原地区。东北地区利用浅层地热能供暖制冷的情况比较普遍，沈阳有超过4 300万平方米的建筑采用这种方式，而北京仅有2 000万平方米③。尽管如此，地热泵在发展中仍存在技术创新能力弱、机组核心部分依赖进口、缺乏市场准入制度等问题，这些都有待国家在政策层面予以规范整顿。

与直接利用相比，我国地热发电的方式却长期徘徊不前。地热发电主要

---

① 中国矿业报网．我国地热能开发利用模式渐行渐清晰［EB/OL］．http：//www.zgkyb.com/zygl/20161025_35358.htm.

② 中国地热发电开发待“纠偏”［EB/OL］．http：//news.bjx.com.cn/html/20120823/382718.shtml.

③ 我国地热供暖制冷建筑逾1.3亿平方米［EB/OL］．http：//news.xinhuanet.com/2011－03/16/c_121196252.htm.

是利用高温地热资源，一般是蕴藏于3 000～10 000米深度的干热岩。我国高温地热资源主要分布于西藏南部、四川和云南西部以及台湾地区。其中，处于喜马拉雅地热带的西藏地区可供发电的高温地热田至少有57个，可供装机理论容量为1 930兆瓦，但目前只建立了西藏羊八井、郎久、那曲三个工业性地热发电站，而且现在只有羊八井地热发电站在运行。据统计，截至2014年年底，我国地热发电总装机容量为27.28兆瓦，排名世界第18位，远低于风电累计装机量①。地热发电之所以难以形成产业化规模，主要原因是初始成本非常高昂，经济效益不显著，且整个技术链支持不足。

3.3.5　海洋能

海洋能是一种蕴藏在海洋中的绿色、无污染、零排放的可再生能源，主要包括波浪能、潮汐能、海流能、温差能以及盐差能，其开发潜力巨大。潮汐能和海流能源自月球、太阳的引力，其他海洋能都源于太阳辐射。据欧洲可再生能源委员会的估算，全球海洋能的理论发电量约10万太瓦时/年，而全球耗电量仅有1.6万太瓦时/年。也就是说如果海洋能可以有效开发，仅这一项能源就可以应对全球的用电需求。根据国家海洋局2012年完成的国家综合性专项研究项目“我国近海海洋综合调查与评价”评估，除台湾地区外，我国近海海洋可再生能源总蕴藏量为15.80亿千瓦（含海洋风能储藏量），总技术可开发装机容量为6.47亿千瓦；其中：潮汐能蕴藏量19 286万千瓦，技术可开发量2 283万千瓦；海流能蕴藏量833万千瓦，技术可开发量166万千瓦；波浪能蕴藏量1 600万千瓦，技术可开发量1 471万千瓦；温差能蕴藏量36 713万千瓦，技术可开发量2 570万千瓦；盐差能蕴藏量11 309万千瓦，技术可开发量1 131万千瓦②。

我国非常重视海洋能的开发利用，《国家可再生能源法》《国家可再生能源发展“十二五”规划》都对海洋能发展做出了重要部署。根据国家海洋局发布的《2013年中国海洋经济统计公报》显示，2013年全国海洋生产总值达到54 313亿元，比上年增长7.6%，海洋生产总值占国内生产总值的9.5%③，

---

① 国家发展改革委，国家能源局，国土资源部．地热能开发利用“十三五”规划．

② 近海资源家底摸清［EB/OL］．http：//www.guancha.cn/Science/2012_ 11_ 06_ 108099.shtml.

③ 2013年中国海洋生产总值54 313亿元［EB/OL］．http：//www.chinadaily.com.cn/hqgj/jryw/2014－03－17/content_ 11413303.html.

海洋能利用已成为国民经济的重要组成部分和新的增长点。

3.3.5.1 潮汐能

潮汐能是从海水涨潮和落潮过程中获得的能量，这种势能的最主要利用方式是发电。国家能源局公布的数据显示，我国大约有近200个海湾、河口具有开发潮汐能的条件，可开发的潮汐电站坝址为424个，以浙江和福建沿海数量最多。我国潮汐能总储量近1.9亿千瓦，其中只有20%的部分能够开发，而这20%的潮汐能每年的发电量就可以达870亿千瓦时。我国很早就开始开发利用潮汐能，也因此积累了较为成熟的技术，目前潮汐发电量仅次于法国、加拿大，居世界第三位。但是潮汐能电站普遍规模较小，我国最大的潮汐电站——江夏潮汐试验电站的装机规模仅为法国朗斯洛潮汐电站的1/75。未来潮汐能技术的发展趋势是发展环境友好、低运行成本和低维护成本的潮汐能并网发电系统。

3.3.5.2 波浪能

波浪能产生于海面波浪中，有动能和势能两种形态。这种能源非常容易受海洋条件影响，极不稳定，在利用中主要是用于发电，此外在供暖、海水脱盐和制造氢气等领域也可以作为动力能源使用。根据世界能源委员会公布的数据，全球可利用的波浪能达20亿千瓦，而我国可开发利用的波浪能仅有1亿千瓦，能流密度集中在每米2千瓦~7千瓦。波浪能的能源效果比较好，每米海岸线外的高密度波浪能流可以支持20个家庭的照明电量需求。然而由于开发利用难度较大，依现有技术条件设计发电装置功率低、发电量小，这类能源的利用还处于探索和示范阶段。

3.3.5.3 海流能

海流能，顾名思义是因海水流动而产生的一种能量，包括海底水道和海峡中比较稳定的海水流动，还包括因为海水潮汐变化而产生的有规律的海水流动。利用海流能进行发电的原理，与风力发电非常相似。我国属于世界上海流能功率密度最大的地区之一，根据《我国沿海农村海洋能资源区划》的计算统计，我国海流能可开发的资源量约为1 395万千瓦，其中以浙江沿岸最多，有37个水道，资源丰富，集中了全国一半以上的海流能资源；此外，东南沿海和渤海地区沿岸的海流能资源约占全国总量的42%；尽管海流能的变化要比波浪能平稳且有规律得多，但目前还没有成功运行的海流能商业化项目，基本上处于实验室阶段。

3.3.5.4　温差能

在海洋中，深层海水与表层海水的温度差异很大，温差能就是由不同深度的海水所形成的温度差引起的热能，这种热能开发后可用于发电、海水脱盐、提供空调冷源和深海矿藏开发等。在我国，温差能的蕴藏量居各类海洋能的首位，主要分布在南海、台湾以东海域以及西沙群岛等海域。这些海域之所以能够形成较大的海水温差，是由于这些地区往往白天日照强烈，而冷水层又接近海岸，近岸海底地形复杂，全年都容易产生温差能。据台湾电力公司估算，我国近海及毗邻海域温差能资源可开发装机容量约 18.4 亿千瓦，可是目前对温差能的开发和利用整体上处于空白状态。

3.3.5.5　盐差能

盐差能来源于海水含盐浓度差异，海水和淡水或两种盐度不同的海水之间都存在盐差能。盐差能属于化学能形态，主要存在于河海交接处，是海洋能中能量密度最大的一种可再生能源。我国的盐差能估计约为 1.14 亿千瓦，主要集中在各大江河的出海处。长江口、珠江口及闽江口等入海口是未来盐差能开发的理想场所。我国早在 1985 年就开展了盐差能发电原理性实验，但目前此项研究基本处于停滞状态。

3.3.6　核能

核能，又称原子能，是通过转化质量从原子核释放的能量。有三种核反应会释放出核能，包括核裂变、核聚变、核衰变。核能的利用方式主要是通过核反应堆中核裂变所释放出的热能进行发电。它与火力发电相比，优势在于不会像化石燃料发电那样排放大量的气体污染物质和二氧化碳，同时其燃料费用所占比例较低，成本比较稳定。但是核能发电对安全性要求非常高，因为核电厂的反应器或核燃料都包含有大量的放射性物质，如果不慎重处理，放射性废料释放到外界环境，会对生态及民众造成伤害。

20 世纪 50 年代美国建设希平港核电站并网发电，标志着人类进入和平利用核能时代。经过半个多世纪的发展，核电已经成为继水电、煤电后世界能源供应体系中的又一支柱。目前世界上已有 30 多个国家或地区兴建了核电站。根据国际原子能机构的统计，2017 年 7 月 16 日，全球共有 449 台核电机组在运行，总装机容量约 392GW。如表 3.12 所示，核电站主要集中于北美的美国、加拿大，欧洲的法国、英国、俄罗斯，以及亚洲的中国、日本、韩国等一些工业化国家。截至2016年1月，我国核电约占全球总发电量的3%左右。

表3.12　全球主要国家核电运行机组概况及核能发电比例

国家	核电运行机组数量（截至2016年1月）		核能发电比例（%）
	数量（台）	占全球比重（%）	
法国	58	12.95	76.3
乌克兰	15	3.35	56.5
斯洛伐克	4	0.89	55.9
匈牙利	4	0.89	52.7
斯洛文尼亚	1	0.22	38.0
比利时	7	1.56	37.5
亚美尼亚	1	0.22	34.5
瑞典	10	2.23	34.3
芬兰	4	0.89	33.7
瑞士	5	1.12	33.5
捷克	6	1.34	32.5
韩国	24	5.36	31.7
保加利亚	2	0.45	31.3
西班牙	7	1.56	20.3
美国	99	22.10	19.5
英国	16	3.57	18.9
俄罗斯	35	7.81	18.6
罗马尼亚	2	0.45	17.3
加拿大	19	4.24	16.6
德国	9	2.01	14.1
墨西哥	2	0.45	6.8
阿根廷	3	0.67	4.8
南非	2	0.45	4.7
巴基斯坦	3	0.67	4.4
荷兰	1	0.22	3.7
印度	21	4.69	3.5

续表

国家	核电运行机组数量		核能发电比例（%）
	数量（台）	占全球比重（%）	
中国	31	6.92	3.0
巴西	2	0.45	2.8
伊朗	1	0.22	1.3
日本	48	10.71	0.5

数据来源：国际原子能机构巴黎核反应堆信息数据库。

出于对环保、生态和能源供应的考虑，我国也积极推广核技术应用和核电开发。20 世纪 90 年代中期，我国内地已先后有 3 个核电机组投入运行，总装机容量 210 万千瓦。随着不断加大核电科技创新投入，推广应用先进核电技术，我国核电产业进入快速发展的阶段，成为世界上利用核能的重要国家之一。随着核电发展规划目标不断调整，截至 2017 年 7 月 16 日，我国共建成投产 37 台核电机组，运行装机容量为 3 474 万千瓦。然而我国核能发电的贡献率不足，2016 年我国核能发电量达 197.83TWh，落后于美国和法国，居全球第三位，核能发电量占比为 3.6%，仅是 2016 年全球平均水平的三分之一。截至 2016 年 8 月 2 日，我国共有 35 个核反应堆，还有 20 座核反应堆正在建设中，再过几年，中国将与法国竞争核反应堆数量全球第二的位置。那时我国会更加依赖核电，2020 年前核能发电比重有望由 3% 提升至 5%。未来我国将会在坚持核安全的前提下，稳步有序地推进核电事业的发展。

3.4　我国新能源产业发展的前景展望

能源是 21 世纪最具挑战性的问题之一，为了应对这一挑战，开发和利用新能源成了世界各国的共同选择。要在“十二五”期间实现能源结构的加快转型，并寻找到撬动未来经济的新增长点，新能源的发展对我国来说更显迫切和重要。

首先，国家已从最高层面肯定了新能源的发展战略。21 世纪是新能源的时代，在替代传统化石能源、改善能源结构的道路上，新能源的开发和利用具有革命性，也颇具紧迫感。多年来，我国政府从国情出发，针对新能源各个时期的发展态势，制定了新能源的中期发展规划和远期发展目标，在科学发展观的指导下保证了政策的前瞻性、可操作性和连贯性。新能源的开发和应用是一项长期和艰巨的任务，需要全社会几十年甚至更长时间的共同努力。然而在国际能源格局、市场经济环境波动的情况下，新能源发展战略不能一成不变，也需要不断顺势进行调整和更新。新能源发展战略是新能源产业发展的航标，国家政策在宏大的战略基础上，大量调查研究、科学分析，要求更加务实、操作更加具体，在创新中坚守，不断引领着我国新能源产业走向发展的高峰。

表 3.13 列举了我国新能源发展战略的重要事件。

表 3.13　我国新能源发展战略大事记

序号	时间	事件
1	2004 年 6 月 30 日	国务院常务会议在通过的《能源中长期发展规划纲要（2004—2020 年）》中，提出加大调整优化能源结构，坚持以煤炭为主体、电力为中心、油气和新能源全面发展的战略
2	2007 年 12 月 26 日	我国政府发表《中国的能源状况与政策》白皮书，明确指出大力发展水电等可再生能源，优化能源结构，实现多能互补，保证能源的稳定供应
3	2010 年 10 月 18 日	国务院发布《关于加快培育和发展战略性新兴产业的决定》（国发〔2010〕32 号），提出积极发展核能产业、开拓多元化的太阳能光伏光热发电市场、有序推进风电规模化发展、因地制宜开发利用生物质能
4	2012 年 8 月 6 日	国家能源局制定《可再生能源发展“十二五”规划》总体目标：到 2015 年，可再生能源年利用量达到 4.78 亿吨标准煤，其中商品化年利用量达到 4 亿吨标准煤，在能源消费中的比重达到 9.5% 以上，并发布水电、风电、太阳能、生物质能四个专题规划
5	2012 年 10 月 24 日	国务院新闻办公室《中国的能源政策（2012）》白皮书，提出要坚定不移地大力发展新能源和可再生能源，到“十二五”末，非化石能源消费占一次能源消费比重将达到 11.4%，非化石能源发电装机比重达到 30%
6	2013 年 1 月 1 日	国务院印发《能源发展“十二五”规划》（国发〔2013〕2 号）要求统筹传统能源、新能源和可再生能源的综合利用，提出“十二五”时期能源示范工程重点任务，包括大规模并网光伏发电系统、太阳能热发电示范工程，100MW 级风、光、储、输综合供能系统示范工程和 10MW 级水、光、气、储互补发电系统示范工程

续表

序号	时间	事件
7	2014年4月18日	李克强主持召开新一届国家能源委员会首次会议，释放加速核电建设信号
8	2014年6月13日	习近平主持召开中央财经领导小组第六次会议，研究我国能源安全战略，提出要积极推动我国能源生产和消费革命，并强调推动能源供给革命，建立多元供应体系，着力发展非煤能源，形成煤、油、气、核、新能源、可再生能源多轮驱动的能源供应体系
9	2014年11月19日	国务院办公厅公布《关于印发能源发展战略行动计划（2014—2020年）的通知》，提出发展有竞争力的新能源和可再生能源；积极推进新能源城市建设；实施新城镇、新能源、新生活行动计划

资料来源：国家能源局、新华社等网站。

其次，党的十八大报告勾勒了新时期我国加快推进社会主义现代化建设的行动纲领，从“十二五”规划开始到更长时间，要推动能源生产和消费革命、摆脱经济发展的资源及环境约束，发展新能源产业是唯一出路。“十二五”时期我国能源发展较快，供给保证能力不断增强，发展质量逐步提高，新能源生产能力迈上新台阶，新技术、新产业、新业态和新模式开始涌现，能源发展站到转型变革的新起点。“十三五”时期是全面建成小康社会的决胜阶段，也是推动能源革命的蓄力加速期，牢固树立和贯彻落实创新、协调、绿色、开放、共享的发展理念，遵循能源发展“四个革命、一个合作”战略思想，深入推进能源革命，着力推动能源生产利用方式变革，建设清洁低碳、安全高效的现代能源体系，是能源发展改革的重大历史使命。根据“十三五”规划要求，2020年能源发展主要目标是：能源消费总量控制在50亿吨标准煤以内，煤炭消费总量控制在41亿吨以内；能源自给率保持在80%以上，增强能源安全战略保障能力，提升能源利用效率，提高能源清洁替代水平；保持能源供应稳步增长；非化石能源消费比重提高到15%以上；2015年单位国内生产总值能耗比下降15%，能源环保低碳；单位国内生产总值二氧化碳排放比2015年下降18%，提高能源行业环保水平；实现基本用能服务便利化，缩小城乡居民人均生活用电水平差距。①

最后，在新能源发展战略的指导下，从时间维度看，我国新能源发展的战略可分为三个发展阶段：第一阶段以2010年为节点，实现部分新能源技术的商业化，这个目标已经基本实现。第二阶段到2020年，大批新能源技术达到产业化水平，新能源占一次能源的比重达到15%～20%。第三阶段是全面实现新能源的产业化，大规模替代传统化石能源，到2050年在能源消费总量中的占比达到30%以上。

3.5 我国新能源产业发展的主要障碍

在世界各国纷纷寻求新能源发展的大背景中，我国自20世纪90年代后期开始了新能源产业的规模化发展。但由于诸多因素的限制，我国的新能源产业发展并不十分顺利，无论在技术水平、市场认可度，还是发展规模和速度方面，都落后于其他新能源强国。尽管从整体看，新能源产业还处于快速成长期，但是各个新能源种类的产业发展程度并不均衡，新能源产业在一个相对不完善的市场中处于摸索的发展阶段（见表3.14）。

表3.14 新能源各细分产业所处的发展阶段

生命周期	新能源细分产业					
	太阳能多晶硅	太阳能光伏电池	太阳能热水器	风电设备制造	生物燃料	新能源并网发电
初创期	√					√
成长期		√		√	√	
成熟期			√			
衰退期						

由于受到资源技术水平较低、资金投入匮乏、专业人才不足等条件的影响，再加上相关配套政策还不能完全跟进，我国新能源产业体系相对不健全，表现在新能源技术落后、新能源设备国产化水平低和新能源产业规模化程度发展不够。尤其是在新能源应用中，我国区域经济发展不平衡、基础设施条

① 国家发改委，国家能源局．能源发展“十三五”规划［Z］．发改能源〔2016〕2744号．

件差异大，一些地区新能源电力的并网配套能力明显不足，极大地影响了全社会对新能源产业大规模投资的热情。因此，新能源产业要获得较快发展，在获得相关配套政策支持前，首先要扫清新能源产业在发展中的一些障碍。

3.5.1　新能源产业发展整体水平仍很低

我国新能源产业的发展已经取得了显著的成就，但是与国际水平相比，特别是与发达国家相比，其间的差距还是相当明显的，我国新能源产业还很弱小。以太阳能光伏产业为例，在20世纪90年代以前，许多国际知名企业或企业财团就纷纷看好光伏发电市场的优质前景，早期介入光伏电池制造业的大公司包括德国西门子公司、荷兰壳牌公司、英国石油公司和美国阿莫科石油公司、阿科石油公司以及日本的京都陶瓷、夏普集团等，这些超级集团的介入带动了本国光伏电池的产业化步伐。反观我国的光伏电池生产，20世纪80年代首次引进了7条总计4.5兆瓦的生产线。这些生产线的规模不大，且设备陈旧，其工艺水平落后于国外10～20年，再加上硅片等原材料供应不足等困难，光伏电池的生产线不能满负荷运转的现象非常普遍。经过一段时间的沉寂后，2000年左右我国光伏电池生产线重又获得了发展的活力，涌现出无锡尚德、保定英利等一批新建的光伏电池生产企业，大部分生产线规模在2～10兆瓦，而此时处于世界首位的夏普公司光伏电池产量达到50.4兆瓦，两者的差距达到了5～25倍。除了生产规模，我国光伏电池生产的销售额和出口额也均落后于世界其他国家。由此可见，我国新能源产业大多还处于生产价值链低端的产品和服务层面，技术含量和附加值相对较低，难以在国际市场上展现竞争力。

3.5.2　新能源产业技术落后问题突出

当新能源产业进入规模化生产以后，技术水平的高低成为衡量产业发展水平的重要标志。以风电产业为例，当前风电制造技术的发展促使世界风力发电机组单机容量呈不断增大的趋势，兆瓦级风电机组已经成为市场应用的主流。我国风电机组的研制技术起步晚、起点低，无论是在自主研发能力，还是在公共技术支持方面，都与国际先进技术水平存在10年甚至10年以上的差距。由于产业技术水平落后，导致我国目前只能够批量生产国外数年前的主流技术产品。比如，我国在2000年尝试小批量生产的600千瓦风电机

组，只相当于国外1995年的水平，而同期国外的主流机型已经跃升到1～2兆瓦级风电机组；我国风电机组实现规模化生产1.5兆瓦级风电机组时已经到了2009年。

当前我国新能源产业技术落后问题主要表现在两个方面：一是新能源产业关键技术严重依赖进口；二是新能源产业自主创新乏力和投入不足。仍以风电产业为例，我国风电产业核心技术基本仍依靠进口，如新疆金风科技股份有限公司生产的600千瓦、750千瓦和1.5兆瓦机型的技术全部来源于国外，这无疑制约了风电企业的发展。由于没有掌握风机总体设计与集成技术，再加上风机关键零件和设备又依靠进口，导致国内风机价格一直居高不下。据估计，在风机装机投资中，70%左右为设备投资，如果风电机制造的关键技术得以突破，每千瓦风机装机总投资将下降40%～50%，并趋近于火力发电装机投资的造价水平，这意味着会大大提高风力发电的竞争力。除了关键技术严重依赖进口，技术落后的另一个重要原因是自主创新乏力和研发投入不足。在风电产业中，很多国内企业都热衷于引进整机制造技术，而不是通过"引进—消化吸收—再创新"来满足风机设计的技术需求，长期将导致国产风机产品升级更新滞后于国际市场，在风电市场上国内企业始终不能摆脱技术追赶的局面。我国风电产业在技术研发方面，短期内很难与国际水平相抗衡，主要原因是长期以来我国风机制造研发投入严重不足。一方面，企业尚未成为技术研发投入的主体，由于风电技术属于新兴的高科技领域，研发投入大、风险大，成果转化率低，企业普遍对创新认识不足，且不愿背上大规模投入可能带来的资金负担；另一方面，政府对于风电技术研发的投入也不到位，一些专项资金的申请条件非常苛刻，符合条件的企业也非常少，造成扶持力度十分有限。

3.5.3 新能源产业人才缺口十分普遍

由于新能源产业是新兴领域，长期以来我国没有开展系统、规范的新能源领域人才培养和相关的人力资源积累，因此面对快速发展的新能源产业，各细分产业、各产业链条以及各个环节中，都会不同程度地出现专业人才匮乏甚至短缺的局面。一方面，我们缺乏新能源技术研发和应用的人才，特别是那些掌握新能源基础理论并具有新能源工程设计实践经验的复合型人才以及经过良好训练的技术工人；另一方面，我们缺乏新能源行业的管理人才，

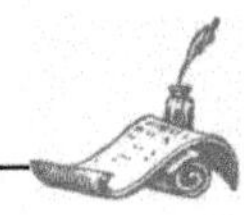

因此新能源企业将很难应对来自多个方面的竞争。

一般来说，新能源企业多设立在自然环境恶劣、经济发展水平较低的偏远地区，如风力发电企业，艰苦的工作环境、难以匹配的工作待遇，以及职业发展前景不明朗，都会制约人才向新能源行业流动，不利于新能源产业的长期可持续发展。与此同时，新能源产业所需的人才培养体系还不健全。据预测，到2020年我国将有几十万至上百万人从事新能源研究和应用产业，其中专业技术人员就将超过几万人。如果不及时进行人才储备，将会严重阻碍该产业的发展。然而目前我国高校中，设立与新能源有关的专业屈指可数，以与风电产业相关的风能与动力工程专业为例，目前国内只有华北电力大学、河北工业大学和河海大学等少数高校开设该专业，每年培养的人才数量也十分有限，远远满足不了市场需求。

3.5.4　新能源产业应用还存在现实障碍

当前，新能源的应用最主要体现在新能源发电项目上。以传统能源为主的电力系统尚不能完全满足风电、光伏发电等波动性可再生能源的并网运行要求。电力市场机制与价格机制不够完善，电力系统的灵活性未能充分发挥，可再生能源与其他电源协调发展的技术管理体系尚未建立，可再生能源发电大规模并网仍存在技术障碍，可再生能源电力的全额保障性收购政策难以有效落实，弃水、弃风、弃光现象严重。

伴随着我国新能源产业的快速发展，如何实现并网等相关问题凸显出来，如果解决不好很可能会成为制约新能源发展的最大障碍。无论是太阳能发电、风力发电还是核能发电，新能源发电项目都严重依赖资源禀赋，带有显著的地域性且地区集中度高的特征。我国许多新能源资源都分布在东北、西北、华北的偏远地区和东南沿海的海岸和岛屿上，远离大城市密集区和用电负荷中心。新能源资源发电送出后需要接入公共电网，但是受电网容量的影响，新能源资源实现的发电量并不能全部被及时销纳，送出受限，这是导致新能源发电上网难的重要原因。输变电设施建设明显滞后、设备利用小时下降、能源浪费、安全事故频发，既有电网对新能源电力发展的限制已经成为制约新能源应用的瓶颈。

新能源发电“并网难”问题产生的原因很多，这既与新能源本身的不稳定性有关，同时也与电力销纳和输配的体制机制还不健全有关，但从根本上看，体制机制不尽合理才是并网问题的根本所在。现有的技术因素会造成并网过程中存在一定困难，以风能和太阳能为代表的新能源发电，基本都具有随机性强、波动性大、出力不稳定、调峰调频能力差、不能大规模储存的特性①，很难像常规能源发电那样对电场安排进行统筹和协调，同时新能源电力在接入电网时也会影响到整个电网运行的安全性和稳定性。但是技术问题并不是“并网难”的根本原因，因为欧洲国家早在2005 年就研究否定了大规模风电并网的技术和经济障碍；此外，美国通用电气公司也研究发现电网对于接纳风电和太阳能没有容量的上限，制度和市场机制才是影响电网大比例接纳可再生能源电力的关键。我国在消除并网技术难题中也进行了积极探索并取得了若干成绩，截至 2010 年年底，蒙西电网接入风电容量达 630 万千瓦，占电网装机总容量的 16.4%，占电网最大发电负荷的 32%，占最高供电负荷的 38%②。截至 2015 年年底，锦州新能源装机 892 兆瓦，占地区电源装机的 47.9%；新能源发电占地区电源总发电量的 33%③。事实证明，大规模发展风电并实现并网是可行的。

因此，体制机制因素是造成“并网难”的根本原因。一方面，新能源发展的集中开发模式容易造成电力开发和消费不在同一地区，电力的异地调配和输送必然需要配套建设远距离输电和变电设施，而该类设施投资巨大，经济效率低也容易引发“并网难”等问题；另一方面，并网政策和技术标准与新能源发展尚不配套。以风电为例，我国在电场接入、并网检测、调度运行中的技术标准还不完善，只有部分行业标准在发挥作用。很多地方重视新能源的表现是在装机容量和设备制造上下功夫，而根本不注重加强风电场配套和探索并网标准等软指标。此外，电网利益关系非常复杂，如何实施大区域调度，在多元利益关系中找到共赢的平衡点，也是解决“并网难”问题必须面对的现实。

---

① 搜狐财经：客观认识新能源“并网难”问题［EB/OL］. http：//business. sohu. com/20120819/n350993957. shtml.

② 搜狐财经：客观认识新能源“并网难”问题［EB/OL］. http：//business. sohu. com/20120819/n350993957. shtml.

③ 搜狐网. 投 9 000 万元建智能配电网，锦州如何破解新能源并网难题［EB/OL］. http：//www. sohu. com/a/81120891_ 131990.

我国新能源产业财税政策及效应分析

新能源产业是未来世界发展的首要选择，特别是在1992年联合国气候大会召开以及《联合国气候变化框架公约》签订后，各国政府更加重视新能源的开发及利用。随着对传统化石能源资源约束和环境问题认识的深入，为了履行联合国气候大会提出的发展新能源的任务，我国在完成一些重大战略和政策研究后，相继实施了一系列支持新能源发展以及节能减排的政策。进入21世纪以来，在国内能源供需矛盾日益凸显、国际能源格局多变以及《京都协议书》所形成的环境约束等能源和环境问题日益突出的多重压力下，发展新能源作为我国重大能源战略的迫切性日益增强。2005年我国颁布实施《中华人民共和国可再生能源法》，2009年又颁布修正案对这部法律进行完善，对可持续的开发和利用能源进行立法，在我国能源发展进程中具有划时代的意义。该法确定了“国家将可再生能源的开发利用列为能源发展的优先领域”的宗旨，更为深远的意义是它不仅弥补了相关立法和政策的不足，明确了政府等各类法律主体在发展新能源中的法律关系，而且也承载着社会主义市场经济和能源市场化改革的大潮促进新能源开发利用的重任。

4.1　我国现行新能源产业财税政策梳理

财税政策对新能源的支持，将优先保障石油替代目标的实现，同时大力加快可再生能源对煤炭的替代步伐，从整体上保障能源供应并优化生态环境。财税政策支持新能源发展的主要领域包括：以生物液体燃料为代表的石油替代产品；以可再生能源为代表的煤炭替代产品，尤其是重点发展那些技术成熟、产业化初步形成的风电以及太阳能光伏发电等，促进新能源多元化全面发展。2005年我国颁布了《中华人民共和国可再生能源法》，新能源产业发展从此受到了大力扶持，财政补贴和税收优惠等政策一路跟进。

4.1.1　新能源产业的财政政策

4.1.1.1　太阳能光伏发电产业

财政对太阳能光伏发电产业的扶持政策主要包括项目补贴、设备补贴以及度电补贴。

4.1.1.1.1　项目补贴

为促进光伏发电产业技术进步和规模化发展，培育战略性新兴产业，

2009年7月，财政部、科技部、国家能源局发布《关于实施金太阳示范工程的通知》（财建〔2009〕397号）首次提出中央财政资金对光伏发电技术的支持，这一文件明确了以支付可再生能源专项资金的形式支持光伏发电技术在各领域的示范应用及关键技术产业化[①]；2010年11月，财政部在《关于做好2010年金太阳集中应用示范工作的通知》（财建〔2010〕923号）中规范了获得太阳能应用项目补助资金的具体流程，包括项目完工后由国家能源局、科技部、财政部联合组织对项目进行验收，财政部根据验收报告清算补助资金，同时还对项目业主单位采用本企业或关联企业提供的光伏组件的价格设定了上限，即不得高于国家统一招标确定的最低中标协议供货价格，采用非晶硅薄膜组件的，价格不高于7元/峰瓦[②]；2011年6月，财政部在《关于做好2011年金太阳示范工作的通知》（财建〔2011〕380号）中对不同材料组件的资金支持范围和补助标准进行了具体规定，其中采用晶体硅组件和采用非晶硅薄膜组件的示范项目的补助标准分别确定为9元/瓦和8元/瓦[③]；2012年4月，财政部在《关于公布2012年金太阳示范项目目录的通知》（财建〔2012〕177号）中根据光伏发电系统建设成本持续下降的具体情况，对当年用户侧光伏发电项目的补助标准有所调整，具体为2012年金太阳示范工程总规模为1 709兆瓦，用户侧项目的补助标准确定为5.5元/瓦，同时财政部还提出预拨示范项目补助资金的一定比例[④]。

从2013年开始，“金太阳示范工程”不再进行新增申请审批，这也标志着太阳能光伏初装补贴政策的终结。“金太阳示范工程”的补贴着眼于装机，简单易行且补贴有力。虽然三年来“金太阳示范工程”的每瓦补贴金额逐年下降，但每年补贴金额仍数以十亿元计，特别是2012年补贴金额更是接近百亿元。在如此巨额补贴的扶持下，我国的太阳能光伏应用迅速成熟起来。

---

① 财政部文告2009年第七期［EB/OL］. http：//www. mof. gov. cn/zhengwuxinxi/caizhengwengao/2009niancaizhengbuwengao/caizhengwengao200907/200911/t20091118_ 233416. html.

② 财政部．关于做好2010年金太阳集中应用示范工作的通知［EB/OL］. http：//jjs. mof. gov. cn/zhengwuxinxi/zhengcefagui/201011/t20101123_ 354963. html.

③ 财政部．关于做好2011年金太阳示范工作的通知［EB/OL］. http：//jjs. mof. gov. cn/zhengwuxinxi/zhengcefagui/201106/t20110627_ 567263. html.

④ 财政部．关于公布2012年金太阳示范项目目录的通知［EB/OL］. http：//jjs. mof. gov. cn/zhengwuxinxi/tongzhigonggao/201205/t20120503_ 648262. html.

4.1.1.1.2 设备补贴

2009年7月，财政部等三部门在《金太阳示范工程财政补助资金管理暂行办法》（财建〔2009〕397号附件）中提出对各类示范项目的单位投资补助进行分类管理并分别设定上限，具体分类由财政部、科技部、国家能源局根据技术先进程度、市场发展状况等确定；并网光伏发电项目原则上按光伏发电系统及其配套输电工程总投资的50%给予补助，偏远无光电地区的独立光伏发电系统按总投资额的70%给予补助，光伏发电关键技术产业化和产业基础能力建设项目给予适当贴息或补助，此外还要求有条件的地方可安排一定资金给予支持①。

2010年9月，财政部、科技部、住房和城乡建设部、国家能源局在《关于加强金太阳示范工程和太阳能光电建筑应用示范工程建设管理的通知》（财建〔2010〕662号）中提出中央财政对示范项目建设涉及的关键设备给予支持，也就是对这些设备的中标协议供货价格进行适当比例的补贴，其中2010年用户侧光伏发电项目补贴比例暂定为50%，偏远无电地区的独立光伏发电项目为70%，补贴的比例较高；项目建设中其他费用也可以获得定额补贴，对于2010年用户侧光伏发电项目和偏远无电地区独立光伏发电项目的补贴标准，分别确定为4元/瓦和10元/瓦②。

2011年1月，财政部及住房和城乡建设部联合发布《关于组织实施太阳能光电建筑应用一体化示范的通知》（财办建〔2011〕9号）重申了中央财政对示范项目建设所用关键设备和安装等其他费用都将给予补贴，其中按照中标协议供货价格的50%给予补贴的关键设备包括晶体硅组件、并网逆变器以及储能铅酸蓄电池等，而且补贴资金是直接拨付到设备供货企业中；对于非招标的非晶硅组件产品，其价格将以晶体硅组件最低中标协议供货价格的一定比例确定，补贴标准的比例仍为50%，并依据施工图专项审查报告和供货协议确定的产品供应量核定补助额度，将补贴资金拨付至项目业主单位；示范项目建设的工程安装等其他费用采取定额补贴，即6元/瓦，补贴资金拨付

① 财政部文告2009年第七期［EB/OL］. http：//www.mof.gov.cn/zhengwuxinxi/caizhengwengao/2009niancaizhengbuwengao/caizhengwengao200907/200911/t20091118_233416.html.

② 关于加强金太阳示范工程和太阳能光电建筑应用示范工程建设管理的通知［EB/OL］. http：//jjs.mof.gov.cn/zhengwuxinxi/zhengcefagui/201009/t20100927_340905.html.

至项目业主单位[①]。

4.1.1.1.3 度电补贴

2013年7月，国务院在《关于促进光伏产业健康发展的若干意见》（国发〔2013〕24号）中明确对分布式光伏发电实行按照电量补贴的政策，并提出补贴的执行期限原则上为20年。同月，财政部发布《关于分布式光伏发电实行按照电量补贴政策等有关问题的通知》（财建〔2013〕390号），提出分布式光伏发电项目按电量补贴，补贴标准随后由国家发展和改革委员会确定为每千瓦时0.42元，并且明确享受金太阳示范工程补助资金、太阳能光电建筑应用财政补助资金的项目不属于分布式光伏发电补贴范围[②]。

"度电补贴"政策是根据实际发电量进行补贴，因而有效地避免了骗补等行为，且更加有效地保护财政补贴的力度和效益，同时这也是市场和投资者所预期的理想补贴方式。目前除河南省、安徽合肥、浙江桐乡提出对光伏电站进行投资补贴外，大部分地方政府也出台了以度电补贴为主的补贴政策，度电补贴范围在0.1~0.2元/千瓦时（参见表4.1）。

表4.1 部分省市"度电补贴"标准

地区	政策	来源
山东	2013—2015年并网发电的光伏电站上网电价确定为每千瓦时1.2元，高于国家标杆电价部分由省级承担	山东省物价局关于运用价格政策促进可再生能源和节能环保发电项目健康发展的通知（鲁价格一发〔2013〕119号）
江苏	在国家统一上网电价基础上，2012—2015年期间对全省新投产的非国家财政补贴光伏发电项目，实行地面、屋顶、建筑一体化，每千瓦时上网电价分别确定为2014年1.2元和2015年1.15元	江苏省关于继续扶持光伏发电政策意见的通知（苏政办发〔2012〕111号）
浙江	光伏发电项目实行按照电量补贴的政策，补贴标准在国家规定的基础上，省级再补贴0.1元/千瓦时	浙江省人民政府关于进一步加快光伏应用促进产业健康发展的实施意见（浙政发〔2013〕49号）

① 住房和城乡建设部文件［EB/OL］. http://www.mohurd.gov.cn/lswj/tz/t20110130_202265.htm.

② 财政部. 关于分布式光伏发电实行按照电量补贴政策等有关问题的通知［EB/OL］. http://money.163.com/13/0731/14/9549NCP700254TI5.html.

续表

地区	政策	来源
上海	分布式光伏的“度电补贴”金额为工商业用户0.25元/千瓦时，个人用户0.4元/千瓦时，为期5年	上海市可再生能源和新能源发展专项资金扶持办法（沪发改能源〔2014〕87号）
江西	建成并通过验收后，在享受国家度电补贴的基础上，给予统一标准的省级度电补贴，其中补贴标准为每度电0.2元，补贴期20年	江西省人民政府办公厅加快推进全省光伏发电应用工作方案（赣府厅字〔2014〕56号）

资料来源：中国电力新闻网，http：//www.cpnn.com.cn/zdyw/201405/t20140516_677349.html.

4.1.1.2 风电产业

早在1995年《中华人民共和国电力法》出台之际，就提到了要鼓励和支持农村利用风能进行农村电源建设，也由此开启了政府支持风电产业发展的序幕。对于风电产业的扶持，财政主要是从项目、设备、贷款以及上网电价的角度给予补贴。

4.1.1.2.1 项目补贴

2007年1月，国家发展和改革委员会颁布的《可再生能源电价附加收入调配暂行办法》（发改价格〔2007〕44号）规定了风电项目电价补贴的两种情况，一是风电项目上网电价超出项目所在地脱硫燃煤机组标杆上网电价的部分，二是超过当地省级电网平均销售电价的公共风能独立电力系统所需要的运行维护费用，但是仅包括国家投资或补贴建设的风能电力系统；风能发电项目接网工程按风能发电企业上网电量和规定的接网费用标准给予补贴，具体接网费用标准因线路长度不同而有所差异，也就是50公里以内、50～100公里、100公里及以上分别为每千瓦时1～3分钱①。

4.1.1.2.2 设备补贴

2008年8月，财政部在《风力发电设备产业化专项资金管理暂行办法》（财建〔2008〕476号）中提出了比较细化的补贴办法：对满足支持条件企业的首50台风电机组，按600元/千瓦的标准予以补助，所支持的企业中整机制造企业和关键零部件制造企业各占一半，关键零部件制造企业补助金额要

① 国家发展和改革委员会．可再生能源电价附加收入调配暂行办法［EB/OL］．http：//www.docin.com/p-221674108.html.

参照成本的一定比例确定，并倾向于补助交流器和轴承企业；产业化资金投放方向主要是风电设备新产品研发的相关支出①。我国现阶段具备独立制造兆瓦级容量风电机组的厂商还非常少，这个文件的出台将有利于我国风机级别实现扩容，并加快与国际主流容量接轨的步伐，从而全面促进风电产业升级。此外，2008 年 11 月国家能源局计划使用 7 亿元用于风电设备的技术改造。

然而这一政策实施不足三年，财政部就在《废止和失效的财政规章和规范性文件目录（第十一批）》（财政部令第 62 号）中取消了这一补贴政策，但不得不说这项补助对风电设备技术国产化的鼓励和导向作用还是非常显著的。

4.1.1.2.3 贷款贴息

我国政府在 1987 年设立的农村能源专项贴息贷款项目中，就包括风电技术的推广应用。2006 年 6 月颁布的《可再生能源发展专项资金管理暂行办法》（财建〔2006〕237 号）对贷款贴息政策做了更为详细的规定：适用于贷款贴息的项目限于列入国家可再生能源产业发展指导目录和符合信贷条件的可再生能源开发利用项目；贴息需要在项目承担单位或者个人已支付银行贷款利息时才予以安排；贴息资金按照据实原则，取决于已经实际到位的银行贷款和实际支付利息的数额，贴息年限不超过 3 年，年贴息率一般低于 3%②。

4.1.1.2.4 电价补贴

2009 年 7 月，国家发展和改革委员会公布《关于完善风力发电上网电价政策的通知》（发改价格〔2009〕1906 号），对风电开始执行标杆电价政策。根据风能资源状况和工程建设条件的不同，全国可分为四类风能资源区，标杆电价依次为每千瓦时 0.51 元，0.54 元，0.58 元和 0.61 元，政府就本地区风电标杆电价与煤电标杆电价的差价给予风电价格补贴，同时明确要求新建陆上风电项目，统一执行所在风能资源区的风电标杆上网电价。由于不同地区煤电价格水平不一致，该政策执行的结果就是国家对不同地区风电补贴存在很大差异，主要表现在西部、北部的风电度电补贴远大于中东部，个别地方补贴额差距有 3 倍之多。

---

① 财政部 2008 年政策发布［EB/OL］. http：//www. mof. gov. cn/zhengwuxinxi/zhengcefabu/2008zcfb/200808/t20080822_ 66469. htm.

② 财政部法规规划［EB/OL］. http：//www. mof. gov. cn/mofhome/gp/jingjijianshesi/200806/t20080624_ 50274. html.

4.1.1.3 生物质能产业

4.1.1.3.1 项目补贴

对于生物质能发电，早在2006年6月，财政部、国家环境保护总局就联合下发了《中央重要环境保护专项资金项目申报指南（2006—2010）》（财建〔2006〕318号），对生物质发电项目进行了新的定位，纳入了重点扶持对象①。2010年7月，国家发展和改革委员会在《关于完善农林生物质发电价格政策的通知》（发改价格〔2010〕1579号）中明确对农林生物质发电的上网电价给予两方面的补贴，其中低于当地脱硫燃煤机组标杆上网电价的部分由省级电网企业负担；高出部分由全国征收的可再生能源电价附加分摊解决。如果脱硫燃煤机组标杆上网电价调整，需要增加的补贴部分由当地电网企业负担②。

对于生物质能的其他产业化项目，2006年9月，财政部联合多部委下发了《关于发展生物能源和生物化工财税扶持政策的实施意见》（财建〔2006〕702号），提出对生物能源与生物化工生产企业将建立风险基金制度与弹性亏损补贴机制，此外对以“公司+农户”方式经营的生物能源和生物化工龙头企业，国家给予适当补助。2007年9月，财政部印发《生物能源和生物化工原料基地补助资金管理暂行办法》（财建〔2007〕435号），对林业和农业原料基地都核定了补助标准，分别为200元/亩和180元/亩③。2008年财政部颁布《秸秆能源化利用补助资金管理暂行办法》（财建〔2008〕735号），对从事秸秆成型燃料、秸秆气化、秸秆干馏等秸秆能源化生产企业给予综合性补助，以支持企业收集秸秆、生产秸秆能源产品并向市场推广。

4.1.1.3.2 贷款贴息

财政部2006年6月颁布的《可再生能源发展专项资金管理暂行办法》（财建〔2006〕237号）所规定的贷款贴息政策同样适用于生物质能相关项目，即“贴息资金根据实际到位银行贷款、合同约定利息率及实际支付利息数额确定，贴息年限为1~3年，年贴息率最高不超过3%”④，扶持的重点是生物乙醇燃料和生物柴油等项目。

---

① 该指南每年公布一次，生物质发电项目只在2006年被列入其中。

② 国家发展和改革委员会．关于完善农林生物质发电价格政策的通知［EB/OL］．http：//www.nea.gov.cn/2010-07/28/c_131097727.htm.

③ 1亩≈0.0667公顷，单位换算，即约为2998.5元/公顷和2698.65元/公顷。

④ 财政部法规规划［EB/OL］．http：//www.mof.gov.cn/mofhome/gp/jingjijianshesi/200806/t20080624_50274.html.

4.1.1.3.3　电价补贴

2006年1月，国家发展和改革委员会印发《可再生能源发电价格和费用分摊管理试行办法》的通知（发改价格〔2006〕7号），对生物质发电项目上网电价明确了使用政府定价的方式；由国家发展和改革委员会确定不同地区的标杆电价，补贴标准为0.25元/千瓦时，补贴时间为发电项目投产之日起的15年内；但是补贴电价标准并不是一成不变的，从2010年起，每年新批准和核准建设的发电项目都比上一年同类项目的补贴递减2%。[①] 除了常规电价补贴，国家发展和改革委员会、国家电力监管委员会还曾对2007年1—9月可再生能源电价进行临时补贴。按照《关于2007年1—9月可再生能源电价附加补贴和配额交易方案的通知》（发改价格〔2008〕640号）的有关要求，对纳入补贴范围内的秸秆直燃发电亏损项目按上网电量给予了每千瓦时0.1元的临时电价补贴[②]。2012年3月，国家发展和改革委员会在《关于完善垃圾焚烧发电价格政策的通知》（发改价格〔2012〕801号）中指出，以生活垃圾为原料的发电项目，按垃圾处理量折算成上网电量；每吨生活垃圾相当于280千瓦时上网电量，垃圾发电的全国统一标杆电价为每千瓦时0.65元；如果当地垃圾焚烧发电上网电价较高，将对高出当地脱硫燃煤机组标杆上网电价的部分实行两级分摊，省级电网负担每千瓦时0.1元；如果以上述方法折算的上网电量低于实际上网电量的一半，将被认作是不享受垃圾发电价格补贴的常规项目。[③]

4.1.1.4　核电产业

相比于前三类新能源产业，核电产业获得的财政补贴政策相对较少。国家发展和改革委员会2007年10月公布了《核电中长期发展规划（2005—2020年）》，在保障政策和措施中提及“核电自主化依托工程建设资金筹措以国内为主，国家根据可能，从预算内资金（国债资金）中给予适当支持”[④]。

---

① 可再生能源发电价格和费用分摊管理试行办法［EB/OL］. http：//www.gov.cn/ztzl/2006-01/20/content_165910.htm.

② 关于2007年1-9月可再生能源电价附加补贴和配额交易方案的通知［EB/OL］. http：//wenku.baidu.com/view/bedac06daf1ffc4ffe47acec.html.

③ 关于完善垃圾焚烧发电价格政策的通知［EB/OL］. http：//www.gov.cn/zwgk/2012-04/10/content_2109921.htm.

④ 核电中长期发展规划（2005—2020年）［EB/OL］. http：//www.gov.cn/gzdt/att/att/site1/20071104/00123f3c4787089759a901.pdf.

4.1.1.5 地热能产业

2013年初，国家能源局、财政部等四部委联合下发《关于促进地热能开发利用的指导意见》（国能新能〔2013〕48号），按照相关部署，中央财政重点支持地热能项目包括资源勘查与评估、地热能供热制冷，以及地热能发电和综合利用示范等；按照可再生能源电价附加政策要求，对地热发电商业化运行项目给予电价补贴政策。① 这是我国首次提出按照可再生能源电价附加政策，对地热发电项目给予补贴，从而能够更好地提高企业参与地热资源开发的积极性。

4.1.2 新能源产业的税收政策

4.1.2.1 太阳能光伏产业

4.1.2.1.1 项目建设阶段

早在1997年修订的《外商投资产业指导目录》就将太阳能电站建设纳入外商投资鼓励类项目，因此，按照国务院《关于调整进口设备税收政策的通知》（国发〔1997〕37号）规定，如太阳能电站建设为外商企业投资并转让技术的，在投资总额内进口的自用设备，免征关税和进口环节增值税。在财政部、海关总署、国家税务总局等四部委2013年公布的《关于调整重大技术装备进口税收政策有关目录的通知》（财关税〔2013〕14号）中，要求对符合规定条件的国内企业为生产国家支持发展的太阳能电池设备而确有必要进口部分关键零部件、原材料，自当年4月1日起免征关税和进口环节增值税。太阳能电池生产设备包括：太阳能级单晶炉、太阳能级多晶铸锭炉等。

4.1.2.1.2 项目运营阶段

运营期的太阳能光伏企业主要是享受企业所得税和增值税方面的优惠政策。根据企业所得税法规定，凡是符合条件的环境保护、节能节水等企业的项目取得第一笔生产经营收入所属纳税年度起，第一年至第三年免征企业所得税，第四年至第六年减半征收企业所得税。

在增值税优惠方面，2013年财政部、国家税务总局出台《关于光伏发电增值税政策的通知》（财税〔2013〕66号），对纳税人自2013年10月1日至2015

---

① 国家能源局，财政部，国土资源部，住房和城乡建设部．关于促进地热能开发利用的指导意见［EB/OL］．http：//www.gov.cn/zwgk/2013－02/07/content_ 2329361.htm.

年12月31日之间销售的利用太阳能自产的电力产品，实行增值税即征即退50%的优惠措施。另外针对销售分布式光伏发电余电产品以居民业户的发电户或非企业性单位为主的特点，国家税务总局发布《关于国家电网公司购买分布式光伏发电项目电力产品发票开具等有关问题的公告》（2014年第32号），从2014年7月起，国家电网公司所属企业可以针对分布式光伏发电项目发电户的电力产品开具普通发票，并按照增值税简易计税办法计算和代征增值税税款①。推广简易结算方式，将更有利于分布式光伏发电项目的开发和大规模利用。

在出口退税政策上，为鼓励高科技、高附加值产品出口，对太阳能电池板和太阳能电池组件等产品给予17%的全额退税。

4.1.2.2 风电产业

4.1.2.2.1 项目建设阶段

风力发电在项目建设期享受的税收优惠政策主要针对项目设备是否进口及其国产化率水平，涉及的税种包括关税和增值税。

在进口设备的关税优惠方面，2005年7月，国家发展和改革委员会在《关于风电建设管理有关要求的通知》（发改能源〔2005〕1204号）中对免除关税的进口设备设定了一个硬性条件，即风电设备国产化率达到70%以上，但是这一优惠政策在2009年被取消。

在外商采购国产设备的增值税优惠方面，按照国家税务总局、国家发展和改革委员会出台的《外商投资项目采购国产设备退税管理试行办法》（国税发〔2006〕111号），由于风能电站建设属于《外商投资产业指导目录（2011年修订）》中鼓励类外商投资项目，因此采购的相关国产设备可以享受增值税退税政策。此规定自2009年1月1日起停止执行②。

在风电整机进口的优惠方面，不同时间点对整机的认定标准有所差别。2008年5月1日之前，由于按照2004、2005、2007年《外商投资产业指导目录》规定，风能电站建设都属于鼓励类项目（其中2007年指导目录要求为“1.5兆瓦及以上风力发电设备”），因此根据《国务院关于调整进口设备税收政策的通知》（国发〔1997〕37号），整机享受免征关税和进口环节增值税的

① 国家税务总局．关于国家电网公司购买分布式光伏发电项目电力产品发票开具等有关问题的公告［EB/OL］．http：//www.shui5.cn/article/37/71950.html.

② 根据财政部、国家税务总局《关于停止外商投资企业购买国产设备退税政策的通知》（财税〔2008〕176号）规定。

政策。2008 年财政部对这一规定进行了修改。根据《关于调整大功率风力发电机组及其关键零部件、原材料进口税收政策的通知》（财关税〔2008〕36 号），对 2008 年以后国内企业为开发、制造功率不小于 1.2 兆瓦的风力发电机组而进口的关键零部件、原材料而发生的进口关税和进口环节增值税，实行先征后退政策；自 2008 年 5 月 1 日起，对新批准的内、外资投资项目进口单机额定功率小于 2.5 兆瓦的风力发电机组不再执行进口免税政策[①]。根据 2012 年修订的《进口不予免税的重大技术装备和产品目录》，单机额定功率小于等于 3 兆瓦的风力发电机组整机也将继续征税。

4.1.2.2.2　项目运营阶段

企业所得税和增值税的有关政策也有涉及风电企业在运营阶段的优惠。如果风力发电工程由政府投资并经相关部门批准，符合《公共基础设施项目企业所得税优惠目录（2008 年版）》（财税〔2008〕116 号）中“风力发电新建项目”的条件，就可以根据财政部、国家税务总局《关于公共基础设施项目和环境保护、节能节水项目企业所得税优惠政策问题的通知》（财税〔2012〕10 号）享受有关优惠，也就是对于企业于 2007 年年底之前已经获批的公共基础设施项目投资经营的所得，可在取得第一笔生产经营收入所属的纳税年度起，在享受企业所得税“三免三减半”的优惠期间内，自 2008 年 1 月 1 日起享受其剩余年限的减免企业所得税优惠。

对于风电销售的增值税问题，2001 年财政部、国家税务总局发布《关于部分资源综合利用及其他产品增值税政策问题的通知》（财税〔2001〕198 号），规定 2001 年 1 月 1 日起利用风力生产的电力按增值税应纳税额减半征收。但是 2008 年财政部和国家税务总局又发布《关于资源综合利用及其他产品增值税政策的通知》（财税〔2008〕156 号），废除了之前的规定，将利用风力生产的电力所享受的优惠政策修改为实行即征即退 50%。

4.1.2.3　生物质能产业

生物质能的环保意义重大，然而在生产成本还比较高的情况下，需要以税收优惠的形式来支持相关企业，加快我国生物质能产业的发展。

4.1.2.3.1　生物质能发电

2008 年 12 月，财政部、国家税务总局在《关于资源综合利用及其他产品

① 关于调整大功率风力发电机组及其关键零部件、原材料进口税收政策的通知［EB/OL］. http://www.chinaacc.com/new/63/64/80/2008/4/wa699113549424800253O-0.htm.

增值税政策的通知》(财税〔2008〕156号)中提出,对垃圾用量占发电燃料的比重超过80%的以垃圾为燃料生产的电力或者热力,如果生产过程中的排放达到GB 13223—2003第1时段标准或者GB 18485—2001有关规定的,实行增值税即征即退政策①,所谓垃圾,包括了城市生活垃圾、农作物秸秆等生物质能。随后在2009年的财税〔2009〕163号通知中对本条款进行了补充,即包括了利用垃圾发酵产生的沼气生产销售的电力或者热力。

除了增值税优惠,2008年实施的《中华人民共和国企业所得税法》和《中华人民共和国企业所得税法实施条例》规定,如果企业以《资源综合利用企业所得税优惠目录(2008年版)》中所列资源为主要原材料,生产上述目录内符合国家或行业相关标准的产品,在计算应纳税所得额时,所获得的收入可以减计10%,也就是只有90%的部分需要纳入收入总额中。而在国家发展和改革委员会等部门发布的《资源综合利用企业所得税优惠目录(2008年版)》(财税〔2008〕117号)中特别提到了综合利用农作物秸秆和壳皮,且原料70%来自于这些资源生产的电力等,可以享受收入减计10%的所得税优惠。

4.1.2.3.2 生物质能的其他产业

《中华人民共和国企业所得税法》第27条要求对从事符合条件的环境保护、节能节水项目的所得规定了一些优惠政策,包括可以免征、减征企业所得税。在《实施条例》中对这类项目的解释特别提到沼气综合开发利用项目,也就是对安装后具体使用沼气池利用垃圾制造能量的企业,可以适用税收优惠政策。

财政部、国家税务总局在《关于调整完善资源综合利用产品及劳务增值税政策的通知》(财税〔2011〕115号)中要求,对销售以餐厨垃圾、畜禽粪便、稻壳、花生壳、玉米芯等处理后产生的污泥,以及利用上述资源发酵产生的沼气为原料生产的电力、热力、燃料,如生产原料中上述资源的比重不低于80%,实行增值税即征即退100%的政策②。

财政部、国家税务总局联合下发的《关于调整变性燃料乙醇定点生产企

① 国家税务总局.关于调整完善资源综合利用产品及劳务增值税政策的通知[EB/OL].http://www.chinatax.gov.cn/n8136506/n8136593/n8137537/n8138502/8714515.html.

② 国家税务总局.关于调整完善资源综合利用产品及劳务增值税政策的通知[EB/OL].http://www.chinatax.gov.cn/n8136506/n8136593/n8137537/n8138502/11740942.html.

业税收政策的通知》（财税〔2011〕102号）规定，以粮食为原料生产用于调配车用乙醇汽油的变性燃料乙醇，实行增值税先征后退政策，2011年退税比例为80%，此后逐年递减20%，至2015年结束。

4.1.2.4　核电产业

对于核电产业的税收优惠政策主要涉及关税、增值税、企业所得税和城镇土地使用税。

2007年9月，财政部、国家税务总局发布《关于核电站用地征免城镇土地使用税的通知》（财税〔2007〕124号），率先对核电站用地城镇土地使用税政策进行了明确，要求对除核电站的核岛、常规岛、辅助厂房和通信设施用地（不包括地下线路用地）、生活及办公用地以外的其他用地免征城镇土地使用税，而且要对基建期内的核电站应税土地实行减半征收城镇土地使用税。①

国家发展和改革委员会2007年10月公布的《核电中长期发展规划（2005—2020年）》中，对核电产业的税收优惠提出了多项措施，主要有国家确定的核电自主化依托项目和国内承担核电设备制造任务的企业所涉及的进口税收政策，按照《国务院关于加快振兴装备制造业的若干意见》的规定执行；核电企业投产后，对销售环节的增值税实行先征后返；国内承担国家核电设备制造自主化任务的企业，进口用于核电设备生产的加工设备和材料，核电工程施工所需进口的材料、施工机具，免征进口关税和进口环节增值税②。

2008年4月，财政部、国家税务总局发布《关于核电行业税收政策有关问题的通知》（财税〔2008〕38号），对核电行业的增值税、企业所得税政策进行了统一。具体包括：核电企业生产销售电力产品，自核电机组正式商业投产次月起15个年度内，统一实行增值税先征后退政策，但返还比例由75%，70%到55%分三个阶段逐级递减；自2008年1月1日起，核力发电企业取得的增值税退税款，专项用于还本付息，不征收企业所得税③。此外，还

---

① 国家税务总局．关于核电站用地征免城镇土地使用税的通知［EB/OL］．http：//www.chinatax.gov.cn/n8136506/n8136593/n8137537/n8138502/8312962.html.

② 国家发展和改革委员会．核电中长期发展规划（2005—2020年）［EB/OL］．http：//www.gov.cn/gzdt/att/att/site1/20071104/00123f3c4787089759a901.pdf.

③ 财政部，国家税务总局．关于核电行业税收政策有关问题的通知［EB/OL］．http：//www.ctaxnews.com.cn/www/detail/ntdetail.jsp？DOCID＝10117.

对大亚湾核电站和广东核电投资有限公司在2014年年底前需执行的政策进行了规定。我国大规模的核电建设必须要有大量的资金投入，提供税收优惠政策能够改变现有单一的国家投入模式，把核电发展与社会资本联系起来，调动更多民营和外资机构的投资积极性。

4.1.2.5 鼓励新能源技术和新能源企业发展的税收优惠

新能源产业多为高新技术企业，应用新技术、新工艺，开发新产品。为鼓励创新，企业所得税法也出台了一些优惠措施。

《企业所得税法》第三十条第一项规定，企业为开发新技术、新产品、新工艺发生的研究开发费用，未形成无形资产计入当期损益的，在按规定据实扣除的基础上，按照研究开发费用的50%加计扣除；形成无形资产的，按照无形资产成本的150%摊销①。

由于新能源技术属于《国家重点支持的高新技术领域》范围，因此从事新能源生产的企业应认定为高新技术企业。根据《企业所得税法》第二十八条规定，国家需要重点扶持的高新技术企业，减按15%的税率征收企业所得税②。

在固定资产折旧方面，根据《企业所得税法实施条例》第九十八条规定，由于技术进步，产品更新换代较快的固定资产，可以采取缩短折旧年限或者采取加速折旧的方法③。

4.2 我国新能源财税政策的效应分析

在今后和未来一段时间，新能源产业都将成为我国国民经济中极为重要的战略性产业，它是能源结构升级、新兴产业培育的支撑，对于当前我国加快经济增长方式转变、提升能源安全的保障能力和实现能源与环境的协调统一都具有十分深远的价值。然而相对于它的战略性地位和广阔前景，我国新能源产业无论是规模还是实力都发展不足，还难以担当起支持国民经济和社会发展的重任。因此，在新能源产业起步及发展的初期，财税政策对其发展

---

① 中华人民共和国企业所得税法实施条例［EB/OL］. http：//www.gov.cn/flfg/2007－12/11/content_ 830723.htm.

② 中华人民共和国企业所得税法［EB/OL］. http：//www.cnnsr.com.cn/jtym/fgk/2007/20070316000000202050.shtml.

③ 中华人民共和国企业所得税法实施条例［EB/OL］. http：//www.gov.cn/flfg/2007－12/11/content_ 830723.htm.

给予极大的扶持和引导作用，帮助这一新兴产业迅速成长，并做大做强，更好地发挥其应有的战略性作用。

4.2.1　我国新能源产业财税政策效果的一般判定

2006 年实施的《可再生能源法》及随后的修正案为我国新能源产业的发展搭建了优势明显的政策平台，这其中尤以财税政策最为显著。在良好的财税政策环境中，新能源产业异军突起，持续快速发展，走过了近 10 年令人瞩目的“黄金发展期”。

4.2.1.1　完善产业发展环境，成为新的经济增长点

作为指导新能源产业发展的“上位法”，《可再生能源法》颁布后，各部委及多个地方政府也制定了一系列配套细则和落实措施，初步形成了支持新能源产业发展的政策体系。以财政部和国家税务总局牵头，联合有关部委先后出台了多项财税政策，主要包括制定了《可再生能源专项资金管理办法》《关于发展生物能源和生物化工财税扶持政策的实施意见》《关于促进风电产业发展的通知》《关于推进可再生能源在建筑中应用的实施意见》等，对新能源产业发展形成了支撑和基础。同时，各级地方政府结合本地区经济发展状况和能源禀赋，也制定了一系列对新能源细分领域的专门性补贴及优惠措施，加快了各地新能源项目的落地。这样，在新能源产业领域，大致形成了以《可再生能源法》为基础，以中央财政补贴和贴息为引导、以地方财政资金为重要补充、以税收优惠为主要手段的多层次产业财税政策体系。

随着新能源产业规模的不断扩大，以新能源利用为纽带，上下游产业深度融合，带动了传统能源行业的转型和升级，逐渐成为拉动经济增长的一支重要力量。另外，新能源技术和其他领域的结合，又不断催生出新的业态，成为国家工业化发展中的一个新亮点。

4.2.1.2　新能源产业在国民经济中的地位迅速提高

在财税政策的带动和激励下，我国新能源产业步入快速发展期，产业规模不断扩大，并在多个新能源领域创造了“世界领先”。根据中国工业节能与清洁生产协会发布的《2010 中国节能减排产业发展报告》，早在 2007 年中国光伏电池产量已经超过德国和日本，居世界第一位；2009 年，我国风电装机容量达到 1 380.32 万千瓦，超过美国排名全球第一；截至 2008 年，我国成为

仅次于巴西和美国的全球第三大燃料乙醇生产国①。2012 年，国家电力监管委员会发布的《2010 年度发电业务情况通报》对我国“十一五”期间电源工程建设投资进行了汇总，包括水电、核电、风电在内的新能源合计完成投资占电源投资的比重从 2005 年的 29% 持续提高到 2010 年的 63%，显示了向非化石能源发电领域倾斜的迹象。以新能源产业规模居全国大中城市前列的深圳市为例，2012 年该市新能源产业增加值 325.26 亿元，增长 19.8%，远超过制造业 6.7%、高新技术制造业 8.9%、房地产业 15.8% 的增长率②。

这些成就的取得基本都归功于一系列财税政策陆续释放的效应，大大提升了新能源产业在国民经济总量中的份额和地位。美国钢铁工人联合会曾经在 2010 年对我国进行过一系列清洁能源政策和措施的调查，其结论是中国在经济刺激计划中给予新能源行业的补贴为 2 160 亿美元，相当于美国的两倍③。虽然这样的说法是否公允有待检验，但足可见新能源产业发展中财政资金投入的量级。另外，财政资金还要负担可再生能源电价附加的补贴，单单此项每年就高达数百亿元。可以说，财政补贴已经渗透至新能源产业链的多个环节，并发挥了重要的带动和激励作用。

4.2.1.3 为技术创新提供物质基础，提升新能源产业软实力

国家发展和改革委员会牵头起草的《战略性新兴产业发展“十二五”规划》将新能源产业定位为未来国民经济的先导产业。这样的定位不仅要求新能源产业发展在量的方面要有一定规模，还要求其在质的方面具备较强的软实力，尤其是新能源技术研发方面不断取得进步。而目前我国新能源财政补贴中除了投资生产环节，其余主要是补贴在新能源技术的研发方面。

在 863 计划、973 计划等国家重大科技计划中有多项涉及新能源基础性研究和重大关键技术研发的项目，并取得了众多研究成果和多项关键技术的突破。早在 2007 年，973 计划就在探索大规模发展新能源和可再生能源方面进行了部署，包括超临界水堆关键科学问题、加速器驱动核能系统、生物质和风能的基础研究等项目。而侧重于高新技术研究的 863 计划也较多地涉及先进能源领域的主题，以 2012 年启动的“海流能发电与海岛新能源供电关键技

---

① 辛灵．新能源：产业规模巨大，国内应用乏力［N］．中国建设报，2011－02－16．

② 深圳统计．深圳市 2012 年国民经济和社会发展统计公报［EB/OL］．http：//www.sztj.gov.cn/xxgk/tjsj/tjgb/201304/t20130412_2127275.htm．

③ 邢少文．新能源产业的财政补贴之路［J］．南风窗，2011（2）．

术”主题项目为例，其对海流能、风能、光伏能、储能等海岛新能源的混合供电系统的研发，将大大提升我国新能源领域的国际竞争力。这些重大科研计划中，无一能够离开强大的财政资金支持。此外，在其他各类科技专项基金的推动下，我国新能源应用领域也涌现出一大批具有自主知识产权的产品和技术，新能源的核心竞争力和产业优势也不断被挖掘出来，在国际市场中的市场份额也持续扩大。

4.2.1.4 推动新能源企业的起步与成长

在新能源企业认定方面，工业和信息化部、环保部等先后明确了享受财政补贴及税收优惠政策的企业需具备的技术指标和相关产业目录，从而规范了新能源产业的企业管理体系，使各项财税政策能够落实到位和有的放矢。在这样的政策环境中，规范化的行业管理体系给新能源项目的上马和新能源企业的发展铺平了道路。也正因为有了强有力的财政资金支持和税收政策辅助，才改善了相关企业的生存状况，特别是给起步阶段的新能源企业适应市场竞争带来了积极影响。我国从事新能源开放和利用的企业数量和实力双双提高，在中国能源经济研究院发起主办的“2011 全球新能源企业”排行榜中，有 26 家新能源企业进入该榜单的前 100 强。在全球新能源企业 500 强中，中国以 171 家的企业数量和 4 878 亿元的营业总收入规模高居首位，这也成为我国新能源产业发展的重大成就①。

4.2.2 新能源产业财税政策的成本效益分析——以太阳能光伏产业为例

成本效益分析是将项目的成本和效益结合起来进行比较，来评估项目价值的一种决策方法。对于政府的计划或决策而言，通过成本效益分析，也可以寻求以最小的政策成本获取最大的收益，包括社会效益、经济效益、环境效益等。这种方法的核心是考虑时间因素变化，用现值的方法进行对比分析，因此对于政策的分析也需要通过对相关政策实施过程中及未来一段时间的全部成本和全部效益的现价折算来比较。

对新能源产业财税政策进行成本效益分析是在分析财税政策实施条件和

---

① 中国建材网．中国企业领先全球新能源 500 强［EB/OL］．https：//www.bmlink.com/news/755353.html.

相关要素的基础上，综合考虑在政策实施过程中政府、企业、个人等主体所付出的成本和获得的收益，通过比较分析，对财税政策的价值和优劣做出判断，从而不断优化新能源产业财税政策实施方案的一种政策分析方法。以往对于能源财税体系的分析注重考查其所带来的经济成本和经济效益，而没有将社会与环境等方面的成本与效益纳入政策分析框架中去。而对于新能源产业来说，其具有巨大的正外部效应，在运用财税政策促进新能源产业发展时，必须要将社会与环境成本效益作为重要的产业影响因素。在一定条件下，在考虑时间因素的前提下，对政策实施过程中的有关经济、社会、环境等方面在未来可预见的全部成本与效益进行现价折算和对比分析。

4.2.2.1 太阳能光伏产业财税政策的成本构成

太阳能光伏产业在运用财税政策的过程中可能会产生四部分成本，包括政府财政支出及税收收入减少、政策实施过程中的耗费、企业资本性支出、企业日常运行费用（见表4.2）。具体来说，政府付出的成本是主要构成部分，财政支出及税收的减少是政策实施的最大成本，这也形成了对太阳能光伏产业的直接投资，成为刺激产业发展的最直接动力；而政策实施过程中的支出属于政策性消耗，包括政策的制定成本，如政策出台前的调查支出、分析支出、政策设计支出，还包括与该产业有关的行政事业费用支出，如政策实施后的效应评估支出。企业付出的成本也包括两部分，即资本性支出，如企业在太阳能光伏项目上马前后需要支付的设备采购费用、生产线调试费用、原有生产线的改造费用，以及不断对新的技术和工艺进行研究和开发的支出，这是企业所需承担成本的主要部分；另外企业还要负担在太阳能光伏项目生产过程中的各种运行和维护费用，以及其他材料和燃料的耗费支出。

表4.2 太阳能光伏产业的财税政策成本分解

	成本项目	成本内容
太阳能光伏产业的财税政策成本	政府财政支出及税收收入	财政补贴、政策性贴息
		税收优惠
	政策实施过程中的耗费	政策制定、分析及调研费用
	企业资本性支出	采购新设备成本
		改造原有生产线成本
		新技术研发支出
	企业日常运行费用	日常运行与维护、材料及燃料费用等

4.2.2.2 太阳能光伏产业财税政策的效益构成

太阳能光伏产业财税政策产生的效益不仅包括经济效益，即企业利润增加、个人收入增加和政府收入的增加等，还包括社会和环境方面取得的效益增加，这些效益综合起来能够更加立体地反映出财税政策给太阳能光伏产业发展带来的利好。太阳能光伏产业的环境和社会效益均属于正外部性的溢出，只有国家通过各项财政补贴和税收优惠的激励，才能实现这些效益的内部化，从而增加产业发展的后劲。充分考虑企业经营中产生的环境和社会的正外部性效益，才能对财税政策的成本效益进行科学评估，保证激励政策设计与实施的到位，充分调动政府和企业的两个积极性，促进这一新兴行业的长远发展（见表4.3）。

表4.3 太阳能光伏产业的财税政策效益分解

<table>
<tr><td rowspan="13">太阳能光伏产业的财税政策效益</td><td colspan="2">效益项目</td><td>效益内容</td></tr>
<tr><td rowspan="5">经济效益
（社会总福利）</td><td rowspan="2">政府收入增加或支出减少</td><td>来自太阳能光伏产业的税收收入增加</td></tr>
<tr><td>对传统能源开发及涵养的直接投入减少</td></tr>
<tr><td>企业利润增加</td><td>光伏企业产量增加</td></tr>
<tr><td rowspan="2">个人福利增加</td><td>个人因产业发展获得更多的收入或</td></tr>
<tr><td>使用更低价格的太阳能光伏产品</td></tr>
<tr><td colspan="2" rowspan="3">环境效益</td><td>对环境和资源恢复的投入减少</td></tr>
<tr><td>废弃物治理的投入减少</td></tr>
<tr><td>环境改善后的投资效果提升</td></tr>
<tr><td colspan="2" rowspan="4">社会效益</td><td>因环境污染引发的社会冲突减少</td></tr>
<tr><td>新兴产业的地位提高</td></tr>
<tr><td>公共卫生和人民健康得到改善</td></tr>
<tr><td>能源安全得到保障</td></tr>
</table>

4.2.2.2.1 太阳能光伏产业的产量增加的效应

产能增加，是财税政策给太阳能光伏产业带来的最直接效益。通过前面的政策梳理，可以看到财税政策对太阳能光伏产业的支持涉及资本、技术和劳动力等多种要素，但是鉴于分析的代表性，这里仅选择资本和劳动力作为变量，对太阳能光伏产业的生产函数进行分析。因此，可以将光伏产业的生

产函数定义为 $Q=f(K, L)$，其中，K 为资本投入，L 为劳动力投入。而政府各类财税政策在生产函数中的作用是为参与太阳能光伏制造的企业在生产环节提供补贴，用以降低光伏产品的生产与经营成本，这些财税政策既包括中央层面的补助基金，也包括各省市级政府发布的光伏产业补贴政策和优惠措施。为了便于分析，需要假设这一生产函数一些必要的前提条件，如光伏企业的生产行为是理性的经济行为，其所获得的市场信息是完全对称的，企业的资本投入会全部用于生产资料的采购。

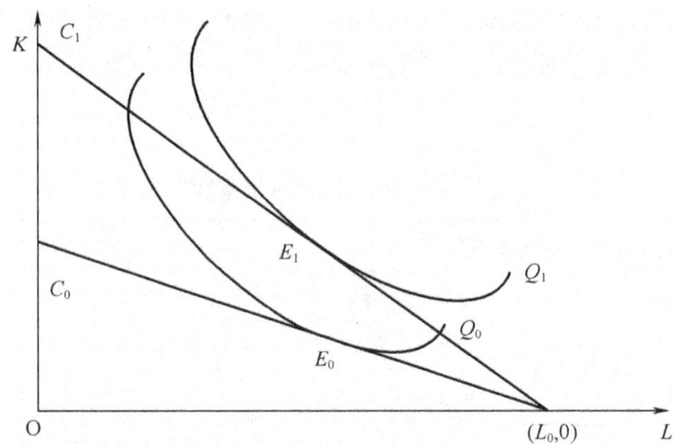

图 4.1　太阳能光伏产业的产量增加的效应分析

由图 4.1 可知，横轴和纵轴分别代表劳动力投入和资本投入。在投入一定的情况下，光伏产品的等成本曲线分别为 C_0和 C_1，而其对应的等产量曲线分别为 Q_0和 Q_1，以 P_K与 P_L分别代表资本和劳动力的单位价格，则等成本曲线 C_0可以表示为：

$$P_K \cdot K + P_L \cdot L = C_0$$

这条等成本曲线的斜率为：

$$K_0 = -P_L/P_K$$

当政府对光伏产业实施了多种补贴和优惠后，由于假设光伏企业的投入增加主要用于购入生产资料，那么这些政策实施后企业也不会倾向于大幅增加劳动力投入；此外假设单位生产资料的补贴率为 S，那么此时资本 K 的单位价格会有所下降，即为 P_K-S，而等成本曲线 C_1则要表达为：

$$(P_K - S) \cdot K + P_L \cdot L = C_1$$

这条等成本曲线的斜率为：

$$K_1 = -P_L/(P_K - S)$$

等成本曲线由 C_0 变成 C_1，而 C_1 的斜率要明显大于 C_0 的斜率，也就是看起来 C_1 坡度更陡。等成本曲线 C_1 与 C_0 交于（L_0，0），表示财税政策实施后该产业的劳动力投入没有发生变化。

等成本曲线 C_0 与等产量线 Q_0 的交点是 E_0，财税政策实施后的交点变成 E_1。将两个最佳配置点进行比较可以发现，E_1 代表的产量明显要高于 E_0 代表的产量，也就是说不考虑其他市场条件，单就产量来看，财税政策对光伏产业发展会产生积极的促进作用。

4.2.2.2.2　太阳能光伏产业补贴后各利益主体的福利变化

福利经济学主要通过比较消费者剩余和生产者剩余来体现政策变化后整个社会福利的改善。对于太阳能光伏产业，无论是“金太阳”示范工程，还是太阳能光电建筑专项补助资金，都是对于这一产业进行了财政扶持，利好政策在短期内会刺进更多的企业或更多的资本进入。

由于从事光伏产品生产的企业较多，市场比较成熟，因此选择在完全竞争的市场环境中进行分析。如图 4.2 所示，光伏产品的需求与供给由市场来决定，并由此确定了均衡价格和均衡产量，分别以 D，S，P_1，Q_1 来表示。在有利的补贴和优惠政策下，企业多会追加生产，增加市场供应量。在图中，市场供给曲线向右由 S_1 平移到 S_2，市场的均衡价格和均衡产量分别变为 P_2 和 Q_2。也就是在补贴之后，企业生产成本降低，全行业供给情况超过了补贴前的市场需求量，并由此导致光伏产品的市场价格较之前有所降低。

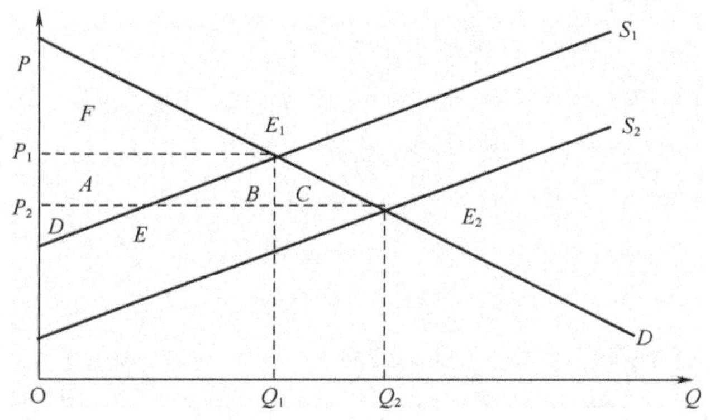

图 4.2　太阳能光伏产业补贴后各利益主体的福利分析

由于光伏产品的市场价格下降，原有消费量 Q_1 的消费者由于 P_1 和 P_2 的价格差引起消费者剩余，因此而增加福利 $A+B$，由价格下降而新增的消费者在相对低的价格 P_2 下，新增消费量为 Q_2-Q_1，这部分消费者获得的福利则增加了 C。两方面作用叠加，财政补贴政策使光伏产品消费者的剩余增加了 $A+B+C$。

在对光伏产品实施补贴政策前，企业按照 P_1 的价格向市场提供的产量为 Q_1，此时生产者剩余为 $A+D$。在补贴政策实施后，价格和产量都发生变化，此时生产者剩余变为 $D+E$，相比于补贴前的生产者剩余的变化为 $E-A$。假设对光伏产品的财政补贴为 S，则补贴政策实施后，生产者剩余可以表示为 $E-A+S$。如果 $E-A+S$ 大于 0，说明企业从光伏产品的生产中获得收益，如果小于 0，则说明补贴政策并不能使生产者获益。

社会总福利在图 4.2 中由供需曲线组成的闭合区域表示。补贴政策实施前，社会总福利为 $D+A+F$，政策实施后变为 $D+A+F+B+E+C$。由于财政补贴 S 是政府负担的成本，那么应将其作为社会总福利的抵减项，则政策实施后的总福利应修正为 $D+A+F+B+E+C-S$。也就是政策实施前后，社会总福利的变化量为 $E+B+C-S$，社会总福利增加也只有在 $E+B+C$ 大于 S 的情况下才能出现。也就是说，当补贴政策具有足够的吸引力，使光伏生产企业能够积极扩大生产，生产者和消费者均实现不同程度的福利增加，且大于政府因此而付出的代价时，全社会福利水平的提升才能够实现。而我国光伏产业发展的现实是，在中央和地方多项财政补贴政策的刺激下，各地纷纷加快了光伏生产项目的申报和上马，这意味着财税政策正在使光伏产业发展朝着增加全社会福利的方向迈进。

4.2.2.2.3 太阳能光伏产业所带来的环境效应

传统能源应用和火力发电所带来的环境问题，使太阳能光伏产业在有效节约自然资源、保护生态环境方面的优势显得尤为可贵。不光是来自国际上的减排压力，经济发展中所遇到的能源和环境约束，也引发全社会对太阳能光伏产业生产及应用获得的环境效应给予越来越多的关注。

太阳能本身就是一种清洁的能源，利用光伏制品直接将光能转化为电能的光伏发电具有不需要燃料、无转动部件、维护简单、环境友好等明显优势。据报道，我国火力发电每千瓦时排放二氧化碳的量为 1.4 千克，而太阳能光伏组件每发一度电就可以减少二氧化碳的排放 0.997 千克，相当于减排 0.272

千克碳。因此，涉及太阳能光伏产业的财税政策也最多和最成熟。

然而，太阳能光伏产业发展也需要应对自身的污染问题。由于技术落后等原因，多晶硅电池仍是当前光伏电池的主流产品，但这也是容易产生大量有害物质的产品。再加上很多光伏生产企业没有能实现闭环的生产流程，有害物质的回收一直是光伏企业面临的困难，比如光伏制品生产中衍生的氯化物不能在产业下游得以消化，就不可避免地加重了环境污染的负担。对于这些问题，政府在制定财税政策中也非常关注。2007 年国家发展和改革委员会曾下发《关于组织实施高纯硅材料高技术产业化重大专项的通知》，对光伏制品的回收率指标与能耗进行了详细规定，并把高纯硅材料高技术产业化作为重大专项，给予资金支持，从而有效遏制了产业发展引发环境污染继续扩大的现象。财税政策主要是通过专项资金支持推动太阳能光伏产业的相关技术向高端发展，摆脱技术缺乏对环境可能造成的不良影响，使财税政策在运用过程中获得可观的环境效益。

4.2.3 税收政策对新能源生产及消费环节的影响

税收对新能源产业的影响不仅体现在生产环节，在消费环节也会产生一定的政策效应。

4.2.3.1 税收优惠对新能源生产环节的影响

假设新能源企业面临的是自由竞争的市场条件，政府实施税收优惠前后，由于产量的明显变化，会带来单个生产企业成本收益短期平衡的变化。

图 4.3 中，横坐标和纵坐标分别代表产量和价格，SMC_1 和 AVC_1 分别代表企业的短期边际成本曲线和平均可变成本曲线。按照西方经济学原理，在自由竞争的市场中，单个企业是市场价格的接受者，其平均收益等于边际收益，都等于市场价格，即 $P_0 = AR = MR$。同时这也是企业所面临的需求曲线，$P_0 = AR = MR = d$。完全竞争市场中企业实现利润最大化的均衡条件是边际收益等于边际成本，即 $MR = SMC$。因此，图中企业利润最大化的均衡产量为两条线交点 E_1 所决定的产量 Q_1。当没有税收优惠政策时，企业的生产均衡点为 E_1 点，均衡条件下企业的平均可变成本为 F_1。也就是在均衡条件下，企业生产量为 Q_1 时，市场价格为 P_0，而企业平均可变成本仅相当于 P_1，那么此时企业所获得超额利润为 S_1，其面积可以表示为 $S_1 = P_0 \times Q_1 - P_1 \times Q_1 = P_0E_1F_1P_1$。

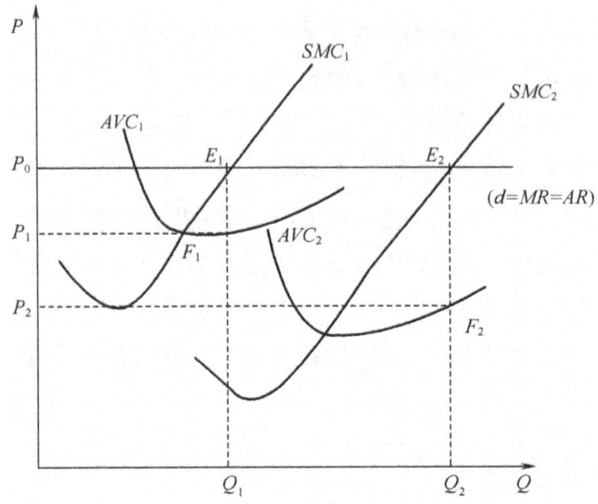

图 4.3　税收优惠对新能源生产环节的影响分析

当政府实施税收优惠政策后，在同样条件下，企业的短期边际成本和平均可变成本都会降低，在图中表示为边际成本曲线及平均可变成本曲线都向右下方移动，变为 SMC_2 和 ACV_2。由于企业对市场价格并不能实现控制，因此在市场价格仍为 P_0 时，按照边际收益等于边际成本的均衡条件，企业获得最大利润的均衡点为 E_2，由此决定的均衡产量为 Q_2。在新的均衡条件下，企业平均可变成本相当于 P_2 的水平。这时企业所获得的超额利润为 S_2，其面积可以表示为 $S_2 = P_0 \times Q_2 - P_2 \times Q_2 = P_0E_2F_2P_2$。很显然 $Q_2 > Q_1$，这就意味着在实施税收优惠政策后，企业由于生产成本降低，由实现利润最大化的均衡点所决定的产量较之前增加了。企业为了最大限度地追求超额利润，也会倾向于按照新的均衡条件进行生产。

如果从整个新能源行业来看，税收优惠政策催生了企业超额利润的扩大，所产生的最直接影响是会吸引更多的投资者进入该行业，投资规模扩大又会促使产量提高和产业规模扩张，整个行业也因此得到了发展，并走向长期平衡。因此，税收优惠政策对实现新能源企业的发展壮大有积极意义，对于成长期的新兴行业来说，这样的政策支持尤为关键。而在现实中，这样的政策效应也得到了印证。例如，2013 年财政部发布了《关于光伏发电增值税政策的通知》，规定自 2013 年 10 月 1 日至 2015 年 12 月 31 日，对纳税人销售自产

的利用太阳能生产的电力产品，实行增值税即征即退50%的政策①。此前我国光伏电站运营企业的增值税率为17%，由于光伏发电的特点是无购进材料，进项税为0。但是每卖出1元钱的电，就要缴纳0.17元的增值税，赋税比较重。新的优惠政策实施后，50%的退税将直接减少下游光伏电站和开发企业的成本，粗略算来，减税8.5%会使这些企业获得相当于减少5%发电成本的收益。税收优惠政策将直接增加企业收益，据估计仅该政策就能够将国内光伏电站的盈利水平提高2个百分点，同时也提高了企业参与光伏发电事业的积极性，对行业是极大的利好。

4.2.3.2　税收优惠对新能源消费环节的影响

在实践中，我国一直重视税收优惠政策对于新能源发展的促进作用，针对新能源的生产环节出台的一系列政策也确实收到了实效。但尽管如此，这些政策效应还是会通过税收政策的特殊性，将其影响延伸到消费环节。当国家对某项新能源行业实施税收优惠后，降低了新能源产业生产环节中的税负而使其总体成本下降。然而，这个过程也使新能源与传统能源产品的价格对比发生了变化，实际上是增加了传统能源产品的价格，使其生产成本提高。那么，市场中的消费者就会倾向于选择相对价格较低的产品进行消费，由此新能源产品的消费量较税收优惠实施前会有所增加，这就是税收政策在新能源产业发挥了替代效应。

在西方经济学中，消费者均衡通常是通过无差异曲线和预算约束线来分析的。在其他条件不变的情况下，当消费者获得最大满足时，消费会处于均衡状态，即消费者在既定的收入约束范围内选择商品组合以实现效用最大化。图4.4中，横坐标X和纵坐标Y分别代表对新能源产品和传统能源产品的消费。既定收入只购买新能源产品可获得的消费量为j_0，只购买传统能源产品可获得的消费量为a，两者连线aj_0代表了最初的预算约束曲线。由于消费者收入一定，因此只能购买一定的新能源及传统能源产品，且两者在消费使用中是可替代的。在政府实施税收优惠政策前，消费者的无差异曲线为U_1，它与预算约束线aj_0相切于E_0点，则E_0点代表了政策介入前消费者获得最大满足的均衡点，此时消费者对新能源产品的消费量为X_0。如果政府对新能源产品

① 关于光伏发电增值税政策的通知，财税〔2013〕66号［EB/OL］. http：//szs. mof. gov. cn/zhengwuxinxi/zhengcefabu/201309/t20130929_ 994642. html.

给予一定的税收优惠政策，这就意味着新能源产品价格下降，只购买新能源产品可得到的消费量增加到j_2点，新的预算约束线也变为aj_2。新的预算约束线aj_2与另一条代表更高效应水平的无差异曲线U_2相切于E_2点，E_2点为新的消费者效应最大化的均衡点。在新的均衡点上，对新能源产品的消费量变为X_2，显然X_2大于X_0，即在享受税收优惠政策后，消费者会选择消费更多的新能源产品。

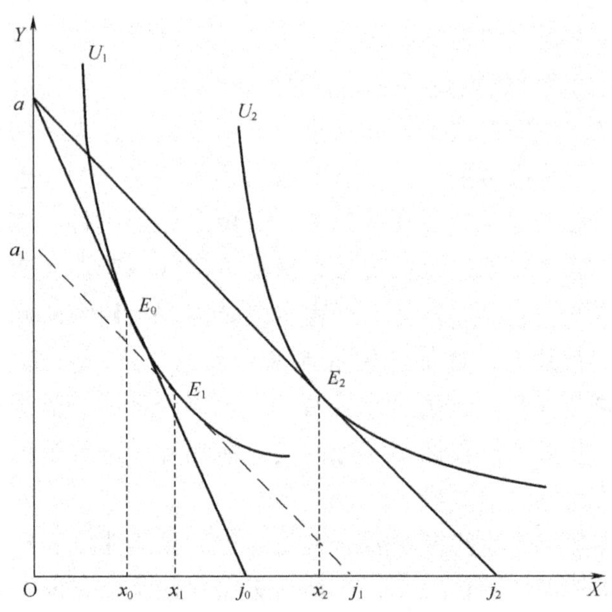

图 4.4 税收优惠对新能源消费环节的影响分析

一般来说，需求增加是影响企业决策的一个重要因素，也是促进产业发展的巨大推动力。如果市场上的消费者对新能源产品的认可度提高，消费量增加，将大大激发新能源企业投资的热情，促使他们不断扩大生产规模，增加市场供应量。因此，如果政府把税收优惠政策的落脚点放在消费环节，那么会大大促进消费者需求的增长，这种需求增长又直接牵动了新能源产业的发展规模。以各种新能源电力为例，目前我国还没有出台专门针对新能源电力消费的税收优惠政策，如果能在消费环节取得突破，将更好地改善新能源电力的销纳问题。

4.3　我国新能源财税政策存在的主要问题

4.3.1　财政支持体系缺乏系统性和目标性

近年来，我国在促进新能源开发，鼓励新能源消费，以及扼制传统能源对自然和环境损害等方面都实施了多项政策措施。这其中以行政手段居多，而且以各项财政支持政策为重点。然而这些财政支持或鼓励措施大都散落在各种政策文件中，还未形成一个完整的促进新能源产业发展的财政政策体系，因此在操作性层面就更缺乏系统性。现有财政政策中，涉及新能源产业的内容十分有限，一些始于20世纪八九十年代的中央政府财政补贴政策基本变化不大，一直沿用至今。这些基于当时的经济形势和发展要求而制定的相关政策，无论是政策力度还是补贴效应都没有跟随产业的发展而与时俱进；一些政策只针对个别项目或个别地区，由于我国经济发展水平的地区间差异，那些新能源丰富的地区可能会因为种种原因不能全部享受到各种政策优待；还有一些属于临时性财政补贴政策，没有形成制度化的保障，政策效果就不十分显著；另外还有一些政策仅仅针对个别新能源产业，比如现行政策中很多是针对太阳能光伏发电和风力发电产业的单一政策，针对地热发电和核电的政策补贴相对较少，有限的政策覆盖面也限制了财政政策效果实现最优化和最大化。这些政策或滞后或单一，甚至因欠缺统一性而相悖，不仅使财政资金供给的整体效果大打折扣，还在很大程度上损伤了新能源产业自身的良性发展。

此外，各种财政支持政策大多依附于新能源产业发展的国家规划或战略，但是这些规划由于出自不同部门，或者出自不同层级的政府，因此在衔接上还存在一定的障碍，这也直接导致了各种财政政策体系的目标不够清晰。还应指出的是，现行新能源产业适用的财政政策普遍存在视角不够开阔的问题，我国各种新能源财政政策目标多只关注新能源投资，在对支持新能源领域的基础研究、鼓励新能源生产设备国产化以及提升新能源产品的市场竞争力等方面显得力度不足，也影响了财政政策目标层次性的落实。这些问题都源于我国新能源产业的财政扶持政策缺少明确的发展目标，比如经过一定量的财政资金累积后，多久能够实现新能源电力成本与传统能源电力持平，多久新能源产业发展能够追平国际水平，等等。这些目标没有预期，大量的财政补贴也显得过于盲目，甚至看不到新能源产业的发展前景。

4.3.2 财政支持政策边界模糊且形式单一

长期以来，我国财政支持政策都存在广度过宽的问题，也就是财政支出范围过大，“越位”与“缺位”现象并存，这不仅无限扩大了财政支出规模，也是降低财政支出效率的一大隐患。这种现象同样出现在促进新能源产业发展的各项财政补贴政策中。2006 年 1 月《可再生能源法》正式颁布实施，标志着我国开发利用新能源进入了一个新的阶段。然而在此之前，新能源的范围没有明确界定，对于如何使用政策提升产业更是缺少科学分析，这就造成了在政策落实过程中，政策支持的类别或阶段比较混乱，比如究竟是把大量的补贴金额放在生产阶段还是消费阶段并没有清晰的认识，政府和市场在新能源产业发展过程中的权责划分也不明确等。财政补贴边界模糊又缺乏重点，不仅加重了财政补贴资金的负担，也容易导致这一新兴产业发展的失衡。

除了财政支持政策边界模糊、缺乏重点，当前新能源产业的各种财政扶持措施还存在形式比较单一的问题。现行财政支持政策主要是各种补助和贷款贴息，各级财政也仅是按照要求拿出一定规模的资金，但是这些资金是否选择了一个合适的支持方式或是否发挥了最好的效益，却没有系统的研究，巨额的财政资金难以发挥“好钢用在刀刃上”的作用。尤其是一些基层财政单位，往往是抱着“给钱了事”的心态，根本没有对这些财政资金进行过科学评价和考核，更谈不上各种政策间的协调配合和资金投放方式的不断创新。再加上新能源产品种类繁多，其管理涉及多个职能部门，政出多头在一定程度上也限制了财政部门资金使用的方式选择。

4.3.3 财政政策行政效率不高且没有发挥对市场的杠杆作用

财政政策的效率不仅包括资金的经济效率，即各种财政补贴是否达到预计的效果，还包括财政的行政效率，也就是企业是否能够及时获得有效的财政支持。在我国现行新能源产业的财政扶持政策中，各种补贴的审批环节过多，不仅涉及财政部门，还需要发展和改革委员会、电力、能源、环保等多个部门的沟通和协调。新能源企业上报项目后，需要经过有关部门的信息汇总、项目统筹，再经会商后发布执行文件，一般需要经过一个很长的周期。

同时有些享受财政贴息的项目，每年只接受一次申报，待层层审批后可能跨年才能实现资金拨付，在这个漫长的过程中新能源项目多半就被企业搁浅了。

财政政策主要是各种财政补贴措施，除了要给新能源产业发展带来最初的动力，还需要为产业的持续发展创造一个良好的机制。但是，目前整个产业发展主要依靠政府，市场机制作用严重不足，没有实现财政资金对市场的撬动作用和对社会资本的引导力量。然而新能源产业和大多数产业一样，需要市场化机制所带来的激励和竞争，从而提高这一产业的科技水平、产业实力以及国际竞争力。财政扶持只能是产业发展动力的一部分，而不能因此掩盖了其他鼓励措施的作用，而且财政补贴等资金投入毕竟是有限的，单纯依靠财政补贴寻求发展是远远不够的。因此，财政政策不仅要“拿出钱”，还要注重如何与市场机制有机结合起来，否则财政机制的效果也会大打折扣。

4.3.4 新能源产业税收政策覆盖面小，落实效果不尽如人意

我国提出以税收政策促进新能源及相关产业发展的时间比较早，但最初政策的视角主要落在科技等方面，并且政策的覆盖面仅限于几种发展较快的新能源品种，如风电、水电等，而非全部新能源产业，同时与国家的新能源发展战略结合得也不十分紧密。这就导致了在很长一段时间内，各种税收优惠政策分散，缺乏系统性和前瞻性，难以满足新能源产业发展的总体需要，尚未对这一产业的发展形成强有力的支持。在政策的具体设计上，优惠政策没有覆盖全部税种，没有覆盖全部新能源品种，没有覆盖全部新能源产业环节，导致了处于新能源产业链条上不同节点的企业所承受的税收负担是不同的，这将会影响新能源产业长期均衡发展。以针对太阳能光伏产业的税收政策为例，这些政策的税收优惠主要针对光伏产品研发、光伏设备投资和光伏电力生产，但是忽略了在消费环节对消费行为进行激励，政策实施中的偏倚是造成太阳能光伏产业盲目投资、无序扩张的直接原因，长期来看会激化供求间的矛盾，不利于太阳能光伏产业的自身结构优化；另外在税种的运用上，太阳能光伏产业的相关税收政策主要集中在增值税、企业所得税上，没有充分发挥其他税种的调控作用，优惠方式也基本采取降低税率和税额减免等措施，不足以有效降低新能源的成本，大大削弱了优惠政策的力度，也限制了光伏产品后续发展的市场竞争力。

总的来看，这些与新能源产业相关的税收政策，主要是着眼于高新技术

企业整体规划而设计的，没有针对性地考虑新能源产业本身的特点、趋势和前景，因此政策在落实中的有效性也有所降低。新能源税收政策的落实问题还体现在一些税收政策在个别规定和配套措施上存在着设计不合理，导致可操作性欠佳。例如，目前新能源的产品检测和认证等还没有形成一个完整的体系，对新能源产业和产品的界定和范围还不甚明晰，这就会产生执行中的模棱两可；另外，一些税收优惠政策制定的标准过高，例如对于部分尚处于萌芽期的新能源企业，很难达到国家现行高新技术企业的认定标准，于是在最需要政策扶持的处于创业期或研发阶段的企业却丝毫不能享受到政策的利好因素。还有一类税收优惠政策，如企业所得税对企业开发新技术、新产品、新工艺发生的研究开发费用采取加计扣除规定等，但是在实务中这些项目所发生的研发费用如何界定其构成内容和认定标准都未能清晰化，也会使企业面对优惠政策而无所适从。

4.3.5 税种设计不能满足新能源产业的发展需要

现行对新能源产业的各种优惠政策不仅从总体定位上与现实需求存在差距，在具体税种设计上也不能满足产业未来发展的各种需要。

4.3.5.1 增值税

增值税是我国的主要流转税种，主要是以生产和流通环节的增值额作为计税依据，附加值高的产业，增值额大，增值税的负担相对较高，反之亦然。与其他传统产业相比，新能源产业链条中的产品普遍具有较高的技术含量，从而提升了整体的产业附加值，但是也加重了企业的税收负担，这在客观上会制约新能源产业的长期发展。在2009年增值税转型后，“允许抵扣新购进设备所含的进项税额”对新能源企业非常有利，让这些资本有机构成原本就高的企业获得了税负明显降低的优势，大大提升了相关企业投入技术革新的动力，但是这一调整的作用毕竟有限，在对新能源产业的整体优惠方面还是略显不足。另外，按照计算增值税惯行的以销项税抵扣进项税的方法，新能源行业自身的特殊性又导致其可抵扣的进项税额相对较少，因此即使在获得了一定的低税率或即征即退优惠后，相比于那些存在大量进项可以抵扣的传统能源行业，实际税收负担仍会较高。

在具体税收优惠方面，我国目前还没有统一的增值税优惠措施，只是对个别新能源品种设置了零散的优惠政策，包括对一些产品和行业采用了低税

率或者即征即退政策，但是优惠的力度不明显。在执行的低税率中，小水电6%的税率、风力发电8.5%的税率和人工沼气等生物质能11%的税率还相对较高，限制了税收优惠对产业发展的积极作用。

4.3.5.2 关税

目前关税减免主要局限在新能源产业的设备采购上，而且限制了新能源的种类，例如，现行进口新能源项目的关税减免仅适用于光伏电池和风力发电机，其他新能源项目很难享受到这些税收优惠政策。此外，目前关税减免所需参照的进口产品和技术目录版本不一，同时新能源项目又因为国内和外商两种投资主体的不同形成免税依据的差异，这就造成了不同主体适用的免税政策存在很多不同。在现实中内资企业进口新能源设备不予免税的限制大于外资企业的限制，也造成了某种程度上的国内企业的不公平待遇。

4.3.5.3 企业所得税

目前各种支持新能源产业发展的税收政策中，以企业所得税优惠政策力度最强，也是最重要的产业促进政策，但是这一税种的优惠政策中也存在着很多问题。

第一，企业所得税优惠政策的整体性不好，仅是地方政府根据本地的发展目标和具体情况，对部分新能源产品采取了局部性的优惠措施，各地在因地制宜的出台新能源相关的所得税政策时，出发点不同，政策优惠的幅度和方法也有不同，这就形成了新能源产业在企业所得税方面的地域差异。

第二，现行企业所得税税收优惠主要是采取直接优惠的方式，对国外普遍通行的加速折旧等减少税基的优惠使用不多或效果不好。一方面，对加计扣除的限制较多。例如，税法中对研发费用的扣除规定比较单一，只有被认定为研发投入的费用才能进行扣除，而企业在实际运营中因为研发而投入的其他资金也很多，包括提取的研发准备金、新产品试制准备金等，都无法享受税前扣除规定，这无疑打击了企业在技术创新中的积极性。另一方面，企业会由于种种顾虑而不愿使用加计扣除的政策。例如，根据《国家当前重点鼓励发展的产品、产业和技术目录（2006年度）》的规定，对部分涵盖的可再生能源利用的内资企业实行加速折旧等优惠，然而在政策执行中，企业出于保证利润的初衷，往往不愿意加速折旧而增加短期成本。这种情况下，加速折旧的优惠措施难以影响到新能源产业的技术进步以及资源要素的投入，甚至根本不会对产业发展产生影响。此外，有些地方还限制使用加速折旧的

企业范围，如仅局限于经济技术开发区内的高新技术企业适用，那么地区之间的这种不一致使政策起作用的范围就更加缩小了。

第三，通过梳理涉及新能源的企业所得税优惠政策，可以发现各种政策的约束条件比较繁杂而且规定严格，这其中有些认定标准还很高，包括对自主知识产权的要求、对高新技术企业属性的要求等。从政策的设计初衷看，这些优惠政策本不是为新能源产业量身定制的，新能源企业在适用这些优惠政策时，稍有超出条件即会受到限制，因此也难以发挥鼓励和引导新能源产业发展的积极作用。还有一些以目录形式规定的企业所得税抵免，没有将新能源产品纳入其中。例如，《环境保护专用设备企业所得税优惠目录》和《节能节水专用设备企业所得税优惠目录》中，都没有包括如太阳能热水器等新能源产品。购置这些产品的企业在同样条件下便享受不到应有的抵免，再加上本身价格高于普通产品，从而导致了新能源产品在推广使用中阻力较大。

第四，新能源产业的发展依赖新能源技术应用的推广，但是在现行企业所得税法中，针对新能源技术辐射和应用所推出的优惠还不多。由于新能源技术研发和推广的投入都很大，较高的成本如果没有相应的税收政策支持，新能源产业很难始终保持其“先进性”。

4.3.5.4 其他地方税种

在地方税种中，目前有部分省市针对发电机所占用的土地采取减免城镇土地使用税的做法，但是还属于个别行为，未在全国范围内出台统一的减免政策。其他地方税种对新能源产业更是鲜有涉及。而实际上，如果地方税种能设计一些加强新能源利用的优惠政策，特别是在区分市场主体和消费者主体时有所突破的话，那么地方税种的这些优惠政策不仅能够有效降低新能源企业的运营成本，还能够帮助新能源产品在消费层面实现拓展。

促进我国新能源产业发展的财税政策建议

在过去10多年中，我国新能源产业在相关财税政策的激励和支持下得到了迅速发展。但无论是与国内其他产业相比，还是与发达国家的新能源产业相比，我国新能源产业的整体发展水平还比较低，产业化程度及产业收益率都不高，技术创新能力弱，对国外技术还存在严重依赖，这些都削弱了我国新能源产业的核心竞争力。在未来，新能源领域的技术和工艺创新将不断加快，也将面临更加严峻的国际竞争。对于我国的新能源产业来说，这既是难得的机遇，同时又意味着巨大的挑战。我国新能源产业已经发展到不断做大做强、形成核心竞争力的关键时期，因此也亟待财税政策的扶持和引导支持，为新能源产业发展创造更好的政策环境，促进新能源产业整体创新水平和核心竞争力的提高。

5.1 未来我国新能源产业发展的原则和关键问题

当今世界能源发展已经进入了一个新的时代，国民经济发展释放出的巨大能源需求为转变能源发展方式破局。新能源产业的发展成为这个能源经济时代的强有力支撑。促进新能源产业的发展应坚持一系列基本原则，同时还要正确面对和稳妥解决新能源发展中存在的一些关键问题，在促进我国能源可持续发展中赢得先机。

5.1.1 未来我国新能源产业发展应坚持的基本原则

随着能源技术的不断发展，世界能源格局也在面临着重大转型。未来能源发展将以低碳、循环、绿色、清洁等为主要发展方向，新能源正是以其独特的优越性契合了这一主流趋势。在2020年以前，我国要彻底解决粗放供给与过快需求之间的矛盾，完成现代化能源体系、能源结构、能源品质等一系列革命性的变革，都必须依靠新能源产业。新能源产业发展，将掀起高效、节约、清洁、低碳的能源消费方式和供应体系潮流，实现能源供求动态和可持续的平衡。因此，要实现能源领域的这一重大战略目标和制定我国能源发展的中长期发展战略，新能源产业的发展必须始终坚持绿色发展、低碳发展、科技发展、可持续发展，努力形成中国特色的新能源发展道路。

5.1.1.1 坚持科学有序的原则

科学发展观是新时期我国经济社会发展和不断深化改革的战略思想，也

是能源发展必须遵循的总体原则。科学发展观是一种强调以人为本，全面、协调、可持续的发展观。对于新能源产业来说，以人为本就是要求新能源产业发展要以满足最广大人民的能源需求为基本前提和根本出发点，充分发掘新能源资源的潜力，通过改革创新，克服各种体制和技术障碍，使我国的各种新能源资源能够得到充分利用；新能源产业发展要从调整能源结构的高度，推动能源新格局实现实质性进展，并充分考虑能源安全问题，使新能源成为维护国内经济社会健康发展和维护国际能源安全的有力保障。此外，我国人口众多，能源消费量巨大，能源利用也必须要重视人口、资源、环境等可持续发展问题，这就要求新能源产业在发展之初就应坚持走合理消费、高效节约的道路。科学发展观意在实现人和自然的协调发展，环境保护、生态保护包括应对气候变化，都应纳入能源发展战略的范围中去。新能源产业同样需要与绿色发展、低碳发展、循环发展等可持续发展方式紧密结合起来，并成为我国能源中长期发展战略的主角。

在新能源领域坚持科学发展观，还绕不开要坚持有序发展的原则。所谓有序，首先规划要遵循事物的运行规律，新能源的有序发展有必要与产业的布局以及产业结构的安排协调统一起来。例如，我国很多新能源资源都分布在西北部地区，但是这些新能源丰富的地区又远离负荷区，因此，如何保证新能源产业不会出现盲目扩张，同时鼓励这些新能源就地销纳，不搞大规模的新能源基地，不做长距离的新能源输送，其实也在降低安全风险和输出成本，这些都是在坚持能源领域的科学发展观时需要关注的。其次，有序还要求把发展新能源和改造传统能源相结合，因为在一段时间内，新能源产业的发展对于调整能源结构有它必要的补充和改善作用，但是短期内还不足以撼动当前能源结构中传统能源的主导地位，那么新能源产业发展还要和传统能源的节能减排结合起来，逐渐形成有利于经济发展的最佳能源组合。

5.1.1.2 坚持中国特色的原则

改革开放以来，为了应对能源领域的短缺或危机，我国政府倡导和推动了一系列的能源变革。在传统能源行业，我国已基本实现了投资和运行的多元化。尤其是煤炭行业初步完成了市场化运营，石油和天然气等行业也纷纷登上国际舞台，参与国际分工与合作，这些成就极大地提高了我国自主解决能源供应问题的信心和决心。然而，能源问题的根本解决还需要立足国情。当前最大的国情是我国仍处于并将长期处于社会主义初级阶段，我国的能源

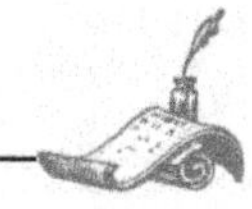

消费结构和人均能源消费量与发达国家的成熟模式相比，还存在着不小的差距。同时，从总量上看，我国已跃居世界最大的能源生产国和消费国。随着经济现代化的不断推进以及人民生活水平的日益改善，未来一个时期能源消费还会持续性增长，而且增幅有扩大的趋势。因此，在这样的背景下，我国发展新能源行业既不能超越国情，照搬套用外国新能源发展政策，又不能盲目攀比，同发达国家进行简单的人均差距对比。发展新能源行业，必须从我国国内经济和能源发展的实际出发，大力发挥风电、水电等资源优势，适时调整新能源发展战略，以自我为主、立足国内，积极推动新能源生产和消费的革命，形成一条有中国特色的新能源发展道路。

5.1.1.3 坚持厉行节约的原则

党的十八大明确提出推动资源节约型和环境友好型社会建设的宏伟目标。作为世界上最大的发展中国家，我国在能源的长期发展中，必须重视能源技术的经济比选，重视降低能源成本和社会成本，以尽可能少的经济投入，获得尽可能多的能源服务和挖掘能源收益。大力推动能源节约、有效提高能源利用效率是我国中长期能源战略的重要组成部分，对经济社会发展有着很大的依存关系，这一原则同样对发展新能源产业非常适用。预计未来30年，我国一次能源消费需求至少还将增长七到八成，因此利用好新能源的“后发优势”，不仅要千方百计地在新能源增量上做文章，还要以更小成本和经济可承受力来抓住能源结构转型的发展机遇。

在发展新能源中厉行节约、提高能效，就是要使新能源的需求在合理范围之内适度增长，逐步推动我国的能源供求走向内部协调和自我平衡，这也是实现经济社会健康和可持续发展的关键一步。新能源领域的节约提效一是要在新能源开发和利用中推行节能的体制和机制，为节约能源创造全方位的政策和制度空间；二是要依靠发挥新能源体系自身的高技术效率和高经济效益等特性，使新能源产业发展能够真正贯彻节约原则。

5.1.1.4 坚持生态优先原则

大规模常规化石能源的开发，已经对资源所在地的生态环境造成了严重的破坏，在能源的转换及利用环节，化石燃料产生的大气污染又会造成十分严重的地区性乃至全球性环境问题。能源与生态的矛盾对于我国来说更为突出，长期以来无节制、粗放型的能源开采与利用给水资源、土地资源等造成了巨大的损失，大量污染物排放都使生态环境承受着严峻的考验。当前，生

态和气候问题已经成为制约经济发展和资源利用的重要因素。因此，在能源还将长期作为经济和社会发展基础的前提下，必须按照生态优先的原则，遵循“环境友好、清洁高效”的基本要求提升能源产业的整体品质。

新能源产业作为能源体系中的新生力量，从投入应用领域开始，就应当对在开发利用过程中可能引发的环境和生态问题进行预判和研究，采取预防性措施进行防范。比如，风电、太阳能项目建设中容易引发噪声污染和光污染等问题，并会诱发破坏动植物生物链等潜在的生态问题。这些问题如果不加以防范和优先考虑，一旦出现会给生态环境带来无法挽回的损失或者巨额的治理成本。坚持生态优先的原则发展新能源产业，就要求新能源开发利用中不肆意忽视环境影响，不以破坏生态环境为代价，把生态环境治理融入新能源开发和转换过程，并作为实现新能源可持续发展的重要指标，调整生态环境在国家新能源中长期发展战略中的权重，打造生态环境友好的新型能源。

5.1.1.5 坚持科技创新原则

科技决定能源未来，科技创造未来能源。未来能源革命所引领的战略性能源调整，必将是以能源技术革命为基础，以能源技术创新为重要条件。当前我国新能源领域所面临的挑战，实际是在新能源应用中所面临的技术创新调整和技术进步的压力。无论是提高核电、水电、风电和其他可再生能源的利用能力，还是实现新能源对传统常规能源的系统化替代，都需要依靠科技形成可持续的发展能力。然而，包括新能源在内的我国能源科技装备和制造能力与现实需要的差距还比较大，这主要是因为在能源领域的自主创新能力不够，科研成果及应用不足。能源属于投资高强度行业，提高能源装备制造业的科技竞争力，增加整个能源体系中的高技术附加值产品，是我国能源行业发展必须经历的重要一环，也是我国新能源中长期发展战略中必不可少的一点。

未来我国新能源产业的发展既要立足于现实国情，又要抓住国际能源技术革命的发展动态，在技术创新的先导之下，以产业创新驱动商业模式创新，并打造与其他高新技术紧密结合的平台，把能源技术及其关联产业的发展培育成撬动我国产业升级的新杠杆。在建设能源科技强国的过程中，新能源领域必须以重大科技专项为发展动力，抓住深海油气、新一代核电等核心技术取得突破的发展机遇，在加快科技成果转化中不断提升新能源装备国产化、自主化水平，并不断推进先进的新能源技术装备在国际竞争中打开局面，依

靠科技彻底实现能源从外延式发展到内涵式发展的转变。

5.1.2 未来我国新能源产业发展需要协调的关键问题

新能源产业既是新生事物，其发展又是一个庞大的系统工程。新能源产业发展涵盖的内容丰富，涉及的产业要素广泛，任何一个环节出现漏洞，都会影响整个产业链条的健康和顺利发展。因此，在我国新能源产业的发展过程中，亟待解决的关键问题就是取得多方面的协调，确保为新能源产业创造更多的发展支撑。

5.1.2.1 资源、资本和技术的协调

任何产业的发展都需要资源、资本和技术等要素的集中和协调。新能源产业的发展首先要建立在丰富的自然资源禀赋基础上，此外强有力的资本和技术支持也是该产业发展必不可少的基础。同时，这三者之间也要相互协调，没有新能源资源的优势，再多资本和技术的投入也好似“空中楼阁”；没有足够的资本和技术投入，也无法满足新能源产业需要具备的技术密集型和资金密集型的特性要求。只有三者在数量和层次上达到协调和匹配，这些生产要素才能发挥出最大效益，新能源产业发展才能达到最佳效果。因此，资源、资本和技术的协调是新能源产业能够发展壮大的基石。

5.1.2.2 速度、质量和效益的协调

任何事物的发展都是有规律的，都要在发展速度和发展质量上达到统一。速度固然可以体现发展的水平，但是缺乏质量保证的发展又很难体现出发展的高度。“快”本身没有问题，有问题的是片面高速，是为“快”而“快”的“揠苗助长”。为了快而牺牲质量，不是科学的发展观所倡导的。科学发展，要以一种理性的思维看待速度问题，真正注重速度与质量的平衡。因此，新能源产业的发展也需要追求建立在一定发展质量基础上的发展速度。新能源产业的发展质量包括：产业的覆盖率、运行的稳定性以及行业的健康程度等，这些都体现着新能源产业的经济性能。如果单纯追求产业速度，可能会造成产能过剩和重复建设，不但会造成资源和财力的浪费，还会造成未来产业发展的瓶颈。但是过分注重质量，又会增添大量的产业改造和更新的投入，减缓产业正常的发展速度。产业的健康发展应该是建立在恰当的发展速度和可靠的发展质量相协调的基础上。

在市场经济条件下，任何资本都是追逐效益的。然而速度和效益既有统

一的一面，也有矛盾的一面。效益总是同一定的发展速度联系在一起的，没有必要的速度，效益就无从谈起。但速度并不等同于效益，由于高速度导致的耗费大、结构不合理等，都是与效益目标相违背的。毋庸置疑，新能源产业的发展必须置于市场环境中，依靠市场化的方式来运作才能得以顺利发展。但是，一个新兴产业在发展初期很难完全自主发展，非常需要财税等国家政策予以支持。在这样的支持下，新能源产品只有获得盈利，才能引导更多的社会资本介入其中。如果单方面强调新能源产品显著的社会效益，而不去关注其经济效益的显性化，新能源产业可能将一直在以"市场失灵"的方式寻求政策保护，而过分依靠政策维持的发展也不会长久的存在。因此，产业的发展一定是建立在产业效益发展和不断积累的基础上，这也是产业可持续发展的源泉。对于新能源产业来说，追求快速发展的同时必须注重给予该产业一定的经济效益的预期，这样才能引导更多的资金、资源和技术投入，引导产业在更多的支持下健康发展。

5.1.2.3 新旧能源结构的协调

在可预见的未来二三十年内，新能源完全实现对传统能源的替代还远不成熟，其发展程度更可能成为原有能源体系的有益补充。发展新能源会遇到这样那样自然条件的制约，同时也面临着技术、资金等多方面的挑战。此外作为新兴产业，新能源产品与传统能源产品处于同一个市场环境中，成本高、稳定性差等缺点，导致其服务性或市场竞争力在短时间内还发挥不出来，或者出现"反而不如传统能源产品"的现象。因此，我国当前还不能完全摆脱传统能源，单纯依靠新能源解决能源供应问题。在未来相当长的时间里，新能源的替代规模有限，依赖传统能源来满足能源需求是今后发展面临的现实。

能源是工业的基础，对许多行业都有着重要影响。在传统能源继续在能源结构中占据主导地位的情况下，新能源发展必须与现实的能源需求相协调，并相向而行。如果与传统能源发生利益上的冲突或发展方向上的偏差，新能源产业恐怕也难以获得应有的发展成就。在能源市场中，国家兼顾新能源与传统能源的协调发展，并促进供需结构的匹配，是一个不容忽视的问题。如果传统能源面临生存困难，新能源获得超常发展的局面是难以想象的。

5.1.2.4 产业发展的相关协调

有关产业发展的协调，一方面是指产业发展进程中不同阶段之间的相互衔接。任何一个产业从实验室的萌芽走向逐步产业化，再到形成成熟的商业

化，都遵循着固有的发展规律。不能急功近利、急于求成地超越产业发展阶段去做无法完成的事情，因为任何大步的跨越都会面临风险。因此，在产业发展的不同阶段需要进行差异化的政策引导和支持。政策的实施应当遵循产业发展规律，厘清产业发展所在的阶段，从而准确把握政策方向和力度，形成既利于有效发挥市场机能的作用，又便于体现政府政策的经济性和有效性的形态，防止政策“缺位”或“越位”造成产业发展失衡。产业发展的相关协调的另一方面，是在某一个时间坐标上产业发展的链条，即上下游产业应环环紧扣，互相支持和互相促进，对于新能源这一新兴产业来说尤为如此。如果新能源体系的基础理论存在问题，要实现其产业化是虚幻的，即使理论成熟，而产业化技术跟不上发展需要，或者设备制造能力适应不了规模化发展模式，都将严重影响产业化的进程。纵然产业化已经达到一定的规模，而市场不能有效和科学地引导消费，产业发展的进程也一定会放慢。只有加强新能源产业与上下游产业的联系和相互扶持，才能为新能源产业的健康发展创造更好的外部条件。

5.2 我国制定新能源产业财税政策的总体思路

新能源产业是未来国家产业体系的中坚力量，运用财税政策推动这一产业的快速发展也是必经的发展过程。鉴于产业发展的复杂性和要素的多样性，在政策制定和执行的过程中，应当明确总体思路和方向，以便政策更加具有针对性和实效性。

5.2.1 引导财税政策与新能源产业发展的现实需要接轨

任何政策的存在和发挥作用都需要适应一定的客观环境，并针对产业发展的现实需要而设计。首先，制定和出台我国新能源产业的财税政策，应从整个国家的基本国情出发，充分考虑我国新能源产业发展所在的阶段、当前的发展特点和未来的发展需求。纵然国外新能源产业和国内其他行业在财税政策方面有许多成功的做法和经验，但是学习和借鉴不等同于直接的政策嫁接。借鉴的前提是所实施的财税政策要与我国产业发展的实际情况相结合，如果脱离国情而照搬照抄国外经验和以往经验只会弄巧成拙。此外，能源产业是未来全球化融合的产业，这就意味着新能源产业的发展也必须面对国际能源领域的合作不断加强、竞争不断加大的局面。新能源产业财税政策的制定，既要考虑我国作为世界贸易组织（WTO）成员方的背景，又要考虑确保能源安全和国际地位的要求。这就需要在制定财税政策中，一是遵循有关国际规则和国际惯例，避免因政策不当在国际上引起不必要的争议或争端；二是将国际因素充分融入财税政策设计中，以支持和促进我国新能源产业在国际舞台中更好地发挥作用。因此，新能源财税政策的制定和实施过程中，要体现立足国内实际和与国际惯例的密切融合，这既是最大的现实需要，又是必然依托的条件。

其次，促进新能源产业发展的财税政策所面临的另一个现实是必须处理好市场和政府的关系。新能源产业具有显著的外部性，但同时这一新兴产业又会表现出稳定性差和高风险等特点，这就决定了政府在培育和发展新能源产业中应当发挥应有的重要作用，即积极采取恰当的财税政策来引导和支持新能源产业发展。然而，在现代社会经济环境中，产业的发展离不开市场，政府的作用也代替不了市场。依靠两者中的任何一个，都不能包办一切，最合适的办法是政府和市场各自发挥作用并且相互协调。因此，在研究和制定新能源产业的相关财税政策时，必须妥善处理好政府和市场的关系。新能源产业要得以充分的发展，应当要立足于市场机制对资源配置起决定性作用，在市场竞争中保障企业的主体作用，明确政府和企业的责任。政府在政策选择中，主要是通过法律、规划、政策等引导产业发展，支持创新和深挖潜力，扫除可能制约产业发展的制度障碍，营造良好的外部环境。从这个角度看，新能源产业财税政策的重点应着眼于建立利益调节机制和制度，在政府扶持下促进市场机制更好地发挥作用。

5.2.2 加强财税政策在新能源产业发展中的杠杆性

一般来说，政策在实施过程中或多或少都带有一些杠杆性，但财税政策的杠杆性还是比较明显的。首先，促进新能源产业发展的财税政策要更好地发挥杠杆性应当把握适当的度。市场机制可以有效发挥作用的地方，政策最好减少干预的力度，维护新能源产业内部以及新能源与其他产业之间的公平竞争。当新能源产业发展到一定程度后，财税政策应在产业成熟后选择积极退出，这也代表着成熟市场条件下政府财税政策的“中立性”。其次，市场经济的特性除了要维护公平，还要增进效率。那么，在我国制定和完善新能源

产业财税政策的过程中，要通过弥补市场缺陷、矫正市场失灵，促进新能源产业逐渐做大做强，这是财税政策经济杠杆性的重要体现。再次，财税政策的杠杆性，要求在支持新能源产业发展中要明确调控方向，突出作用重点，针对关键环节和重点领域能够有的放矢。根据我国新能源产业的不同发展阶段和特点，政府应当选择不同的政策工具，如直接财政投入、扩大政府采购、强化税收优惠等，特别是对一些战略性和关键性技术领域、经济社会发展需要解决的重大能源问题、关系国家经济和社会发展的优先领域和创新性项目，进行重点支持，分步推进，并突出政策支持的引导性、带动性和集聚化发展效应。同时，财政资金毕竟有限，财税政策发挥作用也有限度，不可能完全依靠财政资金或单纯的政策支持就可以推动一个产业的发展。因此财税政策应以有限的资金发挥“四两拨千斤”的作用，利用各种杠杆政策，对行业进步和企业发展形成激励和约束机制。

5.2.3 促进财税政策不断契合新能源产业的未来发展目标

新能源产业发展需要一个漫长的过程。因此，与之相关的财税政策既要关注产业发展的现实需要，又要契合产业未来的发展方向和目标。从当前情况来看，新能源产业的技术创新和投资已经初具规模，国内新能源产业需要解决的问题是加强技术的自主创新能力，提高新能源投资的效益，不断规避风险和优化成本。因此，财税政策的短期目标应是，在微观层面，扩大新能源产业的社会认可度，形成通畅的投融资渠道，鼓励包括企业、个人等各个市场主体参与到新能源产业的发展中来；在宏观层面，将新能源产业发展纳入国家战略和国民经济计划，推动产业升级，形成完整的产业链，促进产业不断走向成熟，加快产业化进程。财税政策的长期目标则应该是，理顺新能源产业发展中的市场和政府关系。新能源产业相关的财税政策，不应当是无底洞式的补贴，而是要促进一种机制的形成，就是逐步将市场机制，特别是价格机制引入新能源产业发展中。只有依靠完善的市场机制，在竞争中促进市场主体更加公平地争取政策支持，并达到产业规模化和有效地促进生产成本降低，才能提高整个行业的核心竞争力，最终实现产业的自我发展机制。财税政策的短期目标和长期目标各有侧重点，那么在政策制定和实施过程中就要尤为关注过渡性和衔接问题。

因此，排除障碍，畅通发展道路是实现新能源产业中长期发展目标的必

然选择，现阶段的财税政策应着眼于尽快且有效地解决当前新能源产业发展中遇到的问题。一是促进新能源应用的研究、开发和利用，通过有效搭配中央和地方的相关财税政策，理顺不同财政主体在新能源发展领域的责任与利益关系，建立一个有利于新能源产业持续发展的综合保障体系；二是不断增强新能源产业的自主发展能力，促进产量与效益并重的发展模式；三是建立一个“市场为主、政府扶持、法律约束”的投资管理体制，不断优化新能源市场环境，将政府参与方式逐步由行政手段为主转向以经济调控手段为主，并完善不同政策之间的系统性和协调性。

5.2.4 实现财税政策差异化以遵循新能源产业发展规律

财税政策是国家通过调整总需求与总供给，对经济运行进行调节和施加影响的重要手段。财税政策发挥职能的手段很多，从促进新能源产业发展的角度看，财政手段多为政府直接投入、财政补贴、政府采购、转移支付等，而税收手段一般为税收优惠、税收减免等形式。但是，根据新能源产业发展的不同阶段，财税政策应施以差异化手段，并在不同发展阶段有不同的侧重点。

根据一般产业发展的规律，在实现商业化前，财政的大力支持是产业发展的重要动力，直接以财政投入或财政补贴是非常必要的；而在产业发展实现规模化运行后，应更多地以税收调整为主要手段，即在保持一定税收激励的前提下，更多地注重发挥市场机制的作用。为了更加清晰地反映财税政策在不同发展阶段的主要侧重点，在分析中将产业化和商业化都细分为初期和成熟期，同时鉴于资源禀赋对新能源产业发展的重要性，把资源发掘作为单独的产业发展阶段进行列示。总体来看，在资源发掘、研究开发、产业化初期及成熟期、商业化初期及成熟期的各阶段中，财政政策发挥作用的阶段主要在前半部分，而税收政策适宜在产业化及以后的阶段发挥作用（见表5.1）。

表5.1 财税政策在新能源产业不同发展阶段的侧重点

发展阶段	资源发掘	研究开发	产业化初期	产业化成熟期	商业化初期	商业化成熟期
财政政策	主要手段	主要手段	辅助手段	辅助手段	弱辅助手段	退出
税收政策	免税或缓征	免税或缓征	税收优惠为主	主要手段	辅助手段	适当优惠政策

在资源发掘和研究开发阶段，主要是完成新能源勘探以及引导技术发展，资金投入量大，应以财政直接投入为主；而税收方面应采取免税或缓征方式，针对国家投入的财政资金免税，社会或企业投入的资金可以缓征或者允许以开发费的方式在税前直接列支。在产业化初期及逐渐成熟的阶段，财政手段仍应以直接投入补贴为主，尤其是产业化初期还需要财政补贴的力度达到一定水平。但是，由于此时市场已经形成一定规模，产业发展处于上升期，部分补贴资金可以通过市场力量来筹措，直接补贴额慢慢呈现减少趋势。在这个阶段，税收政策的支持力度要加大，可以以税收减免或税收优惠，以及税收返还的方式实现。在商业化初期，财政政策基本可以退出，即便必须辅以补贴也只需以较少的补贴额呈现，同样税收政策也要同时弱化。到了商业化的成熟阶段，财政政策要完全退出，税收政策要采取如税收减免或其他一些力度更弱的手段。

如上所述，财税政策在产业发展的不同阶段作用应该有不同的侧重点。当产业化形成后，财政与税收政策应发挥协同作用，既发挥国家财政强有力的助推作用，又在市场机制中充分调动税收的调节功能。当然，两种作用发挥也是有层次的，税收能够起作用的方面，尽量不用财政政策，而税收调控力度不足触动产业发展或产业不能形成预期的发展态势时，才会依靠财政政策的支持。

5.3 制定新能源产业财税政策中不能忽视的问题

从国内外已实施的新能源产业财税政策中可以看到，由于认识的局限性，某个阶段的政策看似合理，有时未必能解决深层次的问题，甚至由于认识的片面，可能导致一些危害产业发展的现象发生。因此，不以科学的判断为基础制定的政策多半会带来产业未来发展的隐患，但是走过的弯路必须汲取教训，在今后的政策制定中有针对性地对这些问题加以重视。

5.3.1 政策目标明确清晰且有层次

清晰的目标是政策发挥作用的基础，而政策目标的清晰性则要取决于目标本身的具体性和相关目标要素的明确性。对于新能源产业而言，财税政策制定中要明确的目标包括，产业发展成熟度目标、产品的市场占有情况目标、

各投资主体的收益目标、新能源发展相关的环境效益和社会效益目标等。这些目标分属不同领域，但却有着高度的相关性。只有这些目标明确而清晰，才有可能有针对性地制定相关操作措施，激励相关利益方参与到产业发展中来，不断将产业发展目标明确地植根于政策制定和立法中。这些指向明确的财税政策才是新能源产业未来顺利发展的依赖。关于政策目标的清晰性，在西方经验中既有失败又有成功的案例。例如，英国在20世纪90年代成立非化石能源机构时，没有明确确保产能和就业的目标，导致在制定政策时政府财力自然地将这两种目标排除在职责之外，影响了当时可再生能源的发展；而美国等国则很好地明确了上述目标，在伴随可再生能源产业化的过程中，也拉动了国内经济的发展和就业状况的好转。由此可见，财税政策要想发挥预期的效果，必须首先明确目标。当前我国新能源产业发展的首要目标应当是集中政策优势，促进产业做大做强。

政策目标明确清晰的进一步延伸就是要强调目标的层次性。由于产业发展要兼顾多个方向的目标，那么政策制定时就应当找准关键目标，附带广泛激励目标，同时在各目标冲突时，能够迅速确定目标间的优先级，也就是目标的层次性。鉴于鲜明层次性的要求，政策制定中要配合目标的阶段性计划，以及确保该计划的科学性。通过政策目标的层次性管理，将更加便于规划新能源发展战略的实施路径。

5.3.2 政策落实强化针对性

新能源种类很多，不同能源种类之间自然资源的禀赋差异很大，同时技术也有区别。这就要求在新能源产业的财税政策中，不仅要考虑当前的经济发展现状，更要考虑各类新能源发展的不同阶段，从而实施更有针对性的政策，这也是支持新能源产业发展的最直接有效的途径。

加强政策针对性的前提是对能源种类和技术的识别。单纯从新能源和其技术来看，都具有“中立性”，需要从大规模的不同种类的新能源和新能源技术中识别出那些对当前最有价值、最适宜当前发展、最易体现发展成果的。找准政策的着力点，会大大强化政策实施的影响力。也就是说，如果政策选择扶持了所有的新能源和所有的新技术，齐头并进，反而可能使政策失去意义。对新能源种类和技术的识别决定了政策可以最优的途径实现最优目标，而不是主观地选择某种新能源或是偏倚某项特定技术。如果制定的政策不能

明确现阶段应当重点支持哪种技术，或者支持哪类资源，那么即使政策出台其效果也会大打折扣。这样做至少可以实现3方面的兼顾，一是排除“新”能源以外的项目；二是排除极其困难的革新；三是避免可能出现的过度竞争或政策真空地区。

5.3.3 政策制定的稳定性和足够性

在政策实施中，保持政策的持续和稳定非常关键，特别是在引导产业投融资方面，政策要尤为注重连贯。一般来说，财税政策在引导新能源产业投融资领域，会从投资的数量、期限以及变化等方面影响投资者对该产业的信心和热情。如果政策对投资量有封顶、有时间限制或者有过多的变动，都会使产业投资受到一定限制，出现目标达到后随即下滑，形成增长与衰退相伴生的循环，将非常不利于产业长远发展。国内和国际经验表明，当政府以正式的立法或实施细则等形式对相关政策予以明确，就会使各类投资者有更加清晰的投资方向，对投资收益有长期向好的预期，增强投资者参与到新能源产业发展中的信心和决心。因此，在新能源产业发展过程中，财税政策的角色不仅要增加政府对产业发展投入的资金，更应着重通过系统化、清晰、透明、公开、稳定而长期的政策设计去引导更多的社会资本，把市场活力和资金优势注入新能源建设中去，并逐步建立一个可靠而稳定，同时持续发展的新能源市场。

财税政策除了要坚持稳定性外，还应当确保有足够的作用力度。结合新能源产业的特点来看，这一产业初期需要投入的成本非常高，回收期长，投资风险更为显著。如此的产业，在发展初期，如果没有足够的财税政策的支持和激励，很难获得快速的启动，且发展有很大的不确定性。足够的政策作用力包括使产业发展具有更加稳定、更具吸引力和更加广阔的发展空间，完全能够撬动一个产业的崛起。

5.3.4 政策内容兼具可操作性和前瞻性

如果政府制定的财税政策，只有政策框架和指导原则，而没有具体化和实质性的可操作内容，那么即使政策顺利实施，政策效果也不会尽如人意。对于不断完善的财税政策而言，实质性的内容包括与新能源产业相关的技术、市场、投资以及各参与主体的利益关系等，可操作性的政策内容还要包括对于各种审批和补贴程序以及相关标准的规定等。尽管是财税政策，但是无论是政策制定还是政策实施，都会涉及多部门的联合。那么，如果政策过多的是概况性的，没有实质内容，各参与部门也会变得被动而无所适从，特别是对于那些处罚性的规定若不明确，也根本达不到强制约束的目的。

国家制定各种经济政策时，为了保证客观性，一般都要经过一段时间的调研，取得一定时间内的运行数据，也就是说从政策制定到政策实施要经过一个时滞。如果政策制定只是遵循客观，而缺少前瞻性，那么政策出台时可能经济形势已经出现了变化，而据此政策执行，再落到实处产生效应，中间又会有一段时间的差距，政策的影响力就会十分微弱。如果新能源产业已经出现了发展困境，再以政策扶持那就晚了，要知道一个产业的兴盛比衰败要困难得多。因此，政府制定财税政策除了要客观之外，还要有一定的前瞻性。因此，政府部门在制定相关财税政策时应认真考虑行业特点，充分收集和听取相关部门的意见和建议，制定具有前瞻性的、切实可行的政策，而不是头疼医头、脚疼医脚，完全处于被动状态。

5.3.5 政策制定还应注意利益平衡

赢得不同利益群体的广泛支持，是政策顺利实施的前提条件，也是产业顺利发展的基础。因此，财税政策要能够在新能源产业发展中发挥实效，还应当注意各方利益的平衡。获得消费者剩余是消费者愿意承担新能源产业发展成本需要付出的代价。如果新能源产业发展对消费者来说，缺乏对等的收益而只是额外的负担，那么长期来看只会损害消费者的积极性，最终阻碍新能源产业的发展壮大。当然，一个产业的发展不仅要平衡与消费者的关系，还需要注重地方利益和企业利益的平衡问题。一个产业的繁荣与所在地、相关行业有着强大的关联性，需要很多的支持和融合。以新能源电力为例，鉴于其间歇性、不稳定性以及大规模发电上网问题，要想被社会广泛接受，并使公众愿意负担发展新能源电力的成本，首先要处理与电力能源的协调，包括为其调峰、调频，而这必然造成一定的经济损失，甚至是其他行业对新能源电力的排斥，尽管财税政策制定的初衷是为新能源产业发展创造更好的条件，但是也不得不对相关行业和利益群体进行利益补偿，否则长期的利益不平衡迟早会引发新能源产业发展的瓶颈。

5.4 促进我国新能源产业发展的财政政策建议

积极构建有利于新能源产业发展的财政体制机制，是政府财政的重要职能。在今后时期，我国财政仍需要以科学发展、可持续发展为取向，全面贯彻落实国家关于新能源的战略部署，进一步出台了财政扶持政策，构建一套既立足中国国情，又符合市场经济原则，同时与国际接轨的加快新能源产业发展的财政政策体系。

5.4.1 继续扩大中央财政可再生能源发展基金的规模

2009年，十一届全国人大常委会第十二次会议表决通过《关于修改〈可再生能源法〉的决定》。此次《可再生能源法》修改的一大亮点是规定将由国家财政安排设立可再生能源发展基金。该项资金由国家财政年度安排的专项资金和依法征收的可再生能源电价附加收入等构成。其中，可再生能源发展专项资金主要由中央财政从年度公共预算中予以安排，但不含国务院投资主管部门安排的中央预算内基本建设专项资金，而可再生能源电价附加则依法向电力用户征收①。这项基金设置主要用于支持可再生能源发电和开发利用活动。根据资金来源不同，在资金使用方向上又各有侧重，其中专项资金部分将主要用于支持可再生能源开发利用。具体用于支持以下事项：可再生能源开发利用的科学技术研究、标准制定和示范工程；农村、牧区的可再生能源利用项目；偏远地区和海岛可再生能源独立电力系统建设；可再生能源的资源勘查、评价和相关信息系统建设；促进可再生能源开发利用设备的本地化生产等②。可再生能源电价附加部分则用于支付与电价相关部分，包括补贴可再生能源上网电价高于常规能源发电平均上网电价的差额部分；由国家投资建设或者补贴建设的公共可再生能源独立电力系统，如果在电力销售中执行的是当地分类销售电价，则该电力系统中的亏损部分可获得补贴，也就是合理的运管费用超出价格的部分；为鼓励电网企业收购可再生能源电力，对于合理的接网费用和其他相关费用，如果不能以销售电价弥补则也可以由本

---

① 财政部设立可再生能源发展基金［EB/OL］. http：//hkstock. cnfol. com/111220/132，2113，11393935，00. shtml.

② 财政部关于印发《可再生能源发展专项资金管理暂行办法》的通知，财建〔2006〕237号。

类补贴负担。此外，由可再生能源电价附加征收增值税会引发电力企业收入减少，为不影响企业开发可再生能源电力的积极性，这部分减少的收入也将由财政预算予以弥补。值得一提的是，通过电价附加方式筹集的可再生能源发展基金，在一定程度上体现了“以化石能源补贴可再生能源”的理念，这其中包含了推进能源由化石能源向新能源转型的深意。

5.4.1.1 可再生能源发展专项基金

以可再生能源发展基金为代表，中央财政预算成为支持新能源发展的重要手段。这些中央财政的预算投入已经在为支持新能源产业规模化和商业化中起了示范作用，并扶持了一批有代表性的新能源发电项目的规划和建设，初步构建了我国的新能源产业体系，并日臻完善。可再生能源专项资金的有效性已经得到充分印证，今后中央财政还应持续扩大这类专项资金的投放规模，从补贴力度和补贴措施方面更加优化，可以预见如此有针对性的专项基金，会成为未来替代能源发展的最重要的经济激励政策。

可再生能源发展专项基金要逐步扩大功效，就必须实现对其扩容，也就是通过不断拓展资金来源渠道，来扩大可再生能源发展专项基金的整体规模。在当前能源行业整体补贴一定的条件下，对可再生能源的倾斜可以重新考虑可再生能源与传统石化能源占用资金的比例，也就是适当减少对传统化石能源行业的补贴政策，从而避免财政资金浪费和集中力量发展新能源产业。

此外，在可再生能源发展专项基金的无偿资助方式中提出主要用于盈利性弱、公益性强的项目。除标准制定等需由国家全额资助外，项目承担单位或者个人须提供与无偿资助资金等额以上的自有配套资金①。这无疑为能获得无偿资助的项目设置了门槛，那些在可再生能源领域具有领先优势的龙头企业或者有研发实力的上市公司才更会被该基金“垂青”。因此，在可再生能源专项基金的无偿资助和自由配套资金的比例上还需要进一步探索，尝试逐渐降低自有配套资金比例，增强可再生能源专项基金在新能源项目中的财务杠杆性。

5.4.1.2 可再生能源电价附加

我国《可再生能源法》规定，可再生能源发电价格高出常规能源发电价

① 可再生能源发展专项资金管理暂行办法［EB/OL］. http：//www.china.com.cn/chinese/PI－c/1248915.htm.

格部分，在全国范围内进行分摊[①]。根据这一规定，国家从2006年起开始征收可再生能源电价附加，形成可再生能源发展基金。征收标准也在逐步提高，从每千瓦时0.1分钱到0.8分钱，之后又提高到1.5分钱。以目前的征收标准，每年筹集到的资金总额大约在200亿元。可再生能源电价附加是对新能源产业补贴的重要渠道，依目前运行情况看，这部分收入是新能源产业收入中占比比较大的部分。随着可再生能源的迅猛发展，对可再生能源电价附加资金的需求不断增加，近年来一直入不敷出。

由于这部分补贴是由电网企业收取，往往会出现补贴不能及时到位的情况，有些甚至比项目运行滞后半年以上。因此，为了不影响新能源项目的正常运营，对于向电网企业收取的可再生能源电价附加应进行细节方面的完善，如电价附加的收取可以修改为按照新能源上网电量由电网企业按月及时支付，并将每月的支付情况上报给国家发展和改革委员会。由国家发展和改革委员会于固定时间，如每半年，进行资金平衡，对于补贴不足的部分，由国家调集其他财政资源进行补齐。

鉴于新能源产业的蓬勃发展，以及未来节能减排的压力和我国对世界气候变化所做出的承诺，财政补贴额不断增加的负担会逐渐显现，目前的电价附加标准很难应对未来财政支出的压力。根据2011年年底的测算，可再生能源电价附加的资金缺口当时已达107亿元。若不进一步提高可再生能源电价附加征收标准，预计2015年资金缺口会再创新高，达到330亿元左右。这不仅会使新能源发电企业的电费难以实现顺利结算，而且整个产业的健康发展也可能因此陷入停滞。因此，为了防止新能源项目补贴支付的困难，应提早对电价附加方式进行测算，既满足新能源项目资金周转的需要，又不会对其他参与的电网企业带来经营上的困难。根据目前情况，可以采取逐渐增加可再生能源电价附加幅度的办法，但增加的幅度不能过急过快。由于可再生能源电价附加在2013年进行过一次将近50%的大幅度增加，占用了部分涨幅空间，因此建议今后电价附加的增长间隔保持在3～5年，每次增加的幅度要保持在20%～30%，这是基于逐步调整我国能源消费结构做出的判断，也是在促进我国新能源电力发展过程中必须付出的代价，而且这种以价格形式解决

① 发改委就完善可再生能源电价和环保电价政策答问［EB/OL］. http：//business. sohu. com/20130830/n385490821. shtml.

问题的办法要优于单纯以财政补贴方式进行。

5.4.1.3 拓宽可再生能源发展基金的资金来源渠道

鉴于可再生能源发展基金是用来扶持绿色能源发展的，可考虑将一部分特定的税收收入专款专用划入可再生能源发展基金中，拓宽资金来源渠道。主要包括：第一，燃油税（现行消费税中对成品油征税）收入按一定比例划入基金；第二，环境税开征后，可考虑将环境税的部分收入按一定比例划入基金；第三，资源税对煤炭、石油等传统能源征税收入按比例划拨。这样一来，传统能源征税后可对可再生能源进行补贴，从而起到“一抑一抬”的效果。

5.4.2 鼓励地方财政对新能源产业加强配套投入

新能源产业的发展不仅是中央财政的职责，同样也需要地方各级政府共同承担发展义务。因此，在中央财政加强我国可再生能源发展基金投入的同时，要积极鼓励地方财政加入新能源产业的发展大局中来。

实践表明，对我国各级地方政府而言，加快当地新能源产业发展的机遇大于挑战，地方政府必须要担当起新能源发展的重任，把新能源发展融入本地区产业结构调整、地方经济增长方式转变的大局中。具体来说，地方政府要以积极落实《可再生能源法》为起点，结合本地能源禀赋和发展预期，开展新能源的发展规划、重大技术研发和新能源资源评估等，并根据这些结果安排一定金额或比例的财政资金用于新能源产业。这样，一些新能源项目即使不能获得中央财政的可再生能源发展基金，也会得到当地财政的适度支持，不至于影响其预期的发展速度。当然，中央财政和地方财政也要在支持范围上有所侧重，比如那些发展至成熟商业阶段的新能源项目或者已经成熟的新能源技术等，可以让中央财政资金逐步退出，而地方财政资金继续跟进支持。此外，一些与居民生活紧密联系，且直接服务于当地的新能源项目补贴，如农村沼气补贴、太阳能热水器补贴，可以转交由地方政府负担。

5.4.3 进一步明确财政补贴对新能源产业支持的范围

在不断提升对新能源产业财政补贴总量的基础上，还要根据产业发展目标，进一步明确财政补贴的支持范围。不是任何打上“新能源”标签的都理所应当地获得财政补贴。财政补贴的重点主要是针对新能源产业发展的薄弱环节或关键步骤，这样有限的财力才能发挥最大的效用。确定财政补贴的支

持范围，需要涉及的内容很多，既需要分析财政政策的细节，又需要综合考虑与产业相关的技术、成本、市场、价格等因素，还要根据国家对新能源产业发展目标的调整而做出适时的变化。

5.4.3.1 加强对新能源资源勘查、评价和规划的投入

新能源资源预期是要在功效代替传统能源资源，在利用方式上对环境更加友好，能够带动新兴产业的崛起，对国计民生产生重要意义。我国正在加快发展新能源产业，开拓新能源资源，促进新能源资源化，意义深远。这迫切需要加强新能源资源的勘查、评价和规划工作，这些工作是应对资源压力的关键，事关国家对新能源优化布局的战略安排，是充分发挥新能源效用潜力的前提条件。从目前我国对新能源资源的管理来看，项目规划审批涉及多个部门，企业和有关部门自主参与资源调查和评估工作又缺乏参照标准、过于粗放，不利于对新能源资源的开发和利用。因此，对新能源资源的勘查、评价和规划，必须由政府主管部门牵头，并保证有足额的财政支持。只有把关于新能源的“家底”调查清、规划好，新能源产业发展才会有可靠的根基。财政对于新能源资源勘查、评价和规划工作的投入，首先要制定勘查、评价的标准，根据这些标准，以预算的形式投入财政资金，有关部门还应对勘查、评价的结果进行考核，确保财政支出的经济效率。

5.4.3.2 加强对新能源技术研发和设备制造的投入

技术是新能源产业发展的源头，从技术的复杂程度看，新能源技术要远高于传统能源技术，单纯依靠企业或民间力量很难在短时间内有所突破。而如果不实现核心技术的突破和创新，任何新能源产业的发展规划都是空谈。如我国风电制造业多是对进口机组进行组装而不是真正意义上的制造，这反映了风电制造业还没有形成有核心价值的竞争力，自主研发技术还撑不起整个风电产业的发展。同样太阳能发电上网稳定性差，对电网冲击较大，储能技术不完备，发展也遭遇到不小的瓶颈。有鉴于此，财政补贴必须要对新能源产业技术的研发与创新进行大力支持。

在财政补贴对技术的投入中，也要区分资金投放的重点和主次。在财政资金分配前，要协调新能源产业的各有关管理部门或相关高校、科研单位和专家，对涉及新能源技术的种类、难易程度、重点环节、薄弱环节及与先进技术差距等进行甄别和细分，根据以上标准，对新能源技术进行主次排序，以此作为后续政府财政补贴的依据之一。另外，国家发展和改革委员会还应定期

根据这些技术差异对《可再生能源产品目录》补充和修改，使之更加全面、细致和有针对性。这样做的目的是使新能源各环节的核心技术攻克都有财政补贴作为后盾，同时又不会因为那些“搭便车”的项目造成不必要的资源浪费。

除了要确定哪些技术环节应当投入外，明确财政补贴对新能源技术的投入标准也非常重要。投入标准的确定首先要明确新能源技术研发和设备制造要达到的层次和水平，在此基础上，以招标方式确定参与的实验室或设备制造厂商，再根据这些机构对项目资金的申报情况，最终确定财政补贴的支持额度。一般来说，技术研发属于基础研究领域，基本要依靠财政扶持来推进，补贴的支付要随项目开展同期拨付。对设备制造的投入要综合考虑设备性能的可靠性、技术水平等，适当给予财政补贴。因为很多高成本项目要考察其运行期，不适合在设备制造环节进行补贴，对设备制造的财政拨款可适度延后，在确认设备效果时再拨付。

在加强对新能源技术研发和设备制造的投入时，还要坚持补贴高端的原则。我国在实施新能源发展战略初期，各地为了享受国家补贴政策，一窝蜂地上马了很多新能源项目，很多地方打造新能源基地，纷纷将新能源作为城市的支柱产业。但从这几年的运行效果来看，有些项目的技术水平比较落后，竞争力不强，一些企业在产业链的低端环节盲目扩张，不具备起码的技术要求。造成这种现象与国家财政补贴政策投放范围不明朗有很大关系。因此，财政补贴政策在技术水平上要有一条“红线”，即财政补贴不能投放在低端技术和项目的重复进行上。

5.4.3.3 对新能源市场的投入：从补企业到补消费

财政补贴是政府政策推广中的一种经济调节手段，在经济运行中起的是一种杠杆作用。新能源产业在发展初期，会遇到资金缺乏、成本过高等困难，但从长远看，开发和利用新能源又符合国家中长期战略规划。因此，在新能源产业发展初期，财政要补贴新能源产业，此时的补贴主要投向新能源项目或新能源企业。如果政府财政不补贴，这个产业靠自身的运营很难发展起来。对企业或项目的财政补贴也不能使用像“撒胡椒面”一样的阳光普照式补贴，可以采取以下方法对财政补贴的投向进行遴选：成立第三方评判专家组，选择可以入围补贴的企业；先拨给企业一部分启动资金，等结果出来后，视考核结果再追加补贴；对于一开始没有入选的企业，如果取得了成果，也可以追加补贴。

但是，我们应该看到，补贴只是短期有效，长期还是要走市场化运营的道路。如果行业已经独立地走上市场运营化的道路，那么后面再有大规模补贴就不是一个正常发展的状态了。一旦产业形成并趋于稳定，财政补贴就必须进行调整并实施退出，以便发挥市场价格和供求关系对产业的正向引导作用。

当然，财政补贴的逐步淡出，还需要有一个从补贴企业向补贴消费者的过渡。对消费市场的适度补贴，能够鼓励消费者对新能源产品更加青睐，在终端市场激励新能源对传统能源的替代。这种补贴形式既是扩大内需的抓手，又撬动了绿色消费，可谓一举两得。此外，政府也应当运用补贴政策对个人生产的新能源产品，如自产自用的分布式发电等进行鼓励。

5.4.4 针对新能源产业的财政补贴要控制好总量和方式

针对新能源产业的财政补贴要采取系统化方式安排，做到有主有次，且对于主次进行有必要的阶段化分析，这关系到产业的健康有序的发展。因此，根据新能源产业发展的远景规划，补贴政策的设计既要基于国情、体现“中国特色”，又要着眼于国际通行规则、体现全球视角，使未来政策与产业发展现状的结合更加紧密，支持更加有力。首先，要尽快梳理现行的财政补贴政策，有效解决补贴政策分散、部门责任界定不清造成的政策效能损失，尽量整合不同部门和不同文件中的相关补贴政策，归拢有限的政策资源，形成产业发展的政策合力。其次，针对新能源产业的财政补贴属于产业类补贴，其宗旨在于促进产业链形成和商业化推广。因此，不同于基础研究财政补贴的是，新能源产业的财政补贴应在补贴环节中设置重点方向和领域。我国新能源各产业处于不同的发展阶段，不宜一刀切，当然也不能厚此薄彼，应视发展的具体情况选定每个细化产业的补贴重点，将有限的财政资金花在刀刃上。再次，财政补贴应当有限度，根据初期扶持、中期巩固的定位，财政对新能源产业的补贴可以借用“扶上马，送一程”的原则。“扶上马”是要帮助新能源产业夯实基础，并逐步形成竞争力，而“送一程”是指财政补贴要有必要的延伸，避免半途而废。但是，财政补贴的链条不能过长，否则优渥的政策环境很容易导致企业产生惰性，不思进取。对于新能源产业财政补贴的度，要结合产业发展状况，予以明确，并及时动态调整补贴依据，不要出现企业为获取财政补贴，不愿扩大销售规模的现象。把握好财政补贴的度，才能更好地遵循产业发展趋势。

无论是增加补贴还是适时的削弱补贴，政府都要从产业发展的前景考虑。推出扶持、补贴政策有利于推广新能源应用与覆盖，但过度扶持，就是“偏爱”，会让企业与民众依赖政府，从而对其他行业造成“不正当竞争”，因此，应适度而行。

在把握好财政补贴总量的基础上，我们还应看到各地方政府普遍存在追逐 GDP 的风潮，急于寻找到一个新兴的或支柱的产业。在类似政策刺激下，新能源产业最先陷入了发展的混乱和无序，比如，我国风电和太阳能光伏产品在 2009 和 2010 年就两度出现了令人忧虑的产能过剩。由于目前实施的政策中，补贴的依据注重新能源的利用结果，也就是根据生产量或销售量来确定补贴额度。这种补贴依据的设计有合理的一面，但从长远来看，凡生产出来或销售出去就可补贴，毕竟过于粗放，难以促进产业和产品向预定轨道发展。今后财政补贴应纳入技术标准等补贴依据，对不同类别的新能源财政补贴方式进行更精细化的探索。如目前“金太阳”工程中采取的是初始投资补贴方式，如果能将补贴的切入点后移，调整为按并网发电量计量补贴，会更有利于提高企业和个人介入新能源产业的积极性。

5.4.5 大力推进政府采购新能源产品

政府采购是一种类市场机制的选择过程。在新能源产业发展初期，产品价格较高的情况下，大力推进政府采购新能源产品不失为促进新能源产业发展的一条有效途径。政府采购新能源产品的实质是模拟一个近似市场的环境，在这个环境中，政府充当需求者角色，不直接干预企业的生产过程，而是通过消费本身来体现对新能源生产企业的支持。政府采购是新能源产品推广的媒介，这一市场性的方法体现的是政府的政策导向。通过机关和企事业单位对新能源产品的使用，尤其是在各种公共服务领域积极引入新能源产品，如此示范作用将更好地树立新能源产品在全社会的口碑和信心，对引导私人部门参与到新能源产品消费中来是极大的促进。当然，政府对新能源产品的采购，并不是单纯对新能源产业起一个“兜底”作用，而侧重在以政府为客户群而进行的市场营销过程，因为这里存在着有如市场般的竞争过程和各种竞争关系。在这个市场氛围中，各种新能源产品也要适销对路，经得起市场检验和满足客户需求。从这个角度看，同样规模的财政支出由政府进行采购的

效果要优于直接补贴给企业。因为政府采购使新能源企业面临一个优胜劣汰的过程，那些质量好、价格有优势又在技术上有特色的新能源产品受到政府的青睐，其生产企业也就很自然地获得了财政支出的相关支持，这种资金支持实际上就是新能源企业在运营中获得的利润回报。新能源企业要想获得这部分回报，必须参与由政府主导的类市场竞争，也是一种真实的市场激励。新能源企业需要把这种激励内化于“心”，以更大的动力改善产品品质和提升科技含量，在与政府的互动中形成新能源产业发展的良性循环。

由于目前新能源产业还处于发展的过程中，与独立而广泛的参与市场活动还有差距。在这个阶段，政府采购相当于某种形式的成本补偿，这比在消费环节的补贴更加直接和有效，为新能源产品走向市场铺平了道路。政府具备这样的实力，且也只有政府能够承担起缩短新能源企业与市场距离的重任。

因此，在新能源产业发展初期，应加大市场开拓力度，把技术经济性能好、节能效益显著的新能源产品纳入政府采购的范围。以政府力量推动新能源产品的市场需求，以政府采购方式帮助新能源产品冲破部分市场障碍，拉动对新能源产业的投资增长，提升产业实力并通过规模化发展降低新能源产品的成本。由于新能源产品更多代表的是一种绿色消费方式，因此政府采购不仅是政府财力的支出，也会对社会消费形成良好的示范效应。

5.4.6 不断完善财政资金在新能源领域的绩效评价机制

对财政资金进行绩效评价，就是要考核财政支出的使用效果，也就是财政资金“所费”与“所得”的对比关系，同时这个过程也是政府财政职能实现的过程。对新能源领域的财政资金进行评价，主要有两个角度：一个是经济效率，主要考察财政资金是否促进了社会资源的合理配置，是否使相关企业和整个产业都实现了良性运行；另一个是社会效率，包括是否有利于提高新能源在能源结构中的比重，是否满足了全社会对能源安全、环境保护以及社会和谐等方面的要求等。相比于社会效率，经济效率更容易量化和评价。

然而，多年来政府对财政资金更多地关注如何加大投入，如何推出更多的产业促进政策，并没有注重财政资金的使用效率。很多财政政策本意很好，但在具体执行时，缺乏有效的制度设计、评价标准和效果评估机制。以“金太阳”示范工程为例，按照现行政策，列入“金太阳”示范工程的项目将会获得约50%初始投资的财政资金补贴，然而这种补贴方法却使个别地区萌生了钻政策空子，出现“圈而不建”的情况：一些投资商在申报补贴时，不注重节约原则，只倾向于使用高端设备，造成财政资金浪费；而另一些投资商还会出现虚报高价或采用“报”高“购”低的方法降低成本，这根本就是对财政资源的侵占。

对财政资金进行绩效评价是提高新能源领域财政支出效率的必经之路。因此，对新能源产业进行财政投入的绩效评价必须要提高到制度化层面。没有制度化的安排，这些财政资金的效率评价只会流于形式，主观随意性会使得评价难于规范化开展。

相比于新能源产业发展所需要的资金投入，政府能够投放的财政资源毕竟有限，那么在实践中就必须从整合财政资源、完善财政资金管理方面下大力气，使资金效益得到最大限度体现。首先，在新能源产业目前的财政补贴体系上，立项、资金投入、技改环节分属于发展和改革委员会、财政部和科技部等不同部门管理。然而，一旦财政资金投入后，却缺少专门的部门对补贴项目和财政资金进行后续的监督和检验，对财政资金的有效性更是缺乏评估主体。因此，绩效评价的前提是要在明确责任的基础上，加强相关部门的沟通和合作，共同确定财政资金的投向和侧重点。以资金的绩效评价为核心形成对资金使用的统筹管理，避免相关部门各自为政，也避免对财政资金管理陷于“看起来很重要，做起来没人管”的局面。其次，应按照新能源产业发展需要建立项目库制度，从立项招标等源头入手管好财政补贴资金。当确定好某个时期新能源产业的重点发展方向和行业类别后，就要根据具体的方向和行业类别进行项目立项。在立项过程中，要通过公开招标、公开竞争，逐层遴选出有扶持价值的优质项目。在立项中要紧抓项目质量，避免重复立项和无效立项。对于进入项目库的项目，应进行统一管理，包括项目的申报、评审、验收等。只有进入项目库的新能源项目才能纳入财政补贴的选择范围。再次，对那些在技术创新、成果转化、市场培育等方面取得重大突破的项目，要及时给予奖励，加大财政补贴的投入比例，“以奖代补”的形式可以充分调动各部门、各企业攻坚克难的积极性。最后，在对新能源领域财政资金的绩效评价中，要适度引入独立第三方参与，以保证评价结果的可靠性和中立性，避免在项目管理过程中出现权力寻租和套取补贴的腐败行为。此外，根据评价结果还应健全监督检查机制，对发现的问题及时整改，对出现重大问题的新能源项目及时叫停，避免财政资金可能发生更大损失。

5.4.7　重视财政贴息对新能源产业的扶持作用

财政贴息是政府提供的一种补贴形式，即政府代企业支付部分或全部贷款利息，其实质是向企业成本价格提供补贴①。按照财政是否通过媒介拨付贴息资金，财政贴息可分为两种方式：一是相关企业直接获得来自财政的贴息资金，用于支付贷款产生的利息；二是企业获得银行的政策性贷款，而优惠利率造成的银行收入减少由财政贴息资金补偿。一般来说，财政贴息能够拉动更大规模的银行贷款，因此，那些大项目、大企业都倾向于运用财政贴息解决建设或运营中的资金问题。

我国自20世纪80年代以来开始探索出台了一系列促进新能源发展的财政贴息措施，但由于这些政策的覆盖面窄，针对性差，再加上申请条件苛刻，其发挥的作用十分有限。以风力发电产业为例，这是很早就列入重点扶持的新兴产业，但是在对应的贷款政策中，并没有体现出有针对性的贷款利率优惠政策，而且也没有根据风电产业的特点在还款期限上做出调整，这就导致了风力发电站建成后，企业的还款压力过于集中，畸高的财务费用转化成了风电的高电价和风电产业的高成本，风力发电的竞争力也一直没有完全发挥。因此，积极运用贷款贴息政策，充分发挥财政资金“四两拨千斤”的引导作用，大力支持新能源项目上马和新能源技术改造和创新，带动了投资，促进了银行放贷，为企业融资渠道拓宽铺平了道路。完善对新能源产业财政贴息政策，应包括几点内容：首先，财政应逐步增加对新能源企业的贴息额度，且不断拓展财政贴息的范围，在可获得财政贴息的新能源项目中，要做到“四优先”，即优先扶持基础性研究贷款贴息项目、优先扶持国产化设备制造贷款贴息项目、优先扶持固定资产贷款贴息项目，优先扶持与政策性银行合作贷款贴息项目；其次，适当延长财政贴息期限，避免新能源企业前期投资量巨大对产业发展造成束缚，根据新能源领域不同行业资金周转期的不同，可以适当做出3～5年的延期，但期限不要更长；再次，为了便于管理，可以根据项目的不同，规定财政贴息资金的分配比例，如多大比例用于固定资产贷款贴息、多大比例用于流动资金贷款贴息，等等；最后，要适当放宽财政

① 贾丽娟，财政贴息：危机下的甘霖［EB/OL］. http：//finance.sina.com.cn/review/20090717/15456494908.shtml.

贴息的适用条件，各地可以根据实际情况确定和选择，使财政贴息政策能够普惠新能源各行业。另外，政府也要鼓励和引导一般金融机构参与低息贷款业务，扩大资金蓄水池，让更多的社会闲置资金因为新能源产业而流动起来、聚集起来。

5.5 促进我国新能源产业发展的税收政策建议

税收政策之于新能源产业的作用在于激励和引导。按照激励和约束相结合的原则，我国一方面要结合税制改革方向和税种特征，主要在流转税、所得税方面出台一系列更加优惠的税收政策，对新能源产业采取正向激励措施，力求改善新能源产业资本投入大、研发费用高、产品成本高等问题，并切实鼓励新能源产业的自主创新和引导市场消费；另一方面对高耗能、高污染、资源利用率低的行业和产业实行适当的惩罚性税收措施，对传统能源产生反向的限制作用，为新能源产业发展创造有利条件。

5.5.1 尽快颁布适用于新能源产业的专门税法

自《可再生能源法》颁布以后，我国一直没有实施专门针对新能源产业的税法。现有关于新能源产业的各种税收扶持政策散见于各种文件和规定中，而且更新滞后，显然不能够满足新能源产业日新月异的发展需要。新能源产业是未来国家重点扶持的新兴产业，因此有必要根据国家的战略规划以及新能源产业各环节的发展需要，量身制定专门的税收法律，整合现有税收规定，并细化相关实施条例，使税收政策对新能源产业发展的导向性更强、激励性更大，也更加能够彰显我国推动新能源产业发展的信心和决心。

5.5.2 根据产业需要选择最适合的税收优惠方式

税收优惠是产业税收政策的核心内容。税收优惠方式很多，不同方式各有特点，对产业发展的影响也大有不同（见表6.2）。面对各种各样的税收优惠方式，如何根据新能源产业发展需要选择出最适合的税收优惠方式，是完善新能源产业相关税收优惠政策的前提条件，也是税收政策能够达到预期目标的基础。

表 5.2 不同税收优惠方式的比较

	税收优惠方式		优点	缺点
1	免税期		减轻企业发展初期的资金压力，增加创业期现金流	效应更多表现在短期内，对长期投资作用不大
2	优惠税率		减少企业税收负担，增加税后利润	可能影响折旧的抵税作用
3	税收抵免	生产税收抵免	对企业生产成本有直接效果，有利于产品的长期生产	对中小企业缺乏吸引力
		投资税收抵免	刺激投资增加，降低企业投资成本	可能造成生产商变相提高价格
4	税收抵扣	增值税抵扣	对生产者和消费者均有吸引力	可能造成生产商变相提高价格
		关税抵扣	鼓励国内企业积极引进国外先进技术和设备	对提高技术和设备的国产化率产生不利影响
5	退税	出口退税	鼓励企业产品出口和参与国际竞争	可能会遭遇反倾销等贸易摩擦
		再投资退税	鼓励投资者将利润再投资，从而扩大再生产	再投资时间和方向的选择面临挑战
6	免税		对适用项目的刺激作用明显	有违税收公平原则，可能对非免税项目造成损害
7	加速折旧		加速企业资金周转，可以增强企业未来竞争和融资能力	不会减轻企业总体税负，而是将税负调整成前轻后重，且容易造成初期几年利润减少，发展困难
8	加计扣除		直接减少企业的应纳税所得额	
9	延期纳税		纳税期推后，减轻企业发展初期的资金压力和税收负担	加重企业后期的税收负担，总体税负水平没有减少
10	税前弥补亏损		减少盈利期的应纳税所得额	只适用于以前年度发生亏损的企业，且亏损结转年限有严格限制

对于新能源产业来说，目前我国已采用的税收优惠方式包括：免税期、

优惠税率、投资税收抵免、增值税抵扣、关税抵扣、出口退税、免税、加速折旧和加计扣除等。实施免税期、投资税收抵免的优惠方式主要可以解决新能源项目资本需求量大，资金回收期长的问题；实施优惠税率主要为了应对新能源项目普遍成本较高而利润偏低的问题；进行增值税抵扣，是由于新能源产品成本偏高而推高了价格；进口关税抵扣的方式非常适用于新能源产业在创业初期对先进技术和设备的需求；出口退税政策是为了保障部分成熟起来的新能源产业走向国际市场；免税方式一般应用的不多，主要用在具有公益性质的公共服务类产品和项目中；加速折旧和加计扣除，促进了新能源产业的技术研发和设备更新。因此，不同税收优惠方式的优势不同，适用范围也不同，应根据新能源各环节、各行业的发展需要，选择最适合的税收优惠方式。

5.5.3　支持新能源产业发展的流转税改革

5.5.3.1　完善增值税政策

由于增值税具有税收中性的特征，为了不影响增值税的正常收缴，在新能源产业中要慎重推出增值税优惠政策。当前，完善新能源产业增值税的重点应放在准确判断各新能源行业或产品的特点，选择更加合理的税负水平。

目前，我国没有新能源产品增值税优惠政策的统一规定，只是不同时期对部分新能源产品给予了增值税优惠。增值税的征收缘于生产环节的增值额，但是在新能源电力行业中大多发电成本较高，加之不消耗燃料，因而没有进项税或进项税很少，造成增值税不能抵扣或抵扣幅度很小。如目前我国风电企业享受增值税按正常税率17%减半征收的优惠政策，名义税率优惠幅度很大，但由于几乎无进项税，造成即便减半，实际税负仍为8.5%，高于火力发电大约4.5%的增值税实际税负。实践中，新能源发电的增值税实际税负远高于常规能源发电，按17%增值税税率征收肯定是不合理的，无形中增加了新能源电力项目的运营成本。因此，为了体现税负公平，也为了在新能源电力发展初期减少项目运行负担，有必要将新能源电力项目的增值税税负统一降低，如可选择6%的征收率或规定在一定期限内（如3～5年）将增值税返还给新能源发电企业等。具体来说，小水电项目由于要面临库区移民、库区维护等资金缺口等问题，也要纳入以上的税收优惠政策中；另外，2014年3月财政部、国家税务总局发布文件，规定大型水电企业分阶段享受其增值税实

际税负超过8%，12%的部分实行即征即退政策[①]，因此2017年年底政策期限截止后，也要纳入上述统一政策中去。

我国自实行增值税转型以来，对企业采购用于固定资产的设备的增值税税额允许抵扣应缴纳的增值税。但新能源企业普遍设备投资规模巨大，投资回收周期长，往往设备可抵扣的增值税税额也很大，还有一些抵扣时间超过10年以上，由此造成新能源企业资金成本偏高，严重影响了企业利润和行业效益。由于新能源企业的这些特点，相关固定资产的抵扣政策可适当灵活一些，如先规定一定比例增值税返还，剩余比例的部分再进行逐年抵扣。另外，还可以适当缩短抵扣期限，缓解企业在还贷期内的资金压力。

为了鼓励新能源领域的科学研究和技术开发，对用于科研和教学等的有关新能源设备，可实施进口设备免税和采购国产设备全额退还增值税的优惠政策。对除了发电以外的其他新能源应用，如太阳能热水器、光伏电池等，也可实行按13%的低税率计征增值税。

5.5.3.2 完善消费税政策

把消费税和发展新能源产业结合起来，有两条途径，即一增一减："增"是针对传统能源的高污染和高能耗，征收更高的消费税；"减"是直接对新能源给予更多的消费税优惠。无论是哪条途径，都是为了增加传统能源与新能源消费税的差距。第一种做法可以通过提高传统能源产品消费税的税率水平来实现，也可以采取扩大传统能源产品消费税的征税范围，如将目前尚未纳入消费税征收范围、不符合节能环保技术标准的高能耗产品和资源消耗性产品纳入消费税征税范围，并根据污染以及耗能程度制定累进税率[②]，耗能高、污染严重的项目要实行惩罚性的高税率。对传统能源收取的惩罚性质的税款，应当转移用作新能源有关项目的节能减排技术的研发。这样做的目的是逐步改变全社会对传统能源的粗放型需求，为新能源产品打开消费市场铺路。第二种做法是将优惠政策直接应用于新能源产业本身，有针对性地对新能源产品少征或减免消费税，如对生物柴油实行低税率，并且对外购或委托加工收回的柴油用于连续生产生物柴油，准予从消费税应纳税额中扣除原料已缴纳的消费税税款等，从而增加人们对新能源产品的认可和接受程度。

---

① 财政部，国家税务总局．关于大型水电企业增值税政策的通知［Z］．财税〔2014〕10号．

② 运用财税政策推动落后产能淘汰［EB/OL］．http：//www.qstheory.cn/st/stsp/201206/t20120611_163415.htm.

5.5.3.3 完善关税政策

关税政策在促进新能源产业发展中也有两方面的作用，一是为新能源技术和设备进口排除障碍，二是为新能源产品出口铺平道路。在进口方面，由于我国大部分新能源技术水平还比较低，关键技术和设备的自给能力不足，需要大量从国外进口。为了不增加进口企业的负担，可以分情况给予多层次的进口关税优惠。如根据新能源企业对设备的需求程度和国内生产情况具体确定减免幅度，可分为急需且国内不能生产、需要但国内生产不足以及需要且国内生产充足三种情况，分别给予免征、减征和按常规征收进口环节关税。在出口方面，要大力支持国内新能源产品开拓国际市场，对国内生产已经成熟的新能源产品，如太阳能热水器等，可免征出口环节关税，帮助这些企业在国际竞争中占有价格优势。

5.5.4 支持新能源产业发展的所得税改革

5.5.4.1 完善企业所得税政策

企业所得税和企业生产经营各环节关系密切，在产业政策中发挥着举足轻重的作用。新能源产业也应对企业所得税的多种优惠方式进行优化设计，使其成为新能源产业税收优惠政策的主导。

第一，按照企业所得税法规定，高新技术企业可享受15%的优惠税率，新能源企业虽不属于高新技术企业，但有同样的战略意义。因此，应允许新能源企业比照高新技术企业，统一享受优惠税率。

第二，按照《企业所得税法实施条例》第八十七、八十八条的规定，对企业从事国家重点扶持的公共基础设施项目的投资经营所得，以及对从事符合条件的环境保护、节能节水项目的所得，自取得第一笔生产经营收入所属纳税年度起，享受“三免三减半”的企业所得税优惠政策①。很多新能源发电项目都属于税收优惠范围，但是在实务中如何确定“第一笔经营收入”一直没有明确，收付实现制和权责发生制两种不同确认方式会使新能源企业实际享受税收优惠的年份不同。如果新能源电力企业在试运行期间与电网企业发生结算，且确认期靠近年底，那么结算取得收入时就进入了第一个“免税

① 企业所得税法实施条例，中华人民共和国国务院令第512号［EB/OL］. http：//www.gov.cn/flfg/2007-12/11/content_830723.htm.

期”，而企业却没有享受到一个完整年度的税收优惠。因此，本着扶持新能源企业的原则，应采用收付实现制确认收入，允许发电企业将年底的结算收入延迟到次年初取得，帮助企业最大幅度地获得税收利益。

第三，由于新能源企业在生产运营中会取得大量的财政补贴收入，且来源和渠道不一，但是在企业所得税法中并没有关于“补贴收入”的优惠措施。如果将这部分收入纳入应纳税所得额中，会大大削弱相关财政补贴支持力度。因此，应将新能源企业获得的各类财政性补贴收入、专项奖励资金、贷款利息中央财政补贴收入、设备投资补贴收入以及相关税收返还等实行免征企业所得税，扩大免税收入范围。

第四，在新能源设备国产化方面也可以采取企业所得税优惠的激励机制。对购买国内制造商自主研发生产的新能源设备，可给予投资抵免优惠，如将设备金额20% ~30%的部分允许从应纳税所得中抵免，当年不足抵免的，可在规定年限中继续抵免，这样做主要是为了鼓励国产新能源设备的市场推广。

第五，为了鼓励新能源产业的技术研发，应对新能源领域的新技术、新产品、新工艺扩大加计扣除的力度。首先要以清单模式明确新能源的技术、产品和工艺等，使新能源企业在实践中有章可循；其次要适度增加扣除比例的幅度，比如相关支出除了按现有规定据实扣除外，还要再按是否形成无形资产给予不同程度的加计扣除，也就是分别进行研究开发费用100%的加计扣除和无形资产成本200%的摊销，从降低研发成本的角度引导新能源企业的科技进步。

第六，为帮助新能源企业提前收回设备投资，应允许企业对生产、设备制造以及技术研发中所使用的关键设备采取加速折旧的方法，如可鼓励风电企业将固定资产的折旧年限缩短至8 ~10年，促进风电设备的更新换代。

第七，在新能源产业发展初期，企业会不可避免地面临亏损的压力，同时鉴于新能源本身的特点，企业从技术研发到产品的生产、销售直至实现利润，所需的周期较长，因此，可以适当延长新能源企业亏损弥补期限，促进新能源企业自主地化解亏损危机。

5.5.4.2 完善个人所得税政策

在促进个人参与新能源产业发展中，可以充分应用个人所得税的优惠政策，调动个人在产业发展中的积极性。首先，对技术人员因新能源技术开发获得的地市级以上奖励应免征个人所得税。其次，对个人向新能源企业提供或者转让新能源应用相关的专利权、非专利技术等所取得的特许权使用费，要提高费用减除额度或者降低相应税率。再次，个人从新能源企业取得的利息、股息、红利收入，要设置一定的免税期限。最后，在鼓励新能源个人消费方面，可以规定某一消费限额，达到该限额后允许个人持购买时的增值税发票到税务机关申请一定比例的退税。

5.5.5 为新能源企业提供优质的涉税服务

在新能源产业的培育中，税务机关需要为其提供更加优质的涉税服务，以保证各项税收扶持政策的贯彻落实，为新能源企业发展壮大创造更好的政策环境。首先，做新能源产业税收优惠政策宣传的“排头兵”，加大政策宣传造势。与相关政府部门联合，召开点、面结合的座谈会，对新能源企业进行综合业务解释，解答企业对新能源产业优惠享受类型和途径的疑惑。根据新能源产业的不同行业、不同层次纳税人的不同需求，有针对性地提供分类政策宣传，同时加大社会各界对相关税收政策的了解和认知，为新能源产业发展营造良好的政策舆论环境。其次，利用税收优惠的政策导向，协助新能源企业用好用足税收优惠政策。对新能源企业要进行定期走访，深入调研其生产、销售和财务情况，根据企业发展需要，主动退送相关税收优惠政策，帮助企业缓解资金压力，进一步降低税收负担。建立沟通互动的常态机制，把税收业务融入新能源企业的经营中，保证政策服务的全覆盖，结合日常管理及时发现企业经营和纳税中的薄弱环节和问题，及时进行纳税提醒，达到化解风险，规范纳税行为的目的。再次，对服务方式和服务手段再创新，打造服务举措的多元化和加强版，全方位提供涉税咨询，更好解决涉税问题为新能源项目的快速落地提供便利。梳理和掌握辖区内新能源企业的情况，对新能源企业落实“一对一”的服务机制，为新能源产业提供针对性强、层次高的个性化服务。综合运用纳税评估、服务调研等手段，从提升内控质量入手，帮助企业进一步规范涉税会计核算，对已发现的纳税问题和漏洞及时纠正，并预防可能出现的涉税风险。最后，在有自主权的税收政策制定中，更多地向新能源产权倾斜，为新能源企业争取更多的政策支持。

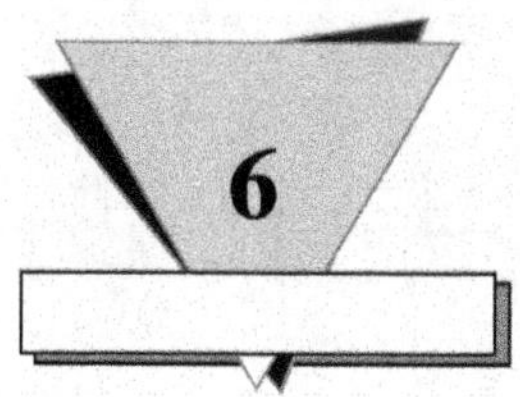

促进我国新能源产业发展的其他配套措施

与实施财税政策相比较，我国新能源产业更应当在政府扶持下逐渐走向开发和市场，因此，加强立法保障，健全公共服务，建立满足新能源产业发展需要的金融市场和资本市场，是新能源产业健康发展的必然要求。

6.1 不断增强新能源产业的立法保障

法治是现代市场经济的最高信仰，法治精神应当作为成熟市场经济体制的灵魂。发挥市场在资源配置中的决定性作用，就要在市场运行中开启法治模式，以法律保护市场主体、约束市场行为、维护竞争环境，进而激发市场活力。只有以法律搭台，市场的“戏码”才能唱得更为稳健。现代产业经济是市场经济，也必然是法治经济，那么伴随产业经济运行的产业发展政策也自然要立足于法治框架下。在党的十八届四中全会通过的纲领性文件中，提到的社会主义市场经济本质上是法治经济①。因此，我国新能源产业的立法及相关政策只能在法治范围内被制定、实施、修改与调整。新能源产业的未来运行必须纳入法制化轨道。

广义的立法体系主要包括法律、行政法规、部门规章等。为顺应新能源产业的发展趋势，我国先后出台了《中华人民共和国大气污染防治法》《中华人民共和国节约能源法》《可再生能源法》等，提出了一系列鼓励和支持开发、利用太阳能、风能、水能等的措施。但是这些法规和规定在立法导向方面还存在一些不足：一是法的权威性不强，更多地强调政策倾向，缺乏法律层面的操作标准和约束规范；二是有些规定比较空洞，没有切实解决阻碍新能源发展的管理、责任、效率等问题；三是各法律条文间有不协调、不衔接的内容，容易在实践中引发操作上的冲突。

根据新能源产业的发展现实，我们需要不断增强新能源产业的立法保障，也就是抛弃粗糙和短视，本着从长远考虑的法治法理精神，首先要从立法角度完善新能源规划，而且把重点落实在执行和实施层面；其次在规范政府、新能源企业、电网企业、用户的责任、权利和义务时，体现科学性和前瞻性；最后是强调节能入法，而新能源领域的节能重点在于效率和反对浪费。通过

① 中共中央关于全面推进依法治国若干重大问题的决定［EB/OL］. http：//news. xinhuanet. com/2014 - 10/28/c_ 1113015330. htm.

统筹协调新能源立法体系，用更加科学的制度配置，更多体现民意和遵循法治经济的精髓。

6.2 促进新能源产业发展的公共服务平台

新能源产业的发展，除了要有健全的政策支持系统外，还需要搭建针对新能源产业的公共服务平台。新能源产业的公共服务平台要以政府规划与政策引导为主导，选择成熟的中介服务与管理模式，号召新能源企业更广泛地参与，是一个三位一体，多维联动的平台服务框架。作为一项新兴产业，新能源产业的发展，尤其是初期的发展，由于产业组织规模较小、市场竞争能力较弱、要素整合能力不强，迫切地需要政府为其建立这样的公共服务平台。这一平台以政府为服务主体，新能源产业的相关企业为服务客体，以各种惠及新能源产业长期发展的措施为服务载体，一定程度上实现了政府职能和产业发展的统筹协调和有机结合。一方面，从产业自身特点来看，新能源产业在很多方面都体现了一个“新”字，面对新环境会遇到很多新问题和新情况。因此，政府的公共服务平台要牢牢抓住新能源产业发展的核心，在技术研发和创新、资金注入和积累、人才引进和储备等方面提供全方位的公共服务，这也是该平台建立的初衷。另一方面，新能源产业发展的公共服务平台要注重自身的传导作用，发挥其与其他产业的联系和中介作用，通过与传统产业的融合，特别是与常规能源行业的相互扶持和借鉴，使政府各项政策措施达到最佳效果，新能源产业发展也可获得更加优越的生存环境。新能源产业的公共服务平台应当包括更加完善的基础设施设置、更加便捷的人才获取和更加通畅的技术交流机制，等等。

6.2.1 成立新能源产业发展指导委员会和产业协会

新能源产业在探索中发展，需要政府牵头成立专门的协调机构，包括产业发展指导委员会和产业协会，以帮助新能源产业更好地规划发展路径。由于新能源产业内容庞大、综合性强，对其进行的指导和管理难免会跨部门、跨行业，这就需要在顶层设计上打通政府职能部门合作的通道，化解行业管理条块分割的壁垒。因此，新能源产业发展指导委员会应当是囊括发展和改革委员会、环境、科技、财政部门的联席机制。这一联席机制横跨多个部门，

其职责是从制定发展战略、发展规划、发展步骤和发展政策方面对新能源产业进行综合管理，并跟踪和关注产业发展实况，协调解决产业发展面临的问题。另外，还要成立相关的行业组织，即新能源产业协会，这一组织的基本职能是：在宏观方面，收集和分析新能源产业的发展信息，促进国家新能源产业政策的贯彻和落实，参与制定新能源产业的发展方案和行业规范，推动国内外新能源产业的接轨；在微观方面，为企业更好运用相关政策提供咨询，对企业在新能源利用中取得的发展成果进行评价，营造新能源市场的良性竞争氛围。

6.2.2 建立适宜新能源产业发展的相关基础设施

建立适宜新能源产业发展的相关基础设施，是新能源开发和利用的前提与基础。与产业发展规模和速度相匹配的基础设施，不仅是新能源战略得以实现的产业发展基础，也为新能源产业的不断发展壮大提供必不可少的空间。基础设施在新能源产业发展中，是维护产业正常运转的载体和保障，否则会直接威胁产业的生存与发展。以风电为例，基础设施的建设在风电并网中非常关键。有些地区由于没有解决好这个瓶颈问题，出现了一定程度的“弃风”现象，导致当地电源结构不合理，资源得不到有效利用。要解决风电并网问题，就需要建立与风能利用相协调的基础设施。积极建设含储电、输电、变电、配电、用电和调度等各个环节在内的智能电网。

6.2.3 创建新能源产业的业界交流信息平台

创建新能源产业的业界交流信息平台，如一站式信息发布和传播平台。利用传统媒体或网络等形式开设专门的窗口或专栏，及时发布政府、行业、企业、专家学者有关新能源产业发展的动态和信息，使其成为政策走向的窗口，帮助新能源企业把握市场动向、研发成果转化等，使新能源产业与政府部门、相关产业、科研团体的信息畅通。

6.2.4 搭建政府公共技术服务平台

搭建政府公共技术服务平台，加快新能源产业科技进步和创新。科技创新是新能源产业的生命力所在，按照“整合、共享、服务、创新”的思路，实现“政府搭平台—平台为企业—企业求创新”的发展路径，从而整合了各类创新载体和科技资源。公共技术服务平台帮助企业在实施技术创新过程中，

开展检索、查询、实验、测试等活动，提供设备、仪器、场地、咨询、认证和技术指导等专业性的服务。建立这样平台的意义在于帮助企业利用社会服务规避技术风险、降低开发成本、缩短研发周期和提高创新效率，这不仅能够改善地区的新能源创新创业环境，形成以科技为导向的产业发展模式，还有利于推动政府职能转变，大大缓解全社会科技服务资源相对短缺的问题，为实体经济快速发展提供科技动力支撑。鉴于科技进步和创新的重要意义，政府公共技术服务平台可以细化为多个分平台：其一是研发平台，由于涉及面广、难度大，研发平台在建设过程中要努力引导政府与市场机制的结合、地方需求与国家布局的结合、重点突破与全面推进的结合，有选择、有重点地突破一些关键性和共性的技术难题。其二是软硬件共享平台，应当共享的硬件平台包括研究实验基地和大型科学仪器、设备等，使研究实验环境变得更加开放，提高仪器、设施的综合利用效益。应当共享的软件平台包括科学数据及科技文献的共享，这样做将避免科研活动的重复进行，促进科研资源的集合和扩充。其三是成果转化公共服务平台，这是政府公共技术服务平台的亮点。通过科学研讨和技术交易，加快技术市场中有价值信息的扩散程度，促进科技创新向先进生产力的转化。

6.2.5 提供新能源产业发展必需的人才服务平台

由于新能源产业更多地表现出智力密集型特征，因此加强产业发展后劲，就要为新能源产业获取人才创造条件和提供服务。新能源产业被定位于战略性新兴产业，人力资源对产业发展有着非比寻常的重要意义。只有获得宝贵的人才优势，再加上科技创新的支撑，新能源产业才能巩固其战略地位。未来新能源产业的竞争可以归结为人才的竞争，产业的发展对人才的需求也是多层次的，不仅包括科技人才，也包括管理人才。政府提供的人才服务平台，能够帮助企业获得优秀且适用的人才，公共服务平台还可以借助自身的技术、设备优势，对专业人才进行专门化的技术应用培训以及高端定制培训等，培养一批高新技术的专用人才和集管理与科技能力于一身的通用人才。此外，新能源产业发展也要广纳贤才，设立开放的选人、用人机制，创造条件吸引更多的国内外优秀人才参与到新能源发展的一线中来，做到人尽其才，才尽其用，满足新能源产业的发展规模和结构，搭建新能源产业的人才梯队，缓解我国新能源领域人才紧缺的状况。

6.3 打造新能源产业所需的金融市场和资本市场环境

与其他产业相比，新能源产业涉及新领域、高科技，且前期投资大、资金回收周期长。因此，作为资金密集型产业，新能源产业的发展离不开金融市场和资本市场的支持。以分布式光伏为例，数据显示，分布式光纤的融资需求从2014年预计的800亿元人民币增加到2017年的1 780亿元人民币，融资缺口巨大①。目前，信贷难题在产业困境中的效应更为突出。

6.3.1 新能源产业迫切需要资金支持

新能源产业的快速、可持续发展，光靠政府的投资和补贴，力量微薄，难以支撑长久，因此必须要依靠市场。按照国家资本金制度，绝大部分的资金都需要新能源企业自己融资解决。过分依靠政策性资金是我国当前新能源产业的一个硬伤。如果不打开资本运作的局面，未来新能源企业可能会面临资金链断裂的危机。因此，我国新能源产业的远期发展需要有既定的战略规划，能够使金融市场充分认识到新能源产业发展的美好前景。因此，在金融政策上，需要适当地向新能源领域倾斜，以引导更多的资金参与。尤其是在国内企业目前直接融资渠道较少的条件下，贴息等金融政策是解决新能源产业资金来源的有效途径。此外，新能源产业发展还要充分利用国内资本市场，创造条件扶持和鼓励那些技术能力强、发展态势佳的新能源企业进入资本市场进行直接融资，发挥社会资本的力量为新能源产业注入活力。在发展成熟后，可以推荐和帮助有实力的新能源企业向国际资本市场融资，在筹集资金的同时，也展现我国新能源事业的发展成就。

6.3.2 挖掘传统银行业潜力加大对新能源产业的信贷支持力度

一般来说，商业银行往往被视为新兴产业的主要投资主体。在经济发展的新常态下，商业银行应顺应国家关于新能源发展的战略和产业支持政策，

① 网易新闻．分布式光伏融资难，联盛新能源为何独受法国能源巨头青睐？[EB/OL]．http：//news. 163. com/17/0608/10/CMDDE3NC000187VE. html.

积极实施有利于新能源产业发展的信贷政策。商业银行在确定向新能源企业的信贷支持范围时，应结合新能源市场的特点和企业经营目标，给予不同地区、不同发展阶段、不同新能源应用的企业以更加个性化的信贷政策。首先，选择那些当前有优势、远期有发展的新能源企业进行重点支持。目前，我国新能源领域中太阳能光伏产品、风力发电、生物质能发电等较为成熟，也属于国家力推的新能源行业项目，有着较强的竞争力和商业前景。商业银行应在信贷额度、审批环节等方面给予倾斜，强化信贷支持。当然，由于新能源企业普遍资金需求量大，商业银行在贷款时还可以采取银团贷款模式，主要是为了在增加贷款规模的同时，共同分担风险和提高综合收益率。其次，在提供常规信贷之外，商业银行也要根据新能源企业的特点进行金融产品和金融服务的创新，例如，设立针对新能源企业的产品研发中心，不断推出新能源金融创新产品，在现金管理、应收账款管理、电子金融等方面推出有特色的金融服务方案，加大对新能源产业的扶持力度。再次，除了向新能源生产企业提供信贷支持外，还可以向新能源的消费者提供低息贷款或优先贷款，鼓励新能源产品消费。最后，要主动设立新能源产业的贷款担保机制，以帮助新能源企业解决贷款担保难的问题，加速贷款发放，保证资金融通。

6.3.3 为新能源产业发展成立专门的金融组织

针对新能源产业而设立的专门性的金融组织，应保留政策性的属性。这类金融组织为新能源产业发展提供廉价的或政策性的资金支持，能够全面优化新能源产业内的金融资源。首先，要充分利用现有的政策性银行体系，如国家开发银行等国家级政策性银行，加强金融政策优势。这些政策性银行凭借自身的业务优势，采取低息或无息贷款、延长信贷期、贷款贴息等方式，弥补新能源基础项目、长期项目建设中资金缺位。一方面，政策性银行要加强对商业银行的政策性担保，主要是消除商业银行对新能源企业提供优惠贷款中的顾虑；另一方面，政策性银行也要扩大自己直接支持新能源企业发展的业务范围，增加中长期融资，其目标是减少体制落后和市场失灵对新能源产业的不利影响，把融资优势与政府组织的优势相结合，也是解决新能源产业资金问题的一个创新。其次，要创建政策性担保机构，这也是扩大新能源产业对社会资金吸引力的重要前提。这类担保机构充分利用国家产业政策、财政政策、金融政策中的各种利好措施，创造条件吸引大型财团、大型商业

银行、其他公司机构或外资机构进行资金支持，采用独资、合资、合作等形式，不断充实新能源担保机构的资金实力，提升资金保险职能，保障新能源产业发展的资金安全性。

6.3.4 设立新能源产业投资基金

产业投资基金把募集来的资金交由专业人士进行投资管理，在风险和收益提示下，将基金分别投放于不同企业和项目，在基金运作中为出资人获得投资收益，与普通基金一样具有资金集合、专业管理、分散风险、规范运作的特点。本着组合投资降低风险的原则，当然也为了不成为某个项目或行业的附庸，产业投资基金一般视野比较广，投资方向通常会跨行业或较综合。业界对新能源产业的盈利预期普遍看好，如果为之设立专门的产业投资基金，利用开放性融资增加筹资量、分散资金风险以及降低资金成本，对于帮助新能源产业稳健发展很有必要。新能源产业投资基金是一种直接融资手段，主要针对的是该产业的薄弱环节，也就是在间接融资中的难点，具体投资领域包括：扶持中小新能源企业发展、加强新能源基础项目成果转化等。

在产业投资资金的层次上，可以分为中央级综合基金、中央级专项基金和民间产业基金三种。中央级综合基金应当由政府财政牵头设立，积极引入其他长期性的社会资金，主要包括邮政储蓄资金、全国社会保障基金、地方社会保险基金、长期性保险资金、企业年金等，基金应用的领域不设置很强的指定性；中央级专项基金，可以由中央政府成立，也可以由有关部门成立，主要用于新能源发展的特定领域，比如，光伏产业投资基金、核电产业投资基金等。资金来源比较多元，除了要争取财政拨款或国债支持外，还要创新社会资金来源渠道，如发行新能源彩票等；民间产业基金一般来说政府部门不予介入，而是民间投资者根据对新能源产业的自主投资意愿，由基金整合并对其出资进行专业的管理和资本运营，属于一种直接的权益性资本支持，前提是民间投资者可以获取其追求的长期收益。上述三个层次的产业投资基金，既充分体现了传统基金运作的优势，又拓展了政府和民间两种渠道的资金，这是新能源产业纵深发展所不可或缺的部分。

6.3.5 培育资本市场拓宽新能源产业的融资渠道

资本永远追逐高成长行业，当一个朝阳产业成熟之后，资本自然转向下

一个高成长领域。而经济发展的实践也表明，产业发展的深入过程也是资本市场直接融资比重增大的过程。

培育与新能源产业发展相匹配的资本市场，可以从四个方面入手：第一，理顺债券市场，对与新能源相关企业进行的债券融资予以政策和程序上的便利。新能源企业债券的发行，可以大幅度增加新能源产业的融资规模，是一种非常具有发展前途的融资方式。第二，引导新能源企业在主板市场融资。在相同条件和要求下，新能源企业应获得证券监督管理部门的“优待”，包括优先核准上市、优先发行股票等。对一些与新能源产业关系密切且优势突出的其他企业，可以适当降低发行股票和上市的标准。第三，探索创业板市场对新能源产业发展可能做出的贡献。发达国家有一些为中小新能源企业提供资金的创业板市场，但在我国发展的速度还比较慢。因此，可以尝试在股票市场中形成新能源板块进行融资，这将大大提升产业的整体融资效果。推进新能源创业板市场的建立，能够提高资金融通效率，而且有着新能源、高科技、循环经济等概念，也会受到投资者的特别青睐。第四，鉴于新能源产业高风险的特性，还要加快开发与新能源相关的风险投资。美国硅谷的风险资本已经有 60% ~70% 的基金转向新能源、绿色环保产业，足可见新能源产业的魅力。风险投资人一般会以理性的眼光去看待产业发展，政府需要在职能范围内建立一种风险投资机制。一方面要开拓准入渠道，接纳多元化的风险投资；另一方面要规范风险投资的运行模式，用金融手段规避、分散金融风险，也为新能源产业赢得更广泛的融资机会。

6.3.6 不断推进与新能源产业相关的金融创新

金融创新与新能源的结合，就是以新能源产业链为依托，借助金融的运作方式，不仅为产业发展融通资金积累资源，还致力于实现产业价值增值，把金融手段嵌入整个产业链条中，利用金融产品创新，实现新能源产业与金融产业的良性互动。金融创新的切入点是开发有助于产业资金融通的金融产品。与新能源产业有关的金融产品创新有四个层次：一是将新能源发展指标纳入商业银行信贷政策中，商业银行在发放贷款、投资及风险评估时，要充分考虑新能源资源利用效率和发展效果等指标；二是为新能源产业引入信托投资产品，选择融资租赁、债务重组等方式，为新能源产业最大限度地找到资金供给方；三是在评价商业银行业绩时，将信贷结构、费用结构、利润结

构中融入支持新能源产业发展的因素作为权重，并与其他银行监管因素结合起来；四是充分利用各种新型融资手段，包括 BOT，PPP 等模式，实现金融产品与新能源产业的有机结合。

6.4　发挥价格对新能源产业的引导作用

在新能源应用中，新能源电力是发展的主流，尤其是风电和太阳能发电比较成熟。然而在新能源电力规模化发展的初期，成本问题似乎成了一道迈不过去的坎。以光伏发电为例，目前其初始投资成本仍高达 3.5 万元/千瓦，发电成本高达 1.3 元/千瓦 ~ 1.7 元/千瓦，分别是传统火电的 7 倍和 5 倍左右，成为制约光伏发电大规模应用的主要障碍①。因而在发达国家，电网往往对新能源发电进行保护价格收购。现行新能源电价主要是由政府制定固定的风电、太阳能等标杆电价，高出当地燃煤标杆电价的部分由财政征收的可再生能源基金全额补贴，但是这种定价方法缺乏竞争机制，长期如此也使补贴资金难以为继，同时制约了风电、太阳能等新能源应用的发展规模。目前，我国风电虽有了相当规模，但也仅占发电量的 2%，但却有 10% 左右的弃风，太阳能发电仅占发电量的 0.6%。现阶段，必须改革对新能源电力的定价和补贴政策，才能进一步释放新能源发展动力。

6.4.1　理顺新能源电价分摊机制

新能源电力实现自主发展的终极目标要靠价格机制。在一些初步实现产业化的新能源电力应用领域，如风电、太阳能电力等，虽然与传统火力发电进入成熟的商业化阶段相比，还没有同等的竞争实力，但是在能源补贴的基础上，如风电等就已经具备了能够与火电标杆电价比肩的竞争优势。在肯定新能源电价及补贴基金作用的同时，还必须认识到目前新能源电价和补贴标准都偏低，不利于新能源电力的发展和提高竞争性。因此，从理顺电力价格的角度，应努力缩小新能源电力与传统能源电力之间的价格差距，充分考虑新能源电力成本的外部性，使其显性化。此外，我国还执行了新能源电力费

① 腾讯网．科学定价是新能源发展关键［EB/OL］．http：//finance.qq.com/a/20090623/004808.htm.

用分摊机制，一定程度上改善了新能源电力价格偏高的局面，但目前分摊机制还没有囊括所有新能源种类。对于那些没有享受可再生电力能源基金的新能源利用，如潮汐发电等，还要继续探索以合理成本确定价格的机制，为新能源产业的全面发展给予价格支持。

在价格分摊方面，目前上网电价的确定还存在争议。一种思路倾向采用招标法，即采用竞价方法确定电价，能够有效降低新能源发电成本并促进国产化程度。但是招标电价的弊端也是显而易见的，定价过低或过高都有可能会损伤整个行业的效率和动力，在市场准入问题上引发恶性竞争，影响整个产业的理性发展；同时，招标方式程序复杂、成本高，当产业成熟后，项目众多，开展招标本身就是一个不小的负担。另外一种思路是固定电价法，这种方法在新能源产业的发展初期，能够减少项目审批程序、在有明确投资回报中吸引理性投资者进入，有利于提升产业发展速度，但是确定电价水平需要慎重。政府应当根据新能源电力的发展阶段和主要问题选择能够满足多方面发展要求的电价确定方法。在考虑全行业成本正态分布的前提下，标杆电价应实现对大多数企业成本水平的覆盖，把对优势的回报和对落后的刺激，统一到价格补偿中来。

6.4.2 通过细节设置强化价格引导作用

加强价格机制对新能源电力发展的引导作用，还需要在政策环节进一步细化。首先，不断探索在不同区域、补贴资源禀赋情况下设置有区别的标杆电价。这种做法已经在对风电实施四类风能资源区划分的标杆电价中收到了一定成效。接下来有必要根据已有经验，根据发电项目类型、规模及补贴年限、补贴资金等指标，对光伏发电等其他标杆电价进行区别设计。其次，由于我国新能源产业正处于快速发展期，发展形势灵活多变，因此有必要在新能源电价设计时具备一些前瞻性，多从长远考虑，保持价格政策在一定程度上的连贯性和稳定性，避免电价波动对新能源电力规模的影响。再次，新能源电价在设计时还要赋予地方政府一定的自主性，这主要是基于同样的价格政策对不同地区产生的收益不同。为了平衡利益关系，应当允许各省市适当出台额外补贴办法或其他政策，以弥补不同地区之间新能源发电的成本差异，用成本和价格导向促进新能源电力大规模利用。

6.4.3 探索为新能源电力“竞价上网”铺路

在国家层面推动电力改革的大背景下，实现可再生能源与火电平等竞价上网是电改的实质性内容。一方面，火电的主导地位在短期难以撼动，应通过“配额制”对新能源电力的具体占比，以及在多长时间内实现提升做出规划。在火电和新能源电力之间设立最合理的占比，使整个电力结构的经济效益和社会效益达到最大值。另一方面，目前实行的分类标杆电价制度，是按照各类发电机组的成本和利润由审批形成的价格，由于销售电价无差别，电网企业自然更愿意收购上网标杆电价较低的火电，这也是新能源电力无法大规模应用的原因之一。在未来“竞价上网”的大趋势下，价格很可能成为决定新能源电力生存持久性的主导因素。由于技术复杂、未形成规模化以及持续性、稳定性差等因素，在全面“竞价上网”后，新能源电力必然处于劣势。那么，给予新能源电力在上网竞争中必要的价格补助成为当务之急，补助的内容应包括新能源电力上网的额外成本、付息和合理利润等，支持绿色电力产业的发展。

制定一个合理的新能源电价政策体系一直被视为支持新能源事业最直接、最有效的手段。新能源的电价体系需要全面分析和比较政府新能源电价的成本导向定价、产业发展需求导向定价、竞争导向定价等三种导向目标，及所产生的不同的定价效果和政府财政投入规模，再确定相关价格补贴资金在各类新能源间的分配结构，确定补贴对象及标准、补贴方式及时限等，根据国情和国外经验设计出成本和需求导向下的新能源电力价格政策体系及实施方案。

6.5 统筹产业、区域、国际合作：翻开新能源产业发展的新篇章

新能源被誉为新一轮的“工业革命”，由于传统能源必将走向“终结”，那么利用新能源洗牌世界格局，在新能源领域站稳脚跟，是世界各国都翘首以待的“革命”。

新能源产业是21世纪最具生命活力的新兴产业，对未来产业结构和人们的生活方式都会产生颠覆性变革。在这样的机遇与挑战面前，不仅需要率先

一步的引领者，更需要形成产业合力，牢牢抓住未来产业发展的制高点和话语权。在新能源市场上，一些新能源企业巨头已经占领了大部分市场，预示着未来竞争加剧的局面不可避免。在这样的背景下，我国新能源产业必须要加快整合、调整与升级，才能在竞争中谋得一席之地。一方面是同一种类的新能源产业整合，引导企业联合形成产业内合力，扩大整体实力，在不公平竞争及争端解决中维护自身利益；另一方面是不同种类的新能源产业间的整合，强调各种新能源的综合利用。例如，在加强电网建设方面，各新能源产业就应当采取合作的姿态，在尽可能满足各方需求的基础上推进电网建设，并加强沟通解决前进中遇到的困难，尤其是新能源发电并网难题。

新能源领域的区域合作，是那些在能源结构方面相似或互补的地区，都有发展新能源产业的共同诉求，因此可以通过交流合作，发挥各自优势，实现产业对接、区域经济整合和达到互惠共赢。目前我国一些新能源产业的发展多来自于政府层面的推动，容易造成重复建设、产能积压、产业无序发展的局面，对整个新能源的产业链条有不利影响。面对激烈的国际竞争和错综复杂的市场条件，新能源产业的长远发展需要考虑从宏观上整体布局，在区域范围内优化配置各种新能源产业。新能源产业的区域合作，一是要着眼于区域协调，淘汰落后产能，避免产能闲置，加快地区间的产业配合，在有条件的情况下政府可以出台区域间有差异、区域内有统一的整体性产业促进政策；二是在加强新能源应用方面，通过促进新能源电力并网、明确产业标准、细化产业评价等，加强新能源电力生产企业和区域电网公司之间的合作。

在全球化、开放化的背景下，合作和竞争是任何国家都要面对的。新能源也是引领21世纪国际分工的一个重要领域，在新能源领域占据制高点的国家，也会在下一轮的国际经济调整中占据优势和主动。对于我国新能源产业来说，核心技术并没有掌握在手中。但是根据《联合国气候变化框架公约》规定，发达国家要向发展中国家转让先进的技术，其中就包括新能源和节能减排的技术①。我国可以充分利用这一规则，把国际合作作为新能源发展的重要路径之一，因为新兴产业的发展单纯依靠自身的力量是远远不够的。新能源领域的国际合作应当成为今后我国能源外交的努力方向。做好新能源国际

① 中国经济网．世界新能源革命：中国准备好了吗？ ［EB/OL］．http：//intl. ce. cn/sjjj/qy/201303/05/t20130305_ 24166634. shtml.

合作，需要抓住两个关键点：首先，政府要充当新能源国际合作的引领者、保护者和协调者。引导是为了通过国与国的交流和对话，为产业要素流动创造条件。保护是为了利用国际市场交易准则，让国内企业在激烈的市场中获得应得的利益。协调是为了借鉴国外先进经验，满足本国产业发展对政策规范的合理诉求。其次，要做好新能源产业国际合作的战略规划。一是要加快“走出去”的步伐，加强与新能源强国在技术上对接，在资源上共享，在人才培养上合作，利用全球资源实现双向流动；二是对新能源领域可能出现的贸易摩擦和争端进行预判，积极参与多边谈判，以便在面临不利局面时能够迅速采取有效的措施，切实有力地化解危机；三是短时期形成新能源领域的比较优势，培育新能源国际化龙头企业，在新能源产业的国际分工体系中占据有利地位。

参考文献

[1]Andrew Green. Trade Rules and Climate Change Subsidies[J]. World Trade Review,2006(5).

[2]Carroll G R, Hanna M T. The Demography of Corporations and Industries [M]. Princeton:Princeton University Press,2004.

[3]Davis G A, Owens B. Optimizing the Level of Renewable Electric R&D Expenditures Using Real Options Analysis[J]. Energy Policy,2003,31(15):1589 - 1608.

[4]Edward Kahn. The Production Tax Credit for Wind Turbine Power Plants Is An Ineffective Incentive[J]. Energy Policy,1996.

[5]Hillring B. National Strategies for Stimulating the Use of Bioenergy:Policy Instruments in Sweden[J]. Biomass and Bioenergy,1998. 14.

[6]Howard Geller. Energy Revolution:Policies for a Sustainable Future[M]. Califromia:Island Press,2002. 11.

[7]James Bacchus. Questions in Search of Answers:Trade, Climate Change, and the Rule of Law[C]. Geneva:WTO Conference,2010.

[8]Jeffrey M Loiter, Vicki Norberg - Bohm. Technology Policy and Renewable Energy:Public Roles in the Development of New Energy Technologies[J]. Energy Policy,1999,27(2).

[9]Kenneth Lieberthal, Mikkal Herberg. China's Search Security:Implications for U. S. Policy[R]. NBR Analysis,2006.

[10]Karl Marllon. Renewable Energy Policy and Politics. Earthscan[J]. 2007.

[11] Niels I Meyer, Anne Louise Koefoed. Danish Energy Reform: Policy Implications for Renewables[J]. Energy Policy,2003,7.

[12]OECD. Countries Agree to Special Financing for Renewable Energy and Water Projects[EB/OL]. http://www. oecd. org. cn.

[13]Sawin, Prugh T. Mainstreaming Renewable Energy in the 21th Century

[R]. Washington,DC:Worldwatch Institute,2004.

[14]Seong,Gento,Jong. Energy Technology Roadmap for the Next 10 Years: The Case of Korea[J]. Energy Policy,2009.

[15]Stanojevic M,Vranes S,Goekalp I. Green Accounting for Greener Energy [J]. Renewable & sustainable energy reviews,2010.

[16]Sorensen B. Renewable Energy: Physics, Engineering, Environmental Impacts, Economics and Planning[J]. Organometallics,2005.

[17]The U. S. Department of Energy. Renewable Energy Production Incentive [EB/OL]. http://www. eere. energy. gov. 2006.

[18]OECD/IFA. World Energy Investment Outlook[J]. Insight,2003.

[19]包健. 财税政策如何促进新能源产业发展[J]. 中国税务,2010(5):62-62.

[20]北京洲通投资技术研究所. 中国新能源战略研究[M]. 上海:上海远东出版社,2012.

[21]曹玲. 日本新能源产业政策分析[D]. 长春:吉林大学,2010.

[22]陈勇. 中国能源与可持续发展[M]. 北京:科学出版社,2007.

[23]戴新能. 专家建议:新能源发电企业应享受资金补贴[J]. 阳光能源,2005(3):7-7.

[24]樊丽明,郭琪. 公众节能行为的税收调节研究[J]. 财贸经济,2007(7):57-63.

[25]范睿. 新能源开发利用的法律制度研究[D]. 兰州:兰州大学,2012.

[26]冯春林. 中国光伏产业政策及效果评价研究[J]. 重庆科技学院学报,2012(18):66-69.

[27]付志寰,陈清泰. 中国可持续能源财经与税收政策研究[M]. 北京:中国民航出版社,2006.

[28]国家发展和改革委员会能源研究所. 能源问题研究文集[M]. 北京:中国环境科学出版社,2009.

[29]宫春博. 我国可再生能源发展战略与政策研究[D]. 济南:山东大学,2009.

[30]郭超英. 我国新能源产业发展政策研究[D]. 南充:西南石油大学,2011.

[31]湖南省财政厅.完善财税政策体系发展新能源产业[J].中国财政,2010(9).

[32]侯瑞.欧盟能源发展战略分析及对中国的启示[D].大连:东北财经大学,2011.

[33]贺明梅.中国新能源产业发展问题研究[D].长春:吉林大学,2013.

[34]金涛.对宁夏新能源产业发展的思考[J].石油化工应用,2010(11):1-3.

[35]靳晓明.中国新能源发展报告[M].湖北:华中科技大学出版社,2011.

[36]雷鸣.日本节能与新能源发展战略研究[D].长春:吉林大学,2009.

[37]李俊峰,高虎,马玲娟.我国风力发电现状和展望[J].中国科技投资,2007(11):25-28.

[38]李丕东.中国能源环境政策的一般均衡分析[D].厦门:厦门大学,2008.

[39]梁法栋.支持新能源产业发展的税收政策研究[D].大连:东北财经大学,2012.

[40]刘松万.发展新能源产业的财政政策与措施[J].山东社会科学,2009,11.

[41]刘艺.金融危机、税收激励与我国可再生能源发展[J].科技创新导报,2009(11):116-118.

[42]栗宝卿.促进可再生能源发展的财税政策研究[M].北京:中国税务出版社,2010.

[43]李靖.推动我国新能源发展的财税政策研究[J].财政研究,2011(6):17-20.

[44]李久佳.美国能源支持政策对我国的启示[D].北京:中国政法大学,2011.

[45]罗靖.发债难解中国光伏融资困境[J].中国石化,2013(10):58-59.

[46]麻环宇.新能源行业投资分析[D].天津:天津大学,2010.

[47]马敏侃.新能源产业政策效应的实证研究[D].上海:上海交通大学,2012.

[48]钱伯章.世界能源消费现状和可再生能源发展趋势[J].节能与环保,2006(3):8-11.

[49]任东明.中国新能源产业的发展和制度创新[J].中外能源,2011,16(1):31-36.

[50]世界环境与发展委员会.我们共同的未来[M].长春:吉林人民出版社,1997.

[51]史立山.中国可再生能源发展的几个政策问题与解决措施[J].中国建设动态(阳光能源),2007(2).

[52]宋彬.光伏产业“过剩”争论背后的政策缺位[J].中国经济论坛,2009(45):36-37.

[53]宋晓晶.完善财税政策推动我国新能源产业发展[J].生态经济,2013(6):127-130.

[54]苏明,傅志华.我国节能减排的财税政策研究[M].北京:中国财政经济出版社,2008.

[55]苏亚欣,毛玉如,赵敬德.新能源和可再生能源概论[M].北京:化学工业出版社,2006.

[56]宋艳霞.我国风电产业发展的财税支持政策研究[D].北京:财政部财政科学研究所,2010.

[57]谭可敏.加大新能源产业投入 努力培植新型财源[J].预算管理与会计,2010(9):48-50.

[58]王革华.新能源概论[M].北京:化学工业出版社,2006.

[59]王昊楠.欧盟可再生能源立法发展对我国的启示[D].上海:华东政法大学,2011.

[60]王金南,曹东等.能源与环境:中国2020[M].北京:中国环境科学出版社,2004.

[61]王开科,黄如良,关阳.低碳经济背景下我国光伏产业发展路径选择[J].经济问题探索,2010(10):43-47.

[62]王书生,赵浩君.可再生能源发展的税收激励政策探析[J].华北电力大学学报,2007(2):20-22.

[63]王玺,蔡伟贤,唐文倩.构建我国新能源产业税收政策体系研究[J].税务研究,2011(5):11-15.

[64]王雄.促进内蒙古新能源产业发展的财政政策研究[J].北方经济,2011(11):17-20.

[65]王仲颖,任东明,高虎,等. 中国可再生能源产业发展报告[M]. 北京:中国经济出版社,2013.

[66]魏曙光. 循环经济理念下的我国新兴能源发展战略若干问题研究[M]. 北京:经济科学出版社,2012.

[67]温家宝. 高度重视新能源产业发展[J]. 上海化工,2009(11).

[68]文杰. 支持新能源产业发展的税收政策探讨[J]. 税务研究,2011(5):16 – 20.

[69]吴彬. 我国可再生能源配额制度的设计[D]. 杭州:浙江农林大学,2011.

[70]肖江平. 可再生能源开发利用的税法促进[J]. 华东政法大学学报,2006(2):64 – 69.

[71]谢飞. 我国新能源发展现状、问题及对策[J]. 中国经贸导刊,2013(23).

[72]熊永生,王玲. 税收政策对我国新能源产业发展影响分析[J]. 财税论坛,2013(7):19 – 21.

[73]徐枫,李云龙. 基于 SCP 范式的我国光伏产业困境分析及政策建议[J]. 宏观经济分析,2009(6):11 – 20.

[74]闫应福,等. 产业经济学[M]. 北京:中国财政经济出版社,2003.

[75]杨解君. 论中国能源立法的走向——基于《可再生能源法》制定和修改的分析[J]. 南京大学学报(哲学 · 人文科学 · 社会科学版),2012,49(6):49 – 58.

[76]尹炼. 地位、问题、对策——对我国新能源战略的评估与对策探讨[J]. 科技导报,1993,11(7):36 – 38.

[77]于沛勇. 促进新能源产业发展之财税政策[J]. 河北企业,2011(1):44 – 45.

[78]曾少军,杨来,曾凯超. 我国新能源国际合作进展与对策[J]. 中国能源,2012,7.

[79]赵小燕. 中国新能源产业发展战略研究[D]. 上海:上海社会科学院,2011.

[80]张钦,周德群,张力菠,闻浩. 中国新能源产业发展研究[M]. 北京:科学出版社,2013.

[81]张宪昌.中国新能源产业发展政策研究[D].北京:中共中央党校,2014.

[82]郑如鸥.简论江西光伏产业的发展前景[D].厦门:厦门大学,2008.

[83]中国环境与发展国际合作委员会能源战略与技术工作组.能源与可持续发展[M].北京:中国环境科学出版社,2005.

[84]中国可再生能源发展战略研究项目组.中国可再生能源发展战略研究丛书:综合卷[M].北京:中国电力出版社,2008.

[85]中华新能源.中国新能源产业年度报告(2012—2013)[M].全联新能源商会,2013.

[86]周大地.中国太阳能产业现状与展望[J].绿叶,2008(9):17-22.

[87]周凤起.中国可再生能源发展战略[J].石油化工技术经济,2005,21(4):554-560.

[88]周清.促进新能源产业发展的财税制度安排[J].税务研究,2011(5):25-29.

[89]朱世伟.我国新能源发展战略[J].数量经济技术经济研究,1990(5):10-15.

[90]朱晓波.促进我国新能源产业发展的税收政策思考[J].税务研究,2010(7):54-56.

[91]朱志刚.加快迈向新能源时代——构建有利于新能源发展的财税制度研究[M].北京:中国环境科学出版社,2008.

[92]何世念.高油价冲击波——新一轮国际油价上涨透视[J].中国石化,2004(11):8-13.

[93]秦川,安秋,曹莉.风起酒泉——中国首个千万千瓦级风电基地纪实[M].南京:江苏凤凰出版社,2011.

[94]朱灏.油价高涨之重[J].财会通讯(理论版),2008(7):6-11.

[95]子永.第四次石油危机难以降临[N].期货日报,2005-09-26.

[96]赵晴.能源的发展趋势[J].青春岁月,2013(6):473-473.

[97]张勇卫.我国能源需求预测与发展战略研究[D].武汉:武汉理工大学,2006.

[98]凌永琴.论我国节能法在构建和谐社会中的完善[D].广州:暨南大学,2006.

[99]竺文杰. 我国电煤消费弹性研究[D]. 上海:复旦大学,2009.

[100]张盼峰. 我国能源安全立法问题研究[D]. 哈尔滨:哈尔滨工程大学,2010.

[101]顾宇春. 你能为节能减排做些什么[J]. 大众标准化,2015(9):28－31.

[102]王竺,丁振,沈小嘉,等. 促进新能源产业发展的税收政策研究[J]. 公共经济与政策研究,2015(2).

[103]高栋梁. 经济新常态下南通招商引资工作探索与思考[J]. 企业技术开发(学术版),2017,36(3).

[104]李娟. 我国公共财政支出可持续性研究[D]. 北京:首都经济贸易大学,2014.

[105]郑凌轶. 促进节能减排的财税政策研究[D]. 哈尔滨:东北林业大学,2011.

[106]胡婉琛. 梦山至安源500KV输电线路工程项目后评估综合评价研究[D]. 南昌:南昌大学,2016.

[107]孙继峰. 余姚农村合作银行部门绩效改进方案研究[D]. 南京:南京农业大学,2012.

[108]张青青. 沈阳市房地产业可持续发展研究[D]. 沈阳:沈阳大学,2013.

[109]袁凤云. 森林资源可持续发展及其对策[J]. 恩施职业技术学院学报(综合版),2011(2):64－66.

[110]宁雪. 浅析可持续发展背景下企业的社会责任[J]. 区域经济评论,2011(9):73－77.

[111]孙峰. 浅谈可持续发展观在高中地理教学中的应用[J]. 中国科教创新导刊,2010(15):171－171.

[112]关露. 基于生态足迹法的世界文化遗产长城旅游可持续发展研究[D]. 秦皇岛:燕山大学,2010.

[113]黄苇町. 深入学习18大报告的新表述、新论断、新部署、新要求[EB/OL]. http://www.360doc.com/content/13/1012/21/589304_321008839.shtml.

[114]王生军. 酒泉市河西乡政府职能定位与效能提升研究[D]. 秦皇岛:燕山大学,2015.

[115]王建中.尊重市场规律转变政府职能——学习党的十八大报告[J].理论导刊,2013(6):4-6.

[116]韩来善.有限政府理论视角下我国行政权力扩张问题研究[D].南京:中共江苏省委党校,2013.

[117]罗兰.处理好政府和市场关系成改革核心[N].人民日报海外版,2012-11-27.

[118]罗兰.政府要从过去重"管制"向重"服务"转型[N].人民日报海外版,2012-11-27.

[119]余昌颖.新时期福建省社会组织发展研究[D].泉州:华侨大学,2015.

[120]江政华,旷重林.努力建设让人民满意的服务型政府[J].湖南工业职业技术学院学报,2014,14(1):45-46.

[121]王龙江.把职能转变摆在更加突出的位置[J].中国机构改革与管理,2013(5):13-15.

[122]王同新.构建公共服务型政府:问题、成因与对策[J].中州学刊,2013(3):5-9.

[123]任士敏."为人民服务"的新内涵和新要求——学习党的十八大报告的体会[J].江苏省社会主义学院学报,2013(2):38-41.

[124]许友伦.全面理解政府职能[J].管理学刊,2014,27(4):63-67.

[125]郭琛.地方政府网络舆情应对策略研究[D].海口:海南大学,2016.

[126]孟令刚.北京市体育品牌赛事政府作用研究[D].苏州:苏州大学,2015.

[127]鹿成.促进我国软件产业发展的税收政策研究[D].大连:东北财经大学,2007.

[128]王斌斌.战略性新兴产业发展的财政政策:效果测度与实证分析[J].东北财经大学学报,2014(6):53-58.

[129]王梦夏.低碳经济理论研究综述[J].首都经济贸易大学学报,2013,15(2):106-111.

[130]国家发展改革委.天然气发展"十二五"规划[EB/OL].https://wenku.baidu.com/view/f69dd80dcc1755270722086f.html.

[131]夏永红.光伏产业的罪与罚[J].陕西发展和改革,2012(4):20-22.

[132]中华人民共和国国务院新闻办公室.中国的能源政策(2012)[N].人民日报,2012-10-25.

[133]巴曙松.巴曙松:求解基础设施投资区域性[J].中国房地产业,2013(7):20-25.

[134]巴曙松.从城镇化的推进看不同区域的基础设施投资重点[J].产业经济评论,2013(9):30-31.

[135]张操.我国能源消费结构调整背景下煤炭企业的应对策略[J].煤炭与化工,2017,40(5):133-136.

[136]张翼.可再生能源将进入快速前行期[N].光明日报,2007-09-12.

[137]国家发展改革委.可再生能源中长期发展规划[EB/OL].http://www.ndrc.gov.cn/zcfb/zcfbghwb/200709/t20070904_579685.html.

[138]赵平.我国光伏产业发展路在何方?[N].人民政协报,2012-11-20.

[139]张金林.新形势下我国光伏企业的发展战略研究[D].上海:复旦大学,2013.

[140]邢军伟,荣宏庆.光伏产业发展与财政支持——以辽宁锦州光伏产业为例[J].党政干部学刊,2013(12).

[141]国家能源局,太阳能发展"十三五"规划[EB/OL].http://www.cec.org.cn/yaowenkuaidi/2016-12-20/162644.html.

[142]曹豫新.光伏产业封装膜开发应用探析[J].河南化工,2011(13):30-32.

[143]唐昭.浅析光伏产业的发展现状、前景及可持续发展之路探寻[J].知识经济,2011(17):13-14.

[144]张平.太阳能光伏发电系统安装工艺[J].建筑工人,2012,33(11):34-36.

[145]胡共军.光伏产业:跨过寒冬是春天[J].电子工业专用设备,2009(1):28-31.

[146]李静.光伏贸易战一触即发四川如何应战[J].四川党的建设:城市版,2013(7):40-41.

[147]曹进冬.中国光伏行业的新机会[J].青海科技,2013(1):46-48.

[148]秦海岩."十三五"风电应着重发展"中东部"[N]中国能源报,

2016－06－13.

[149]赵立新.风力发电机搭架的有限元分析与优化设计[D].长春:吉林大学,2008.

[150]吴海建.辽宁省新能源产业发展的财政支持政策研究[D].大连:东北财经大学,2015.

[151]魏向杰.支持新能源发展的财税政策研究[J].中国工程科学,2015,17(3):67－74.

[152]李世杰,李广明.保定市推广屋顶太阳能发电项目的路径选择[J].河北软件职业技术学院学报,2012(4):1－4.

[153]姚军.激励中小企业技术创新的财税政策研究[J].河南财政税务高等专科学校学报,2015,29(1):11－15.

[154]陈红.支持中小企业自主创新的财税政策研究[D].重庆:重庆工商大学,2016.

[155]高辉.陕北能源重化工基地新型工业化研究[D].西安:西北工业大学,2007.

[156]李德升.我国软件产业发展的财税政策研究[D].北京:财政部财政科学研究所,2012.

[157]尹润锋.我国新能源产业影响因素实证研究[J].科技进步与对策,2012,29(20):72－75.

[158]杨双菁.重点支持可再生能源发展[N].中国财经报,2006－06－23.

[159]孙勇.可再生能源发展专项资金管理入正轨[N].经济日报,2006－06－22.

[160]赵静蕊.可再生能源发展基金设立多项历史难题有望破解[N].机电商报,2012－01－02.

[161]佚名.国家采取综合措施调控煤炭和电力价格——有关方面负责人答记者问[J].中国经贸导刊,2011(24):60－62.

[162]柴海粱.财政补贴:新能源产业不可或缺的“营养奶”[N].中国商报,2014－05－16.

[163]龚雪芬.中小水电站建设融资问题探析[J].技术与市场,2012,19(9):129－129.

[164]赵福昌,李成威.促进战略性新兴产业发展的财政政策手段分析[J].

经济研究参考,2011(57):49－55.

[165]刘金山.价格工具与民间投资[J].市场经济与价格,2012(12):4－5.

[166]张园园.重庆市云计算产业融资模式研究[D].重庆:重庆大学,2013.

[167]何淼,李慧.河北省中小型化工企业融资工具的选择[J].河北企业,2010(1):49－49.

[168]梁红梅,李玉萍.推进主体功能区建设的财政补偿政策研究——以青海为例[J].青海社会科学,2010(1):18－23.

[169]唐玮远.高管政治关联对民营企业绩效影响的实证研究[D].沈阳:沈阳工业大学,2012.

[169]王海锋,张旺,庞靖鹏.我国迫切需要建立工业节水技术改造贷款财政贴息制度[J].水利发展研究,2013,13(4):10－14.

[171]张红.财政贴息的行政法思考[J].行政法学研究,2012(4):75－81.

[172]马静文."杠杆性"投入政策工具在地方政府财政投融资中的应用研究[J].甘肃金融,2015(6):20－25.

[173]佘悦.由美国对可再生能源债券的财税政策引发的思考[J].中国市场,2015(51):117－118.

[174]崔博.发展还要经济的税收政策研究[J].天津经济,2013(6).

[175]张树枫.《中华人民共和国企业所得税法》解读(五)[J].国际税收,2008,241(9):46－54.

[176]吴得林.新《企业所得税法》及其《实施条例》操作疑难问题分析与辅导(四)[J].商业会计,2009(4):3－5.

[177]苏道俨,等.促进广西北部湾经济区开发建设的财税政策研究[J].经济研究参考,2009(5).

[178]陈柳钦.金融如何为循环经济服务[J].节能与环保,2008(7):14－16.

[179]陈柳钦.循环经济发展需要良性的、面向市场的金融支持[J].产经评论,2008(5):44－45.

[180]李阳丹.科学定价是新能源发展关键[N].中国证券报,2009－06－23.

[181]冯静生. 对金融支持我国绿色经济发展问题的研究[J]. 中国农业银行武汉培训学院学报,2011,2011(2):11-18.

[182]葛兆强. 循环经济、环境金融与金融创新[J]. 西部金融,2009,19(4):63-70.

[183]范昊祎. 浅谈现代物流业发展金融支持的外部环境[J]. 中国商论,2011(20):123-124.

[184]王永成. 循环经济的金融学逻辑[J]. 当代经济,2014(3):132-133.

[185]伍孟林,郑斌. 促进安徽省循环经济发展的金融取向选择[J]. 时代金融旬刊,2011(1):33-35.

[186]江永真. 区域高校科技基础条件平台建设研究[J]. 福州大学学报(哲学社会科学版),2009,23(3):26-31.

[186]舟丹. 我国发展新能源的对策[J]. 中外能源,2013(4):68.

[189]于新东. 中国因应新能源革命的"十六字"方针[J]. 太阳能,2013(3):6-8.

[190]何丰伦,戴劲松. 三种新能源发电效益差异甚大需协调布局[N]. 经济参考报,2009-09-02.

[191]马志光,朱德领. 论我国天然气产业发展战略[J]. 中国石油大学学报(社会科学版)社会科学版,2003,21(3):7-12.

[192]卢福财,高跃华. 我国煤炭产业的过度竞争研究[J]. 产业经济研究,2003(2):67-78.

[193]尹敬东,陶晓新. 江苏省能够实现"十一五"规划能耗目标吗:一项实证研究[J]. 产业经济研究,2006(2):10-17.